実務解説

役員給与等の税務

税理士 **宝達 峰雄** 著

税務研究会出版局

はしがき

　役員給与等については、会社法による報酬規制のほか、その恣意的な損金算入を防いで課税の公平を確保するために、法人税法においても所要の措置が設けられている。役員給与等に関する法人税法の措置は古くから設けられていたが、会社法の制定を契機とした平成18年度税制改正において、その基本的な考え方を改めたうえで、その内容を大幅に改正している。

　役員給与についての従来の措置は、原則として、「報酬」を損金算入し、「賞与」を損金不算入とするといったような、専ら「役員給与の外形的な支給形態」によって画一的・形式的に役員給与の損金算入の可否判定を行うものであった。しかし、役員給与の支給につき恣意性を排除するといった趣旨からは、この基準でも不十分な場合がある一方、適正性や透明性が担保されている役員給与を損金算入できないといった問題があった。そこで、平成18年度税制改正では、この従来の判定基準を廃止し、役員報酬の支給が実質的に恣意的に行われたものか否かといった観点から、役員給与の損金算入のための要件を新たに設けた。これにより、従来の措置では損金不算入とされていた役員給与のうち、事前の定めにより役員報酬の支給時期・支給額に対する恣意性が排除されている役員給与等や適正性や透明性が担保されている法人の利益（業績）と連動する役員報酬の損金算入が認められるところとなっている。

　これらの役員給与等の基本的な措置が設けられてから十数年経過するが、近年では、従来からあったストック・オプションに加えて、他の形態によるインセンティブ報酬を支給する例が見受けられるようになっている。このような状況の下、法人税法では、これらのインセンティブ報酬を支給した場合の課税関係を明確化する改正が行われている。

　本書では、退職給与等を含めた役員に支給する給与に加え、使用人に

支給する給与に関する法人税法での基本的な措置とその取扱いを解説した。また、これらに関連する会社法等の措置や会計処理についても触れるようにし、法人税法と私法、企業会計との関連性を意識して執筆にあたった。なお、文中には、筆者の私見に基づき記載した箇所もある。あらかじめこのことをお断りするとともに、読者の皆様のご了承をいただきたい。

　最後に、本書の企画、編集及び校正にあたっては、株式会社税務研究会の知花隆次氏に御尽力をいただいた。こころから感謝を申し上げる。

　令和元年9月

宝達　峰雄

目　次

第1章　役員報酬の意義

1　法人税法における役員報酬等 ……………………… *2*

  (1) 法人税法の措置の趣旨 ……………………… *2*

  (2) 平成18年度税制改正 ……………………… *2*

2　会社法における役員報酬等 ……………………… *5*

  (1) 報酬等の意義 ……………………… *5*

  (2) 報酬等の支払義務 ……………………… *6*

  (3) 報酬等の決定 ……………………… *7*

3　役員報酬等の会計処理 ……………………… *10*

  (1) 概要 ……………………… *10*

  (2) 役員賞与 ……………………… *10*

  (3) 役員退職慰労金 ……………………… *12*

第2章　役員給与に関する措置の概要

1　制度の概要 ……………………… *18*

2　主な改正経緯と制度趣旨 ……………………… *20*

3　役員の意義 ……………………… *21*

  (1) 役員の範囲 ……………………… *21*

  (2) 会社法等の規定による役員 ……………………… *22*

  (3) みなし役員 ……………………… *31*

  (4) 執行役員 ……………………… *36*

4　役員給与等の範囲 ……………………… *37*

  (1) 経済的な利益 ……………………… *37*

  (2) 経済的な利益の具体例 ……………………… *38*

  (3) 経済的な利益の法人税法での取扱い ……………………… *43*

第3章　定期同額給与

1　定期同額給与の意義 ……………………………………………… *46*

（1）法人税法の規定 …………………………………………… *46*

（2）定期給与 …………………………………………………… *48*

（3）給与改定 …………………………………………………… *48*

2　給与の改定がなく支給される定期給与 ………………………… *50*

3　給与の定期改定があって支給される定期給与 ………………… *51*

（1）給与改定前後の各期間中の支給額が同額な給与 ………… *51*

（2）給与の改定期限 …………………………………………… *53*

（3）改定前後の各支給時期における支給額が同額の意義 …… *55*

4　臨時改定事由による改定があって支給される定期給与 ……… *60*

（1）意義 ………………………………………………………… *60*

（2）役員の分掌変更に伴う増額改定 ………………………… *61*

（3）組織変更 …………………………………………………… *64*

（4）病気療養 …………………………………………………… *65*

（5）不祥事による一定期間の減額 …………………………… *68*

5　業績悪化改定事由による改定があって支給される定期給与 … *69*

（1）意義 ………………………………………………………… *69*

（2）具体例 ……………………………………………………… *70*

6　おおむね同額の継続的な利益供与 ……………………………… *71*

（1）定期同額給与となる経済的な利益 ……………………… *71*

（2）債務の免除による利益その他の経済的な利益 ………… *71*

（3）おおむね同額の継続的利益供与 ………………………… *73*

第4章　定期同額給与とならない場合の税務処理

1　定期給与の改定があった場合の損金不算入額 ………………… *78*

2　増額改定 …………………………………………………………… *78*

目　次　*v*

　　3　減額改定 …………………………………………………………… *87*

　　4　歩合給等を含む役員給与 ………………………………………… *93*

第5章　事前確定届出給与

　1　事前確定届出給与の意義 ………………………………………… *96*

　　(1)　事前確定届出給与の趣旨 ……………………………………… *96*

　　(2)　事前確定届出給与の対象となる給与 ………………………… *96*

　　(3)　確定の意義………………………………………………………… *100*

　　(4)　事前確定届出給与の要件 ……………………………………… *101*

　　(5)　職務執行期間との関係 ………………………………………… *104*

　2　事前確定届出給与に関する届出 ………………………………… *106*

　　(1)　記載事項の概要 ………………………………………………… *106*

　　(2)　記載事項の詳細 ………………………………………………… *108*

　　(3)　事前確定届出給与に関する届出期限 ………………………… *111*

　　(4)　職務の執行の開始の日 ………………………………………… *113*

　　(5)　申告期限延長と届出期限との関係 …………………………… *114*

　　(6)　事前確定届出給与に関する定めの変更 ……………………… *116*

　　(7)　届出様式………………………………………………………… *119*

　　(8)　記載方法等……………………………………………………… *132*

　3　非常勤役員に対する年俸 ………………………………………… *134*

　4　事前確定届出給与の届出内容と異なる支給 …………………… *135*

　　(1)　基本的な考え方 ………………………………………………… *135*

　　(2)　記載額が未払いとなる場合 …………………………………… *135*

　　(3)　特定の役員に対してだけ記載額と異なる金額を支給 ……… *136*

　　(4)　複数回支給の記載額のうち一つの記載額が異なる場合 … *138*

第6章　業績連動給与

　1　業績連動給与の意義 ……………………………………………… *144*

vi 目 次

  2 業績連動給与の要件 ……………………………………… 145
  (1) 概論 ……………………………………………………… 145
  (2) 業績連動給与の支給法人 ……………………………… 147
  (3) 業績連動給与の支給対象者 …………………………… 147
  (4) 業績連動給与の支給方法 ……………………………… 148
  (5) 給与の交付又は交付見込みの期限 ………………… 148
  (6) 経理方法 ………………………………………………… 150
  3 業績連動給与の算定方法 …………………………………… 150
  (1) 指標の種類 ……………………………………………… 150
  (2) 利益の状況を示す指標 ………………………………… 153
  (3) 株式の市場価格の状況を示す指標 …………………… 156
  (4) 売上高の状況を示す指標 ……………………………… 159
  (5) 指標の要件 ……………………………………………… 160

第7章 過大役員給与

  1 概論 ……………………………………………………………… 170
  2 不相当に高額な部分の金額の判定基準 ………………… 171
  3 実質基準 ……………………………………………………… 172
  (1) 意義等 …………………………………………………… 172
  (2) 判定要素 ………………………………………………… 173
  (3) 使用人兼務役員に対して支給する使用人分の給料、手当等
     ……………………………………………………………… 175
  (4) 争訟事例 ………………………………………………… 176
  4 形式基準 ……………………………………………………… 181
  (1) 概要 ……………………………………………………… 181
  (2) 対象法人 ………………………………………………… 182
  (3) 支給限度額 ……………………………………………… 182
  (4) 対象となる役員給与 …………………………………… 184

目　次　*vii*

第8章　仮想隠蔽により支給した役員給与の損金不算入

1	措置の概要	*194*
2	仮装・隠蔽の意義	*194*
3	他の役員給与の損金不算入規定との関係	*197*

第9章　使用人兼務役員に支給する給与

1	**使用人兼務役員の意義等**	*200*
(1)	会社法上の意義等	*200*
(2)	法人税法上の意義等	*201*
(3)	使用人兼務役員になれない者	*202*
(4)	部長、課長その他法人の使用人としての職制上の地位	*209*
(5)	常時使用人としての職務に従事	*210*
2	**使用人兼務役員の判定事例**	*210*
(1)	代表権を有しない取締役	*210*
(2)	副社長、専務、常務等	*210*
(3)	総務担当取締役等	*211*
(4)	職制の定められていない法人の役員	*211*
(5)	株式等を有していない法人の役員	*211*
(6)	相続人が未分割株式を有する場合	*212*
(7)	税理士法人の社員	*212*
(8)	同順位の株主グループ	*213*
3	**使用人兼務役員に支給する役員給与に係る措置**	*214*
(1)	措置の概要	*214*
(2)	使用人としての職務に対するものの損金算入	*214*
(3)	異なる支給時期に支給した賞与の損金不算入措置	*215*
(4)	実質基準の適用に関する措置	*216*
(5)	形式基準の適用に関する措置	*217*

第10章 使用人給与の損金算入

1 過大な使用人給与の損金不算入 ………………………… 220
(1) 制度の概要 ……………………………………………… 220
(2) 特殊の関係のある使用人 ……………………………… 220
(3) 不相当に高額な部分の金額 …………………………… 222

2 使用人賞与の損金算入時期 ……………………………… 223
(1) 制度の概要 ……………………………………………… 223
(2) 賞与引当金の廃止 ……………………………………… 224
(3) 使用人賞与 ……………………………………………… 225
(4) 労働協約等により支給予定日が定められている賞与
  (第1号賞与) …………………………………………… 225
(5) 支給額の通知等の要件を満たす賞与（第2号賞与）……… 226

3 使用人退職給与の損金算入時期 ………………………… 228
(1) 退職給与の打切支給 …………………………………… 228
(2) 個人事業当時からの使用人 …………………………… 229
(3) 確定給付企業年金等 …………………………………… 230

第11章 役員退職金

1 役員退職金の意義 ………………………………………… 234
(1) 会社法上の意義 ………………………………………… 234
(2) 法人税法上の意義 ……………………………………… 234

2 役員退職金の損金算入 …………………………………… 236
(1) 役員退職金の損金算入 ………………………………… 236
(2) 損金算入の判定基準 …………………………………… 237
(3) 使用人兼務役員に支給する退職給与 ………………… 240
(4) 支給額の算定基準 ……………………………………… 241
(5) 適正額の判定基準 ……………………………………… 242

目　次　*ix*

　3　役員退職金の損金算入時期等……………………………………… *255*
　(1)　退職一時金……………………………………………………… *255*
　(2)　退職年金の損金算入時期 ……………………………………… *260*
　(3)　役員の分掌変更等があった場合 ……………………………… *260*
　(4)　被合併法人の役員等に対する退職給与……………………… *262*
　(5)　清算人となった取締役に支給する退職給与 ……………… *262*
　(6)　使用人等が役員等になった場合に支給する給与 ………… *263*
　4　使用人又は使用人兼務役員であった期間に係る退職給与 … *264*
　(1)　使用人が役員に昇格した場合 ………………………………… *264*
　(2)　使用人兼務役員が専任役員になった場合…………………… *265*
　(3)　退職給与規程の制定等の前の使用人期間に係る退職給与の
　　　支給等 …………………………………………………………… *266*
　5　執行役員に支給する退職給与…………………………………… *267*
　(1)　執行役員の意義 ………………………………………………… *267*
　(2)　使用人が執行役員に昇格した場合 …………………………… *268*
　(3)　執行役員が取締役に就任した場合等………………………… *271*

第12章　役員等へのインセンティブ報酬

　1　概要……………………………………………………………… *282*
　2　ストック・オプション ………………………………………… *284*
　(1)　ストック・オプションの意義 ………………………………… *284*
　(2)　新株予約権の発行手続 ………………………………………… *285*
　(3)　報酬等決定に係る手続き ……………………………………… *290*
　(4)　ストック・オプションの会計処理 …………………………… *291*
　(5)　ストック・オプションの税務（取得者(個人)の課税関係）
　　　……………………………………………………………………… *293*
　(6)　ストック・オプションの税務（発行法人の課税関係）…… *300*
　3　リストリクテッド・ストック…………………………………… *305*

(1)　リストリクテッド・ストックの意義 ……………………… *305*

　(2)　会社法上の手続き ………………………………………… *306*

　(3)　会計処理 …………………………………………………… *306*

　(4)　特定譲渡制限付株式 ……………………………………… *308*

　(5)　所得税の課税関係 ………………………………………… *310*

　(6)　法人税の課税関係 ………………………………………… *312*

　4　パフォーマンス・シェア ……………………………………… *318*

　(1)　意義 ………………………………………………………… *318*

　(2)　税務上の取扱い …………………………………………… *319*

　5　ファントム・ストック ………………………………………… *320*

　(1)　意義 ………………………………………………………… *320*

　(2)　税務上の取扱い …………………………………………… *320*

　6　ストック・アプリシエーション・ライト …………………… *321*

　(1)　意義 ………………………………………………………… *321*

　(2)　税務上の取扱い …………………………………………… *321*

　7　株式交付信託 …………………………………………………… *322*

　(1)　意義 ………………………………………………………… *322*

　(2)　税務上の取扱い …………………………………………… *323*

関係法令 ……………………………………………………………… *325*

第1章

役員報酬の意義

① 法人税法における役員報酬等

(1) 法人税法の措置の趣旨

　役員報酬等は、会社法等の規制の下、所定の手続きに従い支給が決定されることになっているが、その決定手続きを厳格に適用することなく、役員等らの都合の良いように、いわゆるお手盛り的に役員報酬等が支給される実態もあり、この実態は、特に同族会社において顕著である。また、役員報酬等はその支給を受ける個人において給与所得となり、原則として支給額に応じて逓増する給与所得控除が適用されることになっている（所法28②〜④）。このような課税体系の下では、法人と個人を通じた税負担の軽減効果が高く、課税上の弊害が大きく生じることが考えられる。法人のお手盛り的な役員報酬等の支給による恣意的な損金算入による法人の税負担の減少が課税の公平を害することから、法人税法は、役員報酬等の支給につき所要の措置を設けてこれを担保している。

　お手盛り的な役員報酬等の支給については、会社法においても所定の手続的規制が設けられているが、法人税法では、課税の公平といった独自の観点から、この問題に対応することになっている。これは、会計上費用処理された役員報酬等の損金算入額の一部又は全部を損金不算入とするものであり、これらの措置は、いずれも「別段の定め」と位置づけられることになる（法法22③）。本書では、各章でこの別段の定めの詳細を述べることになる。

(2) 平成18年度税制改正

　役員報酬等の支給につき恣意性を排除するための法人税法の措置は従来から設けられていたが、会社法の制定を契機とした平成18年度税制改正において、役員報酬等に関する措置が大幅に改正された。

　従来、法人税法では、定期に定額支給するものを「報酬」、それ以外の

ものを「賞与」と区別して、役員賞与に該当するものについては、損金の額に算入しないこととしてきた。役員賞与を損金不算入とする措置は、次のように規定されていた。

> （旧法人税法第35条第1項）
>
> 　内国法人がその役員に対して支給する賞与の額は、その内国法人の各事業年度の所得の金額の計算上、損金の額に算入しない。

　一方で、使用人兼務役員に対して支給する使用人分の賞与については、その適正額を損金算入することとしていた。これを損金算入とする措置は、旧法人税法第35条第2項で規定されていた。

> （旧法人税法第35条第2項）
>
> 　内国法人が各事業年度においてその使用人としての職務を有する役員に対し、当該職務に対する賞与を他の使用人に対する賞与の支給時期に支給する場合において、当該職務に対する賞与の額につき当該事業年度において損金経理をしたときは、その損金経理をした金額のうち当該職務に対する相当な賞与の額として政令で定める金額に達するまでの金額は、前項の規定にかかわらず、当該事業年度の所得の金額の計算上、損金の額に算入する。

　このように、旧法人税法が役員賞与を損金不算入としたのは、役員賞与は利益処分として支給すべきものと考えていたことによるものであり、また、使用人兼務役員の使用人分賞与の損金算入につき損金経理を要求したのは、使用人兼務役員が役員と使用人の性格を併せ持つことから、その費用性を法人の意思表示に求めたものと考えられる[1]。

　このように、役員に対して支給する給与を「報酬」と「賞与」に区別して、原則として前者の損金算入を認め、後者を損金不算入とすること

1　会社法制定前においては、役員賞与が報酬（旧商法269条）となるかどうかといったことが学説上論争されており、賞与を利益処分として支給する（旧商法283①）実務慣行があった。

は、役員報酬が職務執行の対価として相当か否かといった判定を、画一的・形式的に、専ら「役員給与の外形的な支給形態」によって行うものであって、明確な基準であったといえる。

しかし、役員報酬の支給につき恣意性を排除するといった趣旨からは、この基準でも不十分な場合がある一方、適正性や透明性が担保されている場合でも損金算入できないといった問題がある。そこで、「報酬等」の定義規定を設けた会社法の制定（後述 **2**）を機に役員報酬の損金算入措置を見直すこととし、平成18年度税制改正において、役員報酬に関する法人税法の措置が改められた。この改正では、画一的で形式的過ぎた従来の判定基準を廃止し、役員報酬の支給が実質的に恣意的に行われたものか否か（あらかじめ支給額が確定していなかったか否か）といった観点から新たな枠組みを措置している。この枠組みでは、恣意的な支給であるかどうかを実質的に判定することから、従来の措置では損金算入できたものが損金不算入となるものもある一方で、従来の措置では損金不算入であった、事前の定めにより役員報酬の支給時期・支給額に対する恣意性が排除されている役員報酬や適正性や透明性が担保されている法人の利益（業績）と連動する役員報酬の損金算入が認められるところとなっている。

なお、役員等へのインセンティブ報酬の支給形態として、従来からストック・オプションによる例があったが、近年、これ以外の支給形態によるインセンティブ報酬を支給する例が見受けられる。これに伴って、税制でもこれらの支給形態によった場合の課税関係を明確化しているが、これらの詳細は、第12章にて述べる。

② 会社法における役員報酬等

(1) 報酬等の意義

　会社法では、取締役に支給する「報酬、賞与その他の職務執行の対価として株式会社から受ける財産上の利益」を「報酬等」と定義している（会社法361①）。このため、報酬、賞与といった名称を問わず、「職務執行の対価として株式会社から受ける財産上の利益」の一切が報酬等に含まれることになる。会社法上、他に会計参与、監査役が役員とされているが（会社法329①）、これらに支給する報酬等も、ここで定義する報酬等と同義である（会社法361①、379、387）。

　この定義規定にあるように、「賞与」も職務執行の対価として株式会社から受けるものであれば、「報酬等」に含まれる。この点、会社法制定前では、これが報酬（旧商法269条）となるかどうかといったことが学説上論争され、報酬に含まれないとする考え方では、賞与を利益処分と位置づけ、株主総会の決議（旧商法283①）を要するものとされていた。会社法では、職務執行の対価として株式会社から受ける「賞与」は「報酬等」に含まれることが明らかとされたため、この論争は解決をみたことになる。

　また、「役員退職慰労金」は、この定義規定で例示されていない。しかし、役員退職慰労金の取締役等の在職中の職務執行の対価として支給するといった面に着目すると、「職務執行の対価として株式会社から受ける財産上の利益」として報酬等（会社法361）に該当することになるものと考える[2]。

　なお、使用人兼務取締役（役員）に支給する報酬等については、これ

2　役員退職慰労金は報酬等（会社法361）に含まれるとする理解が一般的である。旧商法での判例・通説でも、退職慰労金の供与は報酬に該当するものとして、「株主総会の決議において、明示的又は黙示的に支給に関する基準を示し、具体的な金額、支払期日、支払方法等がこの基準により定めることとして、この決定を取締役会に任せることは許される」と解されていた（新版会社法全訂第二版　鈴木竹雄著186頁）。

が、取締役に支給するものである以上、会社法の取締役の報酬等となる。

　以上、取締役に支給する報酬、賞与、役員退職慰労金等は、職務執行の対価として株式会社から受ける財産上の利益として、会社法上の報酬規定（後述(3)）の適用を受けることになる。ただし、使用人兼務取締役について、別に使用人として給与を受けることを予定して取締役として受ける報酬額のみを株主総会で決議することとしても、その株主総会決議が違法とはいえないとされており[3]、使用人分の報酬等を明らかにすることにより使用人分の報酬等を会社法上の報酬規定の適用を受けないこととすることができるものと解されている。

　取締役に付与するストック・オプション等も、「職務執行の対価として株式会社から受ける財産上の利益」であるから、会社法上、報酬となる（会社法361①）。報酬等の決定事項の詳細は後述するが、ストック・オプション等は、定款又は株主総会で「その額」又は「その具体的な算定方法」のほか「その具体的な内容」を定める必要がある（会社法361①）。また、ストック・オプションの付与は新株予約権の発行と考えられるため、このほかに、新株予約権の発行手続きを要するものと解されている。新株予約権の発行手続きについては、ストック・オプションとしての新株予約権につき、金銭の払込みを要しないこととして発行（無償発行）する（会社法238①二）、又は公正価格に相当する価額を払込金額とした上で（有償発行）付与対象者の発行会社に対する払込金額の払込義務と付与対象者の有する発行会社に対する債権（報酬債権等）を相殺する（会社法246②）といった考え方があるが、各々に応じて所要の手続きを要することになる。

(2) 報酬等の支払義務

　株式会社と役員との関係は、委任に関する規定に従うこととされている（会社法330）。

　このため、取締役会設置会社以外の会社の取締役については、原則と

3　旧商法269条に関するものであるが、最判昭和60年3月26日がある。

して株式会社の業務を執行し、取締役会設置会社の取締役については、取締役会の構成員として、取締役会設置会社の業務執行の決定、取締役の職務の執行の監督並びに代表取締役の選定及び解職といった職務を行い（会社法348、362等）、この対価として委任者に対して報酬を請求することになるが、これは、民法上、特約の存在が必要となる（民法648①）。

　また、取締役の報酬は、原則として、委任事務の履行後でなければ請求することができないこととされている（民法648②）。月単位で報酬を支払うことが多く見受けられるが、これは、期間によって定めた報酬はその期間を経過した後に請求することができるとする例外規定を適用したものと考える（民法648②ただし書き、624②）。

　以上の株式会社と取締役との関係は、株式会社と監査役又は会計参与との関係でも同様である（会社法330等）。

(3) 報酬等の決定

i　指名委員会等設置会社以外の会社の取締役の報酬

　報酬等に関する所定の事項は、定款又は株主総会の決議によって定めることが求められている（会社法361①）。会社法では、定款に所定の事項を定めていないときに株主総会の決議によって定めるといった規定となっているが、これらを定款で定めると、報酬等の改定があるたびに定款変更決議を要することになり、また、これが特別決議であることから（会社法309②十一、466）、実務上は、所定の事項は株主総会の決議によって定められることが多い。定款又は株主総会の決議で定めることが求められている所定の事項は、次のようなものである（会社法361①各号）。

---

① 　報酬等のうち額が確定しているものについては、その額
② 　報酬等のうち額が確定していないものについては、その具体的な算定方法
③ 　報酬等のうち金銭でないものについては、その具体的な内容

上記①の決定事項については、限度額が定められることが多い。また、各取締役の個々の支給額を定めず、取締役に支給する総額を定めた上で、各取締役の個々の支給額の決定を取締役会に一任することが多く、さらに、これを取締役会が代表取締役に一任することもある。

　これらの決定事項は、監査等委員会設置会社においては、監査等委員である取締役とそれ以外の取締役とを区別して定めなければならないこととされている（会社法361②）。監査等委員である各取締役の報酬等について定款の定め又は株主総会の決議がないときは、その報酬等は、定款又は株主総会の決議によって定める報酬等（会社法361①）の範囲内で、監査等委員である取締役の協議によって定める（会社法361③）。

　取締役の報酬等に関する所定の事項を定め、又はこれを改定する議案を株主総会に提出した取締役は、株主総会において、その事項を相当とする理由を説明しなければならない（会社法361④）。また、監査等委員である取締役は、株主総会において、監査等委員である取締役の報酬等について意見を述べることができ（会社法361⑤）、監査等委員会が選定する監査等委員は、株主総会において、監査等委員である取締役以外の取締役の報酬等について監査等委員会の意見を述べることができる（会社法361⑥）。

ⅱ　指名委員会等設置会社の執行役等の報酬

　株式会社では、指名委員会等設置会社によった機関設計が採用されることがある。指名委員会等設置会社には、執行役をおかなければならず（会社法402①）、執行役は、業務執行を行うとともに、取締役会から委任を受けた事項につき業務の執行の決定を行う（会社法418）。取締役会が執行役に委任できる事項は広範に及んでおり（会社法416④）、これにより、指名委員会等設置会社では、執行役による迅速な業務執行が可能になる。

　指名委員会等設置会社には、指名委員会、監査委員会及び報酬委員会

がおかれる（会社法2十二）。その一方で、監査役（監査役会）を設置することができず（会社法327④）、常に会計監査人の設置が必要となる（会社法327⑤）。公開大会社では、監査役会を置かない場合で監査等委員会設置会社としないときには、指名委員会等設置会社となる（会社法328①）。

指名委員会等設置会社の取締役は原則として業務の執行をすることはできず（会社法415）、これを執行役に委ねる（会社法418二）。ただし、取締役は、執行役を兼任することができる（会社法402⑥）。指名委員会等設置会社には、取締役会の内部機関として指名委員会、監査委員会及び報酬委員会を必ず設置しなければならない（会社法2十二）。各委員会は3名以上の取締役で構成される（会社法400①②）。このうちの報酬委員会は、執行役、取締役及び会計参与（執行役等）の個人別の報酬等の内容に係る決定に関する方針を定めることとされ（会社法409①）、報酬委員会は、この方針に従い執行役等の個人別の報酬等の内容を決定する（会社法404③、409②③）。

報酬委員会が決定する執行役等の個人別の報酬等の内容は、下記の事項（会計参与の個人別の報酬等は、下記①の事項）である（会社法409③）。

---

① 　額が確定しているもの　個人別の額
② 　額が確定していないもの　個人別の具体的な算定方法
③ 　金銭でないもの　個人別の具体的な内容

---

iii 　監査役の報酬

監査役の報酬等は、定款にその額を定めていないときは、株主総会の決議によって定めることとされている（会社法387①）。

複数の監査役がいる場合には、定款の定め又は株主総会の決議により各監査役の報酬等を定めることができるが、これらにより総額を定めたときには、個々の監査役の報酬等は、その報酬等の総額の範囲内において、監査役の協議によって定める（会社法387②）。

iv 会計参与の報酬

　会計参与の報酬等は、定款にその額を定めていないときは、株主総会の決議によって定めることとされている（会社法379①）。

　複数の会計参与がいる場合には、定款の定め又は株主総会の決議によりが各会計参与の報酬等を定めることができるが、これらにより総額を定めたときには、個々の会計参与の報酬等は、その報酬等の総額の範囲内において、会計参与の協議によって定める（会社法379②）。

　これらのことは、監査役の報酬等と同様である。

③ 役員報酬等の会計処理

(1) 概要

　会社法では、「報酬等」を「報酬、賞与その他の職務執行の対価として株式会社から受ける財産上の利益」と定義している（会社法361①）。また、現行の法人税法では、定期同額給与、事前確定届出給与、業績連動給与、退職給与、その他の役員給与といったように区分している。

　しかし、これとは別に、役員報酬等を役員報酬、役員賞与、役員退職慰労金等に区分することがあり、これは、従来から行われてきた区分として一般的に定着しているものである。また、下記(2)で述べる「役員賞与に関する会計基準」では、役員に支給する賞与の会計処理を単独に明らかにしている。これらのことから、ここでの役員報酬等の会計処理については、この区分に応じて論じることとする。

(2) 役員賞与

i 役員賞与に関する会計基準

　取締役、会計参与、監査役及び執行役（役員）に対する賞与（役員賞与）の会計処理については、「役員賞与に関する会計基準」によりその取

扱いが示されている。「役員賞与に関する会計基準」は、会社法（平成17年法律第86号）の公布に伴い、企業会計基準委員会が平成17年11月29日に公表したものであり、会社法の施行日以後終了する事業年度の中間会計期間から適用されている（基準4）。

　従来、役員報酬はその発生時に費用として会計処理し、役員賞与は、これが利益をあげた功労に報いるための支給との考え方に基づき、利益処分により未処分利益の減少とする会計処理を行うことが一般的であった。

　しかし、職務執行の成果として会社の利益が生じることになるため、この功労に報いるために支給される役員賞与も職務執行の対価として株式会社から受ける財産上の利益である。会社法では、「報酬、賞与その他の職務執行の対価として株式会社から受ける財産上の利益」を「報酬等」と定義し、役員賞与は役員報酬とともに職務執行の対価として支給されるものと考えており、この結果、役員賞与は役員報酬等に含まれることとされて同一の手続きにより支給されることになる。

　そこで、「役員賞与に関する会計基準」では、従来の未処分利益の減少とする会計慣行を改め、役員の職務に関連する支給についての会計処理を統一的に行うために、役員賞与を発生した会計期間の費用として会計処理することとした。

ii　会計処理と税務処理

　会計上は、将来の特定の費用又は損失であって、その発生が当期以前の事象に起因し、発生の可能性が高く、かつ、その金額を合理的に見積ることができる場合には、当期の負担に属する金額を当期の費用又は損失として引当金に繰入れ、当該引当金の残高を貸借対照表の負債の部又は資産の部に記載することが求められる（企業会計原則注解〔注18〕引当金について（貸借対照表原則四の㈠のDの1項、㈡のAの3項及びBの2項））。また、ある事業年度の職務に係る役員賞与を決算日後に開催される株主

12 第1章 役員報酬の意義

総会の決議事項とする場合には、その決議事項とする額又はその見込額を、原則として、引当金に計上することとされている（基準13）。このため、この場合には、下記のような会計処理を行うことになる。

（役員の職務執行に係る事業年度）
　役員賞与引当金繰入額 XXX／役員賞与引当金 XXX
（株主総会等の承認（役員賞与支給）事業年度）
　役員賞与引当金 XXX／現金預金 XXX

　一方、法人税法上は、役員に対して支給する賞与の額の損金算入は債務確定基準（法法22③二）に従うことになるため、株主総会等での承認決議が行われていない役員の職務執行に係る事業年度での役員賞与の損金算入は認められない。また、役員賞与引当金が法人税法で認められている引当金ではないことから、法人税法上、その繰入額の損金算入も認められない。さらに、役員賞与が事前確定届出給与又は業績連動給与に該当しない場合には、最終的に損金算入できない。このため、役員の職務執行に係る事業年度及び株主総会等の承認事業年度では、次のような申告調整を要する。

（役員の職務執行に係る事業年度）
　役員賞与引当金繰入額否認（加算・留保）
（株主総会等の承認事業年度）
　役員賞与引当金繰入額認容（減算・留保）
　役員賞与否認（加算・社外流出（その他））

(3) 役員退職慰労金

ⅰ　役員退職慰労金に関する会計処理の基準

　役員退職慰労金には、取締役等の在職中の職務執行の対価として支給するといった面があり、この報酬の後払いといった面に着目して、会社

法上、「職務執行の対価として株式会社から受ける財産上の利益」として「報酬等」に該当する。このため、役員退職慰労金の支給に当たっては、株主総会の決議が必要となる。

　役員退職慰労金を報酬の後払いと考えて、職務執行期間に負担させるべき額をその各事業年度で引当金を計上して費用処理する会計処理がとられることがある。これは、前述した企業会計原則注解〔注18〕に示された会計処理によるものであるが、ここでは、「発生の可能性が高く、かつ、その金額を合理的に見積ることができる」ことが求められている。また、監査上、下記の要件を満たす場合には、役員退職慰労引当金を計上すべきとされている（「租税特別措置法上の準備金及び特別法上の引当金又は準備金並びに役員退職慰労引当金等に関する監査上の取扱い（監査・保証実務委員会実務指針第42号）」3．(1)）。この要件は、「発生の可能性」と「金額の合理的見積り」を具体化したものと考える。

---

① 　役員退職慰労金の支給に関する内規に基づき（在任期間・担当職務等を勘案して）支給見込額が合理的に算出されること
② 　当該内規に基づく支給実績があり、このような状況が将来にわたって存続すること（設立間もない会社等のように支給実績がない場合においては、内規に基づいた支給額を支払うことが合理的に予測される場合を含む。）

　役員退職慰労引当金の計上に当たっては、当期繰入後の役員退職慰労引当金の残高が役員退職慰労引当金の支給に関する支給金額等の算定方法を定めた基準に基づき計算された当期末要支給額に一致するように繰り入れることになる。前述したように、退職慰労金の支給には株主総会の決議が必要であるが、この基準が株主総会に示され、その株主総会が取締役会に支給金額等の決定を一任するといった方法が採られる。

ii　会計処理と税務処理

　会計上、役員退職慰労引当金を上記iの会計処理の基準により処理す

る場合、具体的な会計処理は、次のようになる。

（役員の職務執行に係る事業年度）
　役員退職慰労引当金繰入額　XXX／役員退職慰労引当金　XXX
（役員退職慰労金支給事業年度）
　役員退職慰労引当金　XXX／現金預金　XXX

　一方、退職した役員に対する退職給与の額の損金算入の時期は、法人税法上、原則として、株主総会の決議等によりその額が具体的に確定した日の属する事業年度である（法基通9－2－28）。このため、役員の職務執行に係る事業年度においては、その損金算入は認められない。

　また、役員退職慰労引当金が法人税法で認められている引当金ではないことから、法人税法上、その損金算入は認められない。このため、次のような申告調整を要する。

（役員の職務執行に係る事業年度）
　役員退職慰労引当金繰入額否認（加算・留保）
（株主総会等の承認事業年度）
　役員退職慰労引当金繰入額認容（減算・留保）

　株主総会等の承認事業年度で、役員退職慰労引当金繰入額を申告減算することで、役員の職務執行に係る事業年度で、申告加算した役員退職慰労引当金繰入額が調整され、その事業年度の役員退職慰労引当金繰入額相当額の損金算入が認められることになる。なお、従来、役員退職慰労金を損金算入するためには、その損金経理が要件となっていたが、平成18年度税制改正で、役員退職慰労金が役員の職務執行の対価としての性質を有する点で役員給与と同様であるといった点を踏まえて、この損金経理要件は廃止された。従来は、役員退職慰労引当金に繰り入れられた金額を役員退職慰労金支給事業年度で損金算入するためには、下記のような会計処理を要したが、現在では、上記のような会計処理によるこ

とができる。

（平成18年度税制改正前の会計処理）

役員退職慰労引当金　XXX／役員退職慰労引当金戻入益　XXX

役員退職給与　XXX／現金預金　XXX

第2章

役員給与に関する措置の概要

制度の概要

　役員に対する給与は、会計上、販売費及び管理費として費用計上され、法人税法上も、その債務確定を要件として損金算入される（法法22③二、④）。ただし、法人税法では、その恣意的な損金算入を認めないとする考え方から、「別段の定め」を設け、その全部又は一部の損金算入を認めないこととしている。

　役員給与の損金算入を制限する現行法の措置には、所定の要件を満たさない役員給与の損金不算入（法法34①）や過大な給与の損金不算入（法法34②）がある。これらの措置は、下記のように、その役員給与の支給形態がどのようなものか、役員給与が退職給与であるかどうか、役員給与の支給対象者が誰であるかといった区分に応じて措置がされている。使用人給与については、過大な使用人給与の損金不算入（法法36）の措置が設けられているが、これを含めて給与の損金不算入措置を概括すると、次のようになる。

① 　役員給与の損金不算入（法法34）
　　イ　所定の要件を満たさない役員給与の損金不算入（法法34①）
　　　所定の要件を満たす役員給与
　　　（イ）定期同額給与（法法34①一）
　　　（ロ）事前確定同額給与（法法34①二）
　　　（ハ）業績連動給与（法法34①三）
　　　　（注）本措置の対象としない給与
　　　　　　・退職給与で業績連動給与に該当しない給与
　　　　　　・使用人としての職務を有する役員に対して支給するその職務に対する給与
　　　　　　・仮装隠蔽経理により支給する給与（下記ハ）
　　ロ　過大な給与の損金不算入（法法34②）
　　　（注）本措置の対象としない給与
　　　　　・上記イの適用対象となる給与

　　　　　・仮装隠蔽経理により支給する給与

　（イ）退職給与以外の給与（法令70一）

　　　（注）措置の対象とならない給与

　　　　　・下記（ハ）の給与

　（ロ）退職給与（法令70二）

　　　（注）措置の対象とならない給与

　　　　　・上記イの適用対象となる給与

　　　　　・仮装隠蔽経理により支給する給与（下記ハ）

　（ハ）他の使用人に対する賞与の支給時期と異なる支給時期に支給した
　　　　使用人兼務役員の使用人賞与（法令70三）

　ハ　仮装隠蔽経理により支給する給与（法法34③）

② 　過大な使用人給与の損金不算入（法法36）

　これらの規定の適用関係は、次のようになる。

図表 2 - 1　役員報酬等の税務処理

区　　　分						税務処理
役員給与	退職給与以外の給与	定期同額給与		いずれにも非該当		損金不算入
		事前確定届出給与		いずれかに該当	不相当部分	
		業績連動給与	損金算入要件を満たす		相当部分	損金算入
			損金算入要件を満たさない			損金不算入
		使用人兼務役員の使用人部分	他の使用人の支給時期と異なる時期に支給した賞与			損金不算入
			その他の給与		不相当部分	損金不算入
					相当部分	損金算入
	退職給与	業績連動給与以外の給与			不相当部分	損金不算入
		業績連動給与	損金算入要件を満たす		相当部分	損金算入
			損金算入要件を満たさない			損金不算入
	隠蔽又は仮装経理により支給する給与					損金不算入
使用人分給与	特殊関係使用人に支給するもの				不相当部分	損金不算入
					相当部分	損金算入
	特殊関係使用人以外の使用人に支給するもの					損金算入

（注）他の使用人の支給時期と異なる時期に支給した使用人兼務役員の使用人分賞与
　　は、「不相当に高額な部分」となる（法令70三）。

② 主な改正経緯と制度趣旨

上記①に述べた役員給与に係る法人税法の措置は、幾何かの改正を経て講じられたものであるが、近年では、平成18年度税制改正により大きく変貌した。

平成18年度税制改正前の措置は、役員に支給する退職給与以外の給与を、定期に定額支給するもの（報酬）と、それ以外のもの（賞与）とに区別し、前者のうち過大でない部分の損金算入を認めるといったものであった。平成18年度税制改正では、この制度体系を見直し、一定要件を充足する定期同額給与，事前確定届出給与，業績（利益）連動給与は損金算入とするが，その各要件を充足しない役員給与とその各要件を充足する役員給与のうち不相当に高額な部分の金額を損金不算入とした。また、役員に支給する退職給与のうち不相当に高額な部分の金額を損金不算入とし、隠蔽仮装経理によるものも損金不算入とした。

平成18年度税制改正での措置は、平成18年から施行された会社法が、役員賞与を役員報酬とともに職務執行の対価として会社から受け取る財産上の利益と整理し（会社法361①）、企業会計基準がこれらを発生時に費用処理することとしたことを契機としたものである。同改正では、「専ら役員給与の外形的な支給形態」によって損金算入の可否を決することは廃止されたが、一方で、役員給与の要件を新たに定めることで、役員給与の支給に関する恣意性を排除するとともに、透明性を担保して損金算入を認めることとした。

なお、平成29年度税制改正では、退職給与で業績に連動した指標を基礎として支給される給与につき、所定の損金算入要件を満たさないものを損金不算入として、制度の整合性が図られた。

③ 役員の意義

(1) 役員の範囲

　法人税法上、役員は下記①又は②の者をいうこととされている。下記①の者は、会社法等の規定により役員となる者であるが、このほかに、下記②の法人税法独自の観点から役員とされているみなし役員（法法2十五、法令7）がある。このように、会社法等の規定による役員の範囲よりも法人税上の役員の範囲は広いことになる。

---

① 　法人の取締役、執行役、会計参与、監査役、理事、監事及び清算人
② 　①以外の者で次のいずれかに当たるもの（みなし役員）
　イ　法人の使用人（職制上使用人としての地位のみを有する者に限る。）以外の者で、その法人の経営に従事しているもの
　ロ　同族会社の使用人（職制上使用人としての地位のみを有する者に限ります。）のうち、株式保有要件を満たす者（特定株主）で、その会社の経営に従事しているもの

　また、使用人としての職務を有する役員（使用人兼務役員）については、使用人部分の賞与を損金算入できる等、一般の役員とは異なる措置が認められているが（法法34⑥、法令71）、これについては、後述する（第9章）。

図表2-2　役員報酬等の税務処理

地　位　等				法人税法上の区分
取締役、執行役、会計参与、監査役、理事、監事及び清算人				役員
使用人（職制上使用人としての地位のみを有する者に限る。）以外の者		経営に従事	該当	（みなし役員）
使用人	特定株主		非該当	非役員
	その他			

22　第2章　役員給与に関する措置の概要

(2) 会社法等の規定による役員

i　会社法等の規定

　法人の取締役、執行役、会計参与、監査役、理事、監事及び清算人は、会社法等の法令の規定に根拠を持つ役職名である。

　会社法では、このうち取締役、会計参与及び監査役を「役員」と定義しており（会社法329①）、清算人については、清算業務の範囲ではあるが、清算会社の業務執行を行う者であることから、「役員」に含まれる。また、執行役は、会社法及び会社法施行規則において「役員」、「会社役員」、「役員等」に含まれている（会社法423①、会社法施行規則2②六十四、2③三・四）。理事及び監事は、一般社団法人及び一般財団法人に関する法律で、「役員」とされといるほか（一般社団法人及び一般財団法人に関する法律63①）、会社法施行規則で取締役、会計参与、監査役及び執行役とあわせて「役員」に含まれている（会社法施行規則2③三）。

　なお、会計参与は役員となるが（法法2二十五）、監査法人及び税理士法人が会計参与となることもあり（会社法333①）、この監査法人及び税理士法人は法人税法上の役員となる。

　また、法人が持分会社の無限責任社員、業務執行社員になることができることから（会社法576①四・五、598）、役員には持分会社の社員である法人が含まれる（法基通9－2－2）。

ii　取締役

　取締役は、株主総会の決議によって選任され（会社法329①）、定款に別段の定めがある場合を除き、非取締役会設置会社である株式会社では、その業務を執行する機関であり（会社法348①）、他に代表取締役その他株式会社を代表する者を定めた場合を除き、原則として、取締役は各自株式会社を代表する（会社法349①②）。取締役会設置会社である株式会社では、取締役会が原則として取締役会設置会社の業務執行の決定、取締役

の職務の執行の監督、代表取締役の選定及び解職といった職務を行うことになり（会社法362②）、代表取締役と代表取締役以外の取締役であって取締役会の決議によって取締役会設置会社の業務を執行する取締役として選定されたものがその業務を執行し（会社法363）、代表取締役は取締役の中から取締役会が選定する（会社法362③）。

取締役は、株式会社に著しい損害を及ぼすおそれのある事実があることを発見したときは、直ちに、その事実を原則として株主（監査役設置会社にあっては、監査役）に報告しなければならない（会社法357）。取締役は、法令及び定款並びに株主総会の決議を遵守し、株式会社のため忠実にその職務を行わなければならない（会社法355）。

取締役がその任務を怠ったときは、株式会社に対し、これによって生じた損害を賠償する責任を負い（会社法423①）、この責任は、総株主の同意がなければ、免除することができず（会社法424）、取締役が職務を行うにつき善意でかつ重大な過失がないときには、最低責任限度額を控除して得た額を限度として、株主総会の決議によって免除されるに止まる（会社法425①）。さらに、取締役は、その職務を行うについて悪意又は重大な過失があったことにより第三者に生じた損害を賠償する責任を負い（会社法429①）、注意を怠らなかったことを証明した場合は除かれるが、取締役が所定事項に虚偽の通知をし、計算書類等に虚偽の記載又は記録をし、虚偽の登記又は虚偽の公告をしたときも同様に責任を負う（会社法429②）。

これらの権限と責任を有する取締役を、会社法では、監査役及び会計参与とあわせて「役員」と定義しており（会社法329①）、取締役は、法人税法上も役員となる。

iii 執行役

執行役は、指名委員会等設置会社に設置され（会社法402①）、その取締役会の決議（会社法416④）によって委任を受けた指名委員会等設置会社

の業務の執行の決定、指名委員会等設置会社の業務の執行を行う（会社法418）。執行役は、取締役会の決議によって選任及び解任され（会社法402②、403①）、その指名委員会等設置会社との関係は、委任に関する規定に従うこととされている（会社法402③）。

執行役は、指名委員会等設置会社に著しい損害を及ぼすおそれのある事実を発見したときは、直ちに、当該事実を監査委員に報告しなければならず（会社法419①）、執行役は、法令及び定款並びに株主総会の決議を遵守し、株式会社のため忠実にその職務を行わなければならない（会社法419②、355）。

執行役がその任務を怠ったときは、株式会社に対し、これによって生じた損害を賠償する責任を負い（会社法423①）、この責任は、総株主の同意がなければ、免除することができず（会社法424）、執行役が職務を行うにつき善意でかつ重大な過失がないときには、最低責任限度額を控除して得た額を限度として、株主総会の決議によって免除されるに止まる（会社法425①）。さらに、執行役は、その職務を行うについて悪意又は重大な過失があったことにより第三者に生じた損害を賠償する責任を負い（会社法429①）、注意を怠らなかったことを証明した場合は除かれるが、執行役が所定事項に虚偽の通知をし、計算書類等に虚偽の記載又は記録をし、虚偽の登記又は虚偽の公告をしたときも同様に責任を負う（会社法429②）。

これらの権限と責任を有する執行役は、取締役、会計参与、監査役及び会計監査人とあわせて「役員等」と定義され（会社法423①、会社法施行規則2②六十四）、また、取締役、会計参与及び監査役とあわせて「会社役員」及び「役員」とされており（会社法施行規則2③三・四）、執行役は、取締役等と同様、法人税法上、役員とされている。これに対して、会社の機構上「執行役員」を設けることがあるが、これは、執行役のように会社法等の法律の規定で設けられるものではない。この詳細については、後述する。

iv 会計参与

会計参与は、取締役と共同して計算書類及びその附属明細書、臨時計算書類並びに連結計算書類を作成する機関である（会社法374①）。

この目的のために、会計参与は、いつでも、会計帳簿等の閲覧及び謄写をし、又は取締役及び支配人その他の使用人に対して会計に関する報告を求めることができ（会社法374②）、計算書類等の作成に関する事項について会計参与が取締役（指名委員会等設置会社では、執行役）と意見を異にするときは、会計参与（会計参与が監査法人又は税理士法人である場合には、その職務を行うべき社員）は、株主総会において意見を述べることができる（会社法377）。また、会計参与は、その職務を行うに際して取締役の職務の執行に関し不正の行為又は法令若しくは定款に違反する重大な事実があることを発見したときは、遅滞なく、これを株主（監査役設置会社にあっては、監査役）に報告しなければならず（会社法375①）、取締役会設置会社の会計参与（会計参与が監査法人又は税理士法人である場合には、その職務を行うべき社員。）は、計算書類等の承認をする取締役会（会社法436③、441③、444⑤）に出席し、必要があると認めるときは、意見を述べなければならない（会社法376①）。

会計参与がその任務を怠ったときは、株式会社に対し、これによって生じた損害を賠償する責任を負い（会社法423①）、この責任は、総株主の同意がなければ、免除することができず（会社法424）、会計参与が職務を行うにつき善意でかつ重大な過失がないときには、最低責任限度額を控除して得た額を限度として、株主総会の決議によって免除されるに止まる（会社法425①）。さらに、会計参与は、その職務を行うについて悪意又は重大な過失があったことにより第三者に生じた損害を賠償する責任を負い（会社法429①）、注意を怠らなかったことを証明した場合は除かれるが、会計参与が所定事項に虚偽の通知をし、計算書類等に虚偽の記載又は記録をし、虚偽の登記又は虚偽の公告をしたときも同様に責任を負う（会社法429②）。

26   第2章   役員給与に関する措置の概要

　これらの権限と責任を有する会計参与を、会社法では、取締役及び監査役とあわせて「役員」と定義しており（会社法329①）、法人税法上も役員となる。なお、この会計参与には、公認会計士又は税理士のほか監査法人又は税理士法人がなることができることから（会社法333①）、役員には、会計参与である監査法人又は税理士法人が含まれる（法基通9－2－2）。

v　監査役

　監査役は、株主総会の決議によって選任され（会社法329①）、取締役（会計参与設置会社にあっては、取締役及び会計参与）の職務の執行を監査する機関である（会社法381①）。この監査機能を実効的なものとするため、監査役は、いつでも、取締役及び会計参与並びに支配人その他の使用人に対して事業の報告を求め、又は監査役設置会社の業務及び財産の状況の調査をすることができる（会社法381②）。また、監査役は、取締役が監査役設置会社の目的の範囲外の行為その他法令若しくは定款に違反する行為をし、又はこれらの行為をするおそれがある場合でその行為によって監査役設置会社に著しい損害が生ずるおそれがあるときは、その取締役に対し、その行為をやめることを請求することができ（会社法385①）、監査役設置会社と取締役との間の訴えについて会社を代表する等（会社法386）、強い権限を有している。一方で、監査役は、取締役会に出席し、必要があると認めるときは、意見を述べなければならず（会社法383①）、取締役が株主総会に提出しようとする議案、書類その他法務省令で定めるものを調査し、法令若しくは定款に違反し、又は著しく不当な事項があると認めるときは、その調査の結果を株主総会に報告しなければならない（会社法384）といった責任を負っている。

　株式会社は、定款の定めにより、監査役を置くことができることとされているが（会社法326②）、公開会社でない会計参与設置会社は別として、取締役会設置会社（監査等委員会設置会社及び指名委員会等設置会社を除く。）は、監査役を置かなければならず（会社法326②）、会計監査人設

置会社（監査等委員会設置会社及び指名委員会等設置会社を除く。）は、監査役を置かなければならない（会社法326③）。

　これらの権限と責任を有する監査役を、会社法では、取締役及び会計参与とあわせて「役員」と定義しており（会社法329①）、法人税法上も役員となる。

vi　理事

　一般社団法人及び一般財団法人に関する法律では、理事を下記viiの監事とともに「役員」とし、社員総会の決議によって選任することとしている（一般社団法人及び一般財団法人に関する法律63）。一般社団法人及び一般財団法人に関する法律では、一般社団法人と一般財団法人に関して規定をしており、一般財団法人については、一般社団法人に関する規定をおおむね準用することになっているため（一般社団法人及び一般財団法人に関する法律177、197、198）、以下、一般社団法人に関する規定により説明する。

　理事は、定款に別段の定めがある場合を除き、一般社団法人（理事会設置一般社団法人を除く。）の業務を執行し（一般社団法人及び一般財団法人に関する法律76）、他に代表理事その他一般社団法人を代表する者を定めた場合を除き、各自、一般社団法人を代表する（一般社団法人及び一般財団法人に関する法律77①②）。

　一方で、理事は、法令及び定款並びに社員総会の決議を遵守し、一般社団法人のため忠実にその職務を行わなければならず（一般社団法人及び一般財団法人に関する法律83）、一般社団法人に著しい損害を及ぼすおそれのある事実があることを発見したときは、直ちに、その事実を社員（監事設置一般社団法人にあっては、監事に報告しなければならない（一般社団法人及び一般財団法人に関する法律85）。また、理事がその任務を怠ったときは、一般社団法人に対し、これによって生じた損害を賠償する責任を負う（一般社団法人及び一般財団法人に関する法律111）、その責任は、総社員

の同意がなければ、免除することができず（一般社団法人及び一般財団法人に関する法律112）、理事が職務を行うにつき善意でかつ重大な過失がないときには、最低責任限度額を控除して得た額を限度として、社員総会の決議によって免除される（一般社団法人及び一般財団法人に関する法律113）。さらに、理事は、その職務を行うについて悪意又は重大な過失があったことにより第三者に生じた損害を賠償する責任を負い（一般社団法人及び一般財団法人に関する法律117①）、注意を怠らなかったことを証明した場合は除かれるが、理事が所定事項に虚偽の通知をし、計算書類等に虚偽の記載又は記録をし、虚偽の登記又は虚偽の公告をしたときも同様に責任を負う（一般社団法人及び一般財団法人に関する法律117②）。

　これらの権限と責任を有する理事を、会社法施行規則では、取締役、会計参与、監査役、執行役、監事らとともに「役員」としており（会社法施行規則2③三）、理事は、法人税法上も役員となる。

vii　監事

　一般社団法人及び一般財団法人に関する法律では、監事を上記viの理事とともに「役員」とし、社員総会の決議によって選任することとしている（一般社団法人及び一般財団法人に関する法律63）。一般社団法人及び一般財団法人に関する法律では、一般財団法人については、一般社団法人に関する規定をおおむね準用することとなっている（一般社団法人及び一般財団法人に関する法律177、197、198）ことは前述のとおりであり、以下、一般社団法人に関する規定により説明する。

　監事は、定款の定めによって置くことができる任意設置の機関であるが（一般社団法人及び一般財団法人に関する法律60②）、理事会設置一般社団法人及び会計監査人設置一般社団法人は、監事を置かなければならない（一般社団法人及び一般財団法人に関する法律61）。

　監事は、理事の職務の執行を監査して、監査報告を作成する（一般社団法人及び一般財団法人に関する法律99①）。このために、監事は、いつで

も、理事及び使用人に対して事業の報告を求め、又は監事設置一般社団法人の業務及び財産の状況の調査をすることができる（一般社団法人及び一般財団法人に関する法律99②）。

監事は、理事が不正の行為をし、若しくは当該行為をするおそれがあると認めるとき、又は法令若しくは定款に違反する事実若しくは著しく不当な事実があると認めるときは、遅滞なく、その旨を理事（理事会設置一般社団法人については、理事会）に報告しなければならない（一般社団法人及び一般財団法人に関する法律100）。監事は、理事会に出席し、必要があると認めるときは、意見を述べなければならず（一般社団法人及び一般財団法人に関する法律101①）、必要があると認めるときは、理事会の招集を請求することができ（一般社団法人及び一般財団法人に関する法律101②）、理事が社員総会に提出しようとする議案、書類その他法務省令で定めるものを調査しなければならず、法令若しくは定款に違反し、又は著しく不当な事項があると認めるときは、その調査の結果を社員総会に報告しなければならない（一般社団法人及び一般財団法人に関する法律102）。さらに、監事は、理事が監事設置一般社団法人の目的の範囲外の行為その他法令若しくは定款に違反する行為をし、又はこれらの行為をするおそれがある場合に、その行為によって監事設置一般社団法人に著しい損害が生ずるおそれがあるときは、その理事に対し、その行為をやめることを請求することができる（一般社団法人及び一般財団法人に関する法律103）。

一方で、監事がその任務を怠ったときは、一般社団法人に対し、これによって生じた損害を賠償する責任を負い（一般社団法人及び一般財団法人に関する法律111）、その責任は、総社員の同意がなければ、免除することができず（一般社団法人及び一般財団法人に関する法律112）、監事が職務を行うにつき善意でかつ重大な過失がないときには、最低責任限度額を控除して得た額を限度として、社員総会の決議によって免除される（一般社団法人及び一般財団法人に関する法律113）。さらに、監事は、その職務を行うについて悪意又は重大な過失があったことにより第三者に生じた

30 第2章 役員給与に関する措置の概要

損害を賠償する責任を負い（一般社団法人及び一般財団法人に関する法律117①）、注意を怠らなかったことを証明した場合は除かれるが、監事が所定事項に虚偽の通知をし、計算書類等に虚偽の記載又は記録をし、虚偽の登記又は虚偽の公告をしたときも同様に責任を負う（一般社団法人及び一般財団法人に関する法律117②）。

これらの権限と責任を有する監事を、会社法施行規則では、取締役、会計参与、監査役、執行役、理事らとともに「役員」としており（会社法施行規則2③三）、監事は、法人税法上も役員となる。

viii 清算人

株式会社は、解散した場合等には、清算をしなければならないこととされ（会社法475）、この清算をする株式会社（清算株式会社）は、清算の目的の範囲内において、清算が結了するまではなお存続するものとみなされている（会社法476）。

清算人は、清算株式会社（清算人会設置会社を除く。）の業務を執行するが（会社法482）、この業務は、現務の結了、債権の取立て及び債務の弁済及び残余財産の分配である（会社法481）。また、清算人は、他に代表清算人その他清算株式会社を代表する者を定めた場合を除き、清算株式会社を代表する（会社法483①）。清算株式会社の清算人には、原則として、定款で定める者及び株主総会の決議によって選任された者がいない場合には、取締役がなる（会社法478①一）。

一方で、清算人は、その任務を怠ったときは、清算株式会社に対し、これによって生じた損害を賠償する責任を負い（会社法486）、また、その職務を行うについて悪意又は重大な過失があったときや、清算人が注意を怠らなかったことを証明したときを除き、所定の事項について虚偽の通知、虚偽の記載又は記録、虚偽の登記及び虚偽の公告をしたときに、これらによって第三者に生じた損害を賠償する責任を負う（会社法487①②）。

清算人は、会社法上、清算業務に限定された範囲内ではあるが、取締役等と同様の権限と責任を有しており、法人税法上も役員となる。

(3) みなし役員

i 使用人以外の者

みなし役員となりうる者には、法人の使用人以外の者（法令7一）と同族会社の使用人のうち株式保有要件を満たす者（特定株主、法令7二）がある。

このうちの法人の使用人以外の者には、次のような者が該当する。

---

① 取締役又は理事となっていない総裁、副総裁、会長、副会長、理事長、副理事長、組合長等

② 合名会社、合資会社及び合同会社の業務執行社員

③ 人格のない社団等の代表者又は管理人

④ 法定役員ではないが、法人が定款等において役員として定めている者

また、これらの者のほか、「相談役、顧問その他これらに類する者でその法人内における地位、その行う職務等からみて他の役員と同様に実質的に法人の経営に従事していると認められるもの」が含まれる（法基通9−2−1）。

なお、これらの使用人以外の者がみなし役員となるためには、これらの者がその法人の経営に従事していることが必要となる。

ii 同族会社の使用人

同族会社の使用人のうち株式保有要件を満たす者（特定株主）もみなし役員となる（法令7二）。同族会社の使用人がみなし役員となるためには、次のような株式保有要件をすべて満たすことが必要である（法令7二、71①五号イ〜ハ）。

32　第2章　役員給与に関する措置の概要

---

① その会社の株主グループをその所有割合の大きいものから順に並べた場合に、その使用人が所有割合50％を超える第1順位の株主グループに属しているか、又は第1順位と第2順位の株主グループの所有割合を合計したときに初めて50％を超える場合のこれらの株主グループに属しているか、あるいは第1順位から第3順位までの株主グループの所有割合を合計したときに初めて50％を超える場合のこれらの株主グループに属していること。

② その使用人の属する株主グループの所有割合が10％を超えていること。

③ その使用人（その配偶者及びこれらの者の所有割合が50％を超える場合における他の会社を含む。）の所有割合が5％を超えていること。

（注）

1 「株主グループ」とは、その会社の一の株主等及びその株主等と親族関係など特殊な関係のある個人や法人をいう。

2 「所有割合」とは、次に掲げる場合に応じて、それぞれ次に掲げる割合をいう。

① その会社がその株主等の有する株式又は出資の数又は金額による判定により同族会社に該当する場合

その株主グループの有する株式の数又は出資の金額の合計額がその会社の発行済株式又は出資（その会社が有する自己の株式又は出資を除く。）の総数又は総額のうちに占める割合

② その会社が一定の議決権による判定により同族会社に該当することとなる場合

その株主グループの有する議決権の数がその会社の議決権の総数（議決権を行使することができない株主等が有するその議決権を除く。）のうちに占める割合

③ その会社が社員又は業務執行社員の数による判定により同族会社に該当する場合

その株主グループに属する社員又は業務執行社員の数がその会社の社員又は業務執行社員の総数のうちに占める割合

---

①の基準は、株主グループをその所有割合の大きいものから順に並べ、順に持株割合を合計していく場合に、その合計が最初に50％に達した

きのそのいずれかの株主グループに判定対象である使用人等が属しているかどうかを判定するものである。このため、例えば、第1順位の株主グループの持ち株割合が50%超である場合で、判定対象である使用人がこれに属しているときには、第2順位及び第3順位の株主グループによる判定を要しない。この場合、第2順位及び第3順位の株主グループに属する使用人は、②及び③の基準を満たしていたとしても、株式保有要件を満たさず、みなし役員とならない。

また、③の基準では、使用人とその配偶者及びこれらの者の所有割合が50%を超えている他の会社の合計数で所有割合を算定する。このため、例えば、判定対象者である使用人自身の所有割合が3％である場合に、その配偶者の所有割合が3％であるときには、③の基準を満たすことになる。

この判定については、同族会社の使用人が①から③の基準をすべて満たすことが必要である。このため、例えば、判定対象者である使用人自身の所有割合が3％である（③の基準を満たさない）場合で、その使用人の属する株主グループの所有割合が60％である（①及び②の基準を満たす）場合には判定対象者である使用人は株式保有要件を満たさず、みなし役員とならない。

なお、同族会社の使用人がみなし役員となるためには、この者がその法人の経営に従事していることが必要となる。

図表2-3　特定株主の判定

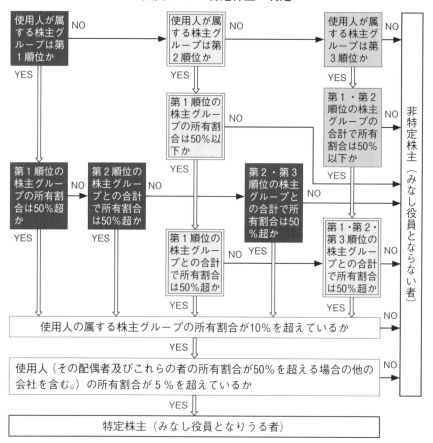

ⅲ　法人の経営に従事

　上記ⅰ及びⅱの者がみなし役員となるためには、判定対象者が法人の経営に従事していることを要する。この「法人の経営に従事」しているかどうかについては具体的な基準がなく、個々のケースごとに総合判断するほかはない。その総合判断については、法令が法人の「経営」に従事しているといった規定振りであるため、重要な業務であっても、単なる事務的な業務を行うだけでは足りないというべきである。「法人の経営に従事」しているかどうかは、法人の業務計画の決定、重要な経営に関

する事項の立案及び決定、金融機関との調整等の資金調達への関与、資産の管理処分権限、使用人の採用から退職に至るまでの人事、使用人の給与の決定、売上及び仕入の決定、取締役会等への参加等といった事情を総合的に判断することになるものと考えられる。

「法人の経営に従事」しているかどうかについての判定事例としては、次のような裁決事例等が参考になる。

① 代表者の子息である本件使用人につき、「勤務関係については常時代表者の指揮監督を受けており、加えて、請求人の事業運営上の重要事項に参画している事実が認められない」として、「給料の支給状況等がたとえ一般使用人と異なっているという事実」があっても、みなし役員とすることはできない（昭和46年7月17日裁決）[4]。

② 使用人は、「電気工事部門の責任者として請求人の他の使用人と専ら電気工事の現場作業に従事しているだけで、請求人の電気工事の大口工事の受注契約並びに材料の購入、資金計画、従業員の給与及び賞与の額等、請求人の経営に係る重要事項の決定の業務は代表取締役が専ら行っており、その使用人は当該業務に従事せず、請求人の経営に従事しているとは認められない」としてみなし役員とすることはできない（昭和53年7月17日裁決）[5]。

③ 「自己の名義によって金融機関から事業用資金を借り入れることを決定するなど請求人の資金計画を行い、また、商品の仕入れ及び販売の計画並びに従業員の採用の諾否及び給与の決定を行うなど専ら自己の責任において請求人の業務を運営している」としてみなし役員とする（昭和55年2月20日裁決）[6]。

④ 現代表者が代表取締役に就任する前に代表取締役として署名押印している「契約書面があったからといって、代表者でない者が契約当事

4　裁決事例集　No.3-13頁

5　裁決事例集　No.16-36頁

6　裁決事例集　No.20-181頁

者になっているにすぎず、その内容も重要な業務に係るものとはいえないことから、経営に従事していたことを裏付けるものとまでは認められず」、また、「人事や資金計画に関わっていたことについて、いつの時点においていかなる役割を担っていたのか明らかでなく」、経営に従事していたことを裏付ける事情が明らかになっていない（平成28年3月31日裁決）[7]。

(4) 執行役員

　機構上、執行役員と称する役職が設けられている場合がある。これは、取締役会の活性化と意思決定の迅速化という経営の効率化、あるいは監督機能の強化といった観点から、設けられることが多い。執行役員は、取締役と同様、経営における業務執行を担っているが、会社とは雇用契約によっていることが多いといわれている。また、執行役員は、会社法等の法律で根拠を持つものではない。

　これらのことから、執行役員は執行役とは異なり、執行役員がみなし役員となるかどうかについては、その実態に即して個々に判断することになる。前述(3)のように、「使用人以外の者又は使用人がみなし役員となるためには、その法人の経営に従事していること」を要する。多くの場合、執行役員は取締役会での議決権を有しないため、「法人の経営に従事しているもの」には該当しないと考えられている。しかし、法定機関である取締役会とは別に任意機関である経営会議等で実質的な決定がなされ、執行役員がこの構成員となっているような場合には、この執行役員は「法人の経営に従事しているもの」に該当すると判断されることもありうると考えられ、この場合には、その執行役員がみなし役員となるものと考える（上記(1)②ロ）。

7　裁決事例集 No.102

④ 役員給与等の範囲

(1) 経済的な利益

役員給与の損金不算入（法法34①）、過大な給与の損金不算入（法法34②）といった措置は、いずれも「給与」についてその損金算入を制限するものである。この「給与」は、金銭により支給されることが一般的であるが、「債務の免除による利益その他の経済的な利益」を供与することも含まれる（法法34④）。また、過大な使用人給与の損金不算入（法法36）での「給与」も「債務の免除による利益その他の経済的な利益を含む。」こととされている（法法36かっこ書き）。

このように「給与」に「債務の免除による利益その他の経済的な利益」を含むこととしたのは、法人の行為が実質的にその役員に対して給与を支給したと同様の経済的効果をもたらすことに着目したものである。この経済的な利益の例としては、次のようなものがある（法基通9－2－9）。

---

① 役員等に対して物品その他の資産を贈与した場合におけるその資産の価額に相当する金額

② 役員等に対して所有資産を低い価額で譲渡した場合におけるその資産の価額と譲渡価額との差額に相当する金額

③ 役員等から高い価額で資産を買い入れた場合におけるその資産の価額と買入価額との差額に相当する金額

④ 役員等に対して有する債権を放棄し又は免除した場合（貸倒れに該当する場合を除く。）におけるその放棄し又は免除した債権の額に相当する金額

⑤ 役員等から債務を無償で引き受けた場合におけるその引き受けた債務の額に相当する金額

⑥ 役員等に対してその居住の用に供する土地又は家屋を無償又は低い価額で提供した場合における通常取得すべき賃貸料の額と実際徴収した賃

38　第2章　役員給与に関する措置の概要

　　貸料の額との差額に相当する金額
⑦　役員等に対して金銭を無償又は通常の利率よりも低い利率で貸し付けた場合における通常取得すべき利率により計算した利息の額と実際徴収した利息の額との差額に相当する金額
⑧　役員等に対して無償又は低い対価で⑥及び⑦に掲げるもの以外の用役の提供をした場合における通常その用役の対価として収入すべき金額と実際に収入した対価の額との差額に相当する金額
⑨　役員等に対して機密費、接待費、交際費、旅費等の名義で支給したもののうち、その法人の業務のために使用したことが明らかでないもの
⑩　役員等のために個人的費用を負担した場合におけるその費用の額に相当する金額
⑪　役員等が社交団体等の会員となるため又は会員となっているために要する当該社交団体の入会金、経常会費その他当該社交団体の運営のために要する費用で当該役員等の負担すべきものを法人が負担した場合におけるその負担した費用の額に相当する金額
⑫　法人が役員等を被保険者及び保険金受取人とする生命保険契約を締結してその保険料の額の全部又は一部を負担した場合におけるその負担した保険料の額に相当する金額

(2) 経済的な利益の具体例

i 資産を贈与した場合

　法人が役員又は使用人に対してその商品、製品等を贈与した場合には、その資産の時価が経済的な利益となる（上記(1)①）。経済的利益の額となる時価については、所得税法では、その支給時において次の価額により評価することとしている（所基通36-39）。

①　資産が使用者において通常他に販売するものである場合には、その使用者の通常の販売価額
②　資産が使用者において通常他に販売するものでない場合には、その資

産の通常売買される価額

　ただし、②の価額については、その資産が、役員又は使用人に支給するため使用者が購入したものであり、かつ、その購入時からその支給時までの間にその価額にさして変動がないものであるときは、その購入価額によることができる。

ⅱ　無償又は低額で居住用土地又は家屋の提供をした場合

　法人が役員に対して無償又は低額で居住用土地又は家屋の提供をした場合には、その通常収受すべき賃貸料と実際に徴収した賃貸料の額との差額が経済的な利益となる（上記(1)⑥）。所得税法では、通常収受すべき賃貸料に関し、法人（国、地方公共団体その他これらに準ずる法人を除く。）がその役員に対してその居住の用に供する家屋又はその敷地の用に供する土地若しくは土地の上に存する権利（住宅等）を貸与した場合、これに係る通常の賃貸料の額（月額）は、原則として次の算式によることとしている（所基通36-40）。

算　式

$$\left(\begin{array}{l}\text{その年度の家屋の固定}\\\text{資産税の課税標準額}\end{array}\times 12\% + \begin{array}{l}\text{その年度の敷地の固定}\\\text{資産税の課税標準額}\end{array}\times 6\%\right)\times\frac{1}{12}$$

(注) 上記算式中の12％は、木造家屋（耐用年数が30年以下の住宅用の建物）以外の家屋（法定耐用年数が30年を超える住宅用の建物）については、10％になる。

　なお、法人が他から借り受けて役員に住宅等を貸与することがあるが、この場合で、法人が支払う賃借料の額の50％に相当する金額が上記算式により計算した金額を超えるときには、その50％に相当する金額が通常の賃貸料の額（月額）となる（所基通36-40）。

　また、役員が供用する住宅等が、小規模住宅等、公的使用に充てられる部分がある住宅等、単身赴任者のような者が一部を使用しているにすぎない住宅等である場合等であるときには、これらに係る通常の賃貸料

40 第2章 役員給与に関する措置の概要

の額は別途の計算方法が認められている（所基通36-41～36-48）。

iii 生命保険契約の保険料を負担した場合

　役員等を被保険者及び保険金受取人とする生命保険契約の保険料の全部又は一部を負担した場合における保険料の負担額は、役員等において得る経済的な利益となる（上記(1)⑫）。法人が生命保険契約の保険料を負担した場合のその支払保険料の税務上の取扱いは、その態様に応じて様々である。法人税基本通達では、その保険の態様に応じて、役員等に対する給与となる取扱いを示しているが、これは、役員等に経済的な利益が生じるとみていることの証左である。

　まず、法人が、自己を契約者とし、役員又は使用人（これらの者の親族を含む。）を被保険者とする養老保険（定期付養老保険を含まない。）に加入してその保険料を支払った場合には、その支払保険料の額は、傷害特約等の特約に係る保険料の額を除いて、次のように取り扱われる（旧法基通9－3－4）。

図表2-4　養老保険に係る保険料

保険金の受取人	税務上の取扱い
①　死亡保険金及び生存保険金の受取人が法人	保険事故の発生又は保険契約の解除若しくは失効により保険契約が終了する時まで資産計上
②　死亡保険金及び生存保険金の受取人が被保険者又はその遺族	役員等に対する給与
③　死亡保険金の受取人が被保険者の遺族で、生存保険金の受取人が法人	支払保険料の額の2分の1を資産計上し、残額を期間の経過に応じて損金算入 (注)役員等（これらの者の親族を含む。）のみを被保険者としている場合には、その残額は役員等に対する給与

　法人が、自己を契約者とし、役員又は使用人（これらの者の親族を含

む。）を被保険者とする定期保険（傷害特約等の特約が付されているものを含む。）に加入してその保険料を支払った場合には、その支払保険料の額は、傷害特約等の特約に係る保険料の額を除いて、次のように取り扱われる（旧法基通9－3－5）。

図表2-5　定期保険に係る保険料

死亡保険金の受取人	税務上の取扱い
①　法人	期間の経過に応じて損金算入
②　被保険者の遺族	期間の経過に応じて損金算入 （注）役員等（これらの者の親族を含む。）のみを被保険者としている場合には、役員等に対する給与

　法人が、自己を契約者とし、役員又は使用人（これらの者の親族を含む。）を被保険者とする定期付養老保険に加入してその保険料を支払った場合には、その支払保険料の額は、傷害特約等の特約に係る保険料の額を除いて、次のように取り扱われる（旧法基通9－3－6）。

図表2-6　定期付養老保険に係る保険料

保険料の区分	税務上の取扱い
①　保険料の額が生命保険証券等において養老保険に係る保険料の額と定期保険に係る保険料の額とに区分	旧法基通9－3－4又は9－3－5の例による
②　上記①以外の場合	旧法基通9－3－4の例による

　なお、法人が、自己を契約者とし、役員又は使用人（これらの者の親族を含む。）を被保険者とする傷害特約等の特約を付した養老保険、定期保険又は定期付養老保険に加入し、その特約に係る保険料を支払った場合には、その支払保険料の額は、次のように取り扱われる（旧法基通9－3－6の2）。

42　第2章　役員給与に関する措置の概要

図表2-7　傷害特約等に係る保険料

傷害特約等に係る給付金の受取人	税務上の取扱い
①　下記②以外の場合	期間の経過に応じて損金算入
②　役員等（これらの者の親族を含む。）のみ	役員等に対する給与

　以上のほか、長期平準定期保険、逓増定期保険、がん保険等については、上記の取扱いとは別にその商品類型毎にそれらの取扱いが定められていたが（昭和62年6月16日直法2-2、平成13年8月10日課審4-100ほか）、平成31年4月11日に国税庁は、「「法人税基本通達の制定について」（法令解釈通達）ほか1件の一部改正（案）（定期保険及び第三分野保険に係る保険料の取扱い）等に対する意見公募手続の実施について」を公表し、その後の通達改正により定期保険及び第三分野保険に関する取扱いが統一されて、商品類型ごとに取扱いを定めていた個別通達は廃止となった。新たな通達では、第三分野保険の課税所得の期間計算を適正なものとする観点から、定期保険等の保険料に相当多額の前払部分の保険料が含まれる場合の取扱い法人が、自己を契約者とし、役員又は使用人（これらの者の親族を含む。）を被保険者とする保険期間が3年以上の定期保険又は第三分野保険で最高解約返戻率が50%を超えるものに加入して、その保険料を支払った場合の支払保険料の額については、その最高解約返戻率に応じ、それぞれ次の資産計上期間、資産計上額及び資産計上額の取崩方法が定められている（改正法人税基本通達9-3-5の2）。この改正後の取扱いは、令和元年7月8日以後（又は令和元年10月8日以後）の契約に係る定期保険又は第三分野保険の保険料について適用し、同日前の契約に係る定期保険又は第三分野保険の保険料については、通達改正前の取扱いの例によることとされている（改正法人税基本通達（経過的取扱い…改正通達の適用時期））。

(3) 経済的な利益の法人税法での取扱い

　上記(1)で例示した経済的利益のうち、明らかに株主等の地位に基づいて取得したと認められるものや病気見舞、災害見舞等のような純然たる贈与と認められるものについては、「債務の免除による利益その他の経済的な利益」から除かれる（法基通9－2－9）。

　また、法人が役員等に対し経済的な利益の供与をした場合でも、これが給与となるかどうかは所得税の取扱いにより判定するといった考え方から、法人が役員等に対して経済的な利益の供与をした場合に、それが所得税法上経済的な利益として課税されないものであり、かつ、その法人がその役員等に対する給与として経理しなかったものであるときは、給与として取り扱わないものとされている（法基通9－2－10）。この取扱いは、役員等に対して供与した経済的な利益を給与として取り扱わないこととするものであるが、その範囲は、所得税法上の経済的利益として課税されないものとしている。ただし、役員等に対して供与した経済的な利益が所得税法上課税されないもの範囲に属するものであっても、これを役員等に対する給与として経理する場合には、この取扱いの適用はない。この所得税法上課税しないとする取扱いには様々なものがあるが、概ね、儀礼的な給付であること、実費弁償的なものであること、経済的利益の額が少額であって社会通念上相当であること等から課税上の弊害がないことを理由とするものであって、これを確認するために所定の要件が各々の取扱いにおいて定められている。所得税法上課税しないとことになる経済的利益の具体例には、次のようなものがある。

> ①　永年勤続者の記念品等（所基通36－21）
> ②　創業記念品等（所基通36－22）
> ③　商品、製品等の値引販売（所基通36－23）
> ④　残業又は宿日直をした者に支給する食事（所基通36－24）
> ⑤　掘採場勤務者に支給する燃料（所基通36－25）

44　第2章　役員給与に関する措置の概要

⑥　寄宿舎の電気料等（所基通36-26）

⑦　金銭の無利息貸付け等（所基通36-28）

⑧　用役の提供等（所基通36-29）

⑨　使用人等に対し技術の習得等をさせるために支給する金品（所基通36-29の2）

⑩　使用者が負担するレクリエーションの費用（所基通36-30）

⑪　使用者が負担する少額な保険料等（所基通36-32）

⑫　使用者が負担する役員又は使用人の行為に基因する損害賠償金等（所基通36-33）

　経済的な利益に関しては、これらの経済的な利益に関する法人税法での通則的な取扱いのほか、他の法人税法での措置や取扱いが設けられている。まず、定期同額給与（法法34①一）は、原則としてその損金算入が認められる給与であるが（法法34①）、継続的に供与される経済的な利益の額が毎月おおむね一定している場合には、この定期同額給与に該当することになっている（法令69①二）。この定期同額給与に該当することになる経済的利益の供与の例（法基通9-2-11）については、後述する（第3章）。また、法人が使用人兼務役員に対して供与した経済的な利益については、使用人の実態に着目した特殊な取扱いが認められており、これについても後述する（第9章）。

第3章

定期同額給与

46　第3章　定期同額給与

① 定期同額給与の意義

(1) 法人税法の規定

　定期同額給与は、役員給与の恣意的な支給による利益操作を防止するための所定の要件を満たすものであって、過大な支給でない限り、その損金算入を認められる。法人税法では、この定期同額給与を次のように規定している（法法34①一）。

> 　その支給時期が1月以下の一定の期間ごとである給与（次号イにおいて「定期給与」という。）で当該事業年度の各支給時期における支給額が同額であるものその他これに準ずるものとして政令で定める給与（同号において「定期同額給与」という。）

　ここでは、定期同額給与となるために、①支給時期が1月以下の一定の期間ごとである給与（定期給与）であることと、②事業年度中の各支給時期における支給額が同額であるものその他これに準ずるものであることを求めている。この規定を受けて、法人税法施行令では、定期同額給与となる給与を明らかにしており、定期同額給与の範囲は次のようになる（法法34①一、法令69①②）。

> ①　支給時期が1月以下の一定の期間ごとである給与（以下「定期給与」という。）で、その事業年度の各支給時期における支給額又は支給額から源泉税等の額を控除した金額が同額であるもの
> 　（注）源泉税等の額とは、源泉徴収をされる所得税の額、特別徴収をされる地方税の額、定期給与の額から控除される社会保険料の額その他これらに類するものの額の合計額をいう。
> ②　定期給与の額につき、次の改定（以下「給与改定」という。）がされた場合、その事業年度開始の日又は給与改定前の最後の支給時期の翌日から給与改定後の最初の支給時期の前日又はその事業年度終了の日までの

間の各支給時期における支給額又は支給額から社会保険料及び源泉所得税等の額を控除した金額が同額であるもの

イ　その事業年度開始の日の属する会計期間開始の日から3月を経過する日（確定申告書の提出期限の特例に係る税務署長の指定を受けた場合にはその指定に係る月数に2を加えた月数を経過する日（以下「3月経過日等」という。）までに継続して毎年所定の時期にされる定期給与の額の改定。ただし、3月経過日等後にされることについて特別の事情があると認められる場合にはその改定の時期にされたもの

ロ　その事業年度においてその法人の役員の職制上の地位の変更、その役員の職務の内容の重大な変更その他これらに類するやむを得ない事情（以下「臨時改定事由」という。）によりされたその役員に係る定期給与の額の改定（イに掲げる改定を除く。）

ハ　その事業年度においてその法人の経営状況が著しく悪化したことその他これに類する理由（以下「業績悪化改定事由」という。）によりされた定期給与の額の改定（その定期給与の額を減額した改定に限られ、イ及びロに掲げる改定を除く。）

③　継続的に供与される経済的利益のうち、その供与される利益の額が毎月おおむね一定であるもの

　この定期同額給与の範囲を概括すると、まず、定期同額給与は、支給時期が1月以下の一定の期間ごとである給与である「定期給与」を基本とし、このほかに、供与される時期が特定されない「継続的に供与される経済的利益」をこれに含めている。

　このうちの定期給与であるが、給与の改定がない場合には恣意的な支給による利益操作といった問題がないため、給与改定が行われないものを定期同額給与とするが、給与改定が行われる場合であっても、所定の時期に改定が行われるものや、その改定することがやむを得ない事由（臨時改定事由・業績悪化改定事由）によるものは、恣意的な支給による利益操作によるものとは言い難いことから、これらも定期同額給与としている。なお、給与の各支給時期における支給額（給与改定が行われる場合には、

48　第3章　定期同額給与

その改定の前後の各期間内での支給額）が同額であることが求められるが、給与の支給額から源泉税等の額（源泉徴収をされる所得税の額、特別徴収をされる地方税の額、定期給与の額から控除される社会保険料の額その他これらに類するものの額の合計額）を控除した金額が同額である場合には、各支給時期における支給額は同額であるものとみなされる（法令69②）。

　また、継続的に供与される経済的利益であるが、「供与される」利益の額が毎月おおむね一定であるかどうかにより判定することになるため、一定期間につき効果が及ぶ支出によって継続的に経済的利益の供与が行われる場合、法人側の支出ではなく、供与を受ける役員側の受益の程度が毎月おおむね一定であるかどうかにより判定することになる。

(2) 定期給与

　継続的に供与される経済的利益（上記(1)③）は別として、役員に支給する給与が定期同額給与となるためには、まず「その支給時期が1月以下の一定の期間ごと」である給与（定期給与）であることが求められる。これは、「あらかじめ定められた支給基準（慣習によるものを含む。）に基づいて、毎日、毎週、毎月のように月以下の期間を単位として規則的に反復又は継続して支給されるもの」であることを意味している（法基通9－2－12）。

　このため、「非常勤役員に対し年俸又は事業年度の期間俸を年1回又は年2回所定の時期に支給するようなもの」、すなわち、非常勤役員に対して支給する年俸等は、定期同額給与には該当しないものと取り扱われる。これは、たとえその支給額が各月ごとの一定の金額を基礎として算定されているものであっても、同様である（法基通9－2－12）。

(3) 給与改定

　定期同額給与のうち、同一事業年度内で同額の給与が支給される定期給与等（上記(1)①）は、恣意的な利益操作を行うものではなく、また、継

続的に供与される経済的利益で供与を受ける役員側の受益の程度が毎月おおむね一定であるもの（上記(1)③）は、恣意的に利益操作を行う趣旨のものとは言い難い。

　これに対して、給与改定がその事業年度の利益の発生状況を確認しながら利益を恣意的に操作するといった目的のために行われることもあることから、改定による支給額の損金算入を野放図に容認することには問題がある。一方、給与改定のうち恣意的な利益操作を目的とした給与改定とは言い難いものについて、その改定による支給額の損金算入を制限することは、税の中立性の原則を阻害する。そこで、法人税法では、事業年度中に給与改定が行われても、「給与改定がされた事業年度開始の日又は給与改定前の最後の支給時期の翌日から給与改定後の最初の支給時期の前日又はその事業年度終了の日までの間の各支給時期における支給額等が同額」である場合で、改定が所定の事由によるものであるときには、これを定期同額給与としている。給与改定が行われても、その給与改定が恣意的な利益操作を行う目的によるものではなく、改定前後の各々の期間中の支給額が同額である場合に、支給額が過大でない限り、その全額の損金算入を認める趣旨である。この定期同額給与となる改定事由は、次の①～③の場合の事由である（上記(1)②）。

---

① 定期改定
　　原則として、3月経過日等までに継続して毎年所定の時期にされる定期給与の額の改定。
② 臨時改定事由による改定
　　役員の職制上の地位の変更、その役員の職務の内容の重大な変更その他これらに類するやむを得ない事情（臨時改定事由）によりされた定期給与の額の改定（①以外のもの）
③ 業績悪化改定事由による改定
　　法人の経営状況が著しく悪化したことその他これに類する理由（業績悪化改定事由）によりされた定期給与の額の減額改定（①及び②以外のもの）

50 第 3 章 定期同額給与

　これらの給与改定事由による改定があった場合に改定前後の各々の期間中の支給額が同額であるときの例は後記 **3** で、また、給与改定による支給額が定期同額給与となる改定事由の詳細については、後記 **3** から **5** までで述べる。

② 給与の改定がなく支給される定期給与

　定期給与で、その事業年度の各支給時期における支給額が同額のものは、定期同額給与となる（法法34①一）。「定期給与」とは、支給時期が 1 月以下の一定の期間ごとである給与であり、「あらかじめ定められた支給基準（慣習によるものを含む。）に基づいて、毎日、毎週、毎月のように月以下の期間を単位として規則的に反復又は継続して支給されるもの」である（法基通 9 - 2 - 12）。

　毎月 1 回支給日を定めて役員給与を支給することは最も一般的な例であるが、この例で、同一事業年度内で給与改定がなく支給される定期給与の支給形態は、次のように、同一事業年度の各支給時期における支給額が同額となるものである（図表 3 - 1）。

図表 3 - 1　各支給時期における支給額が同額である役員給与

（3 月決算法人の例）

1,000千円	1,000千円	1,000千円	1,000千円	1,000千円	1,000千円	1,000千円	1,000千円	1,000千円	1,000千円	1,000千円	1,000千円
4 月	5 月	6 月	7 月	8 月	9 月	10月	11月	12月	1 月	2 月	3 月

　なお、支給額から源泉徴収をされる所得税の額、特別徴収をされる地方税の額、定期給与の額から控除される社会保険料の額その他これらに

類するものの額の合計額を控除した金額が同額であるものは、各支給時期の支給額は同額であるものとみなされる（法令69②）。

③ 給与の定期改定があって支給される定期給与

(1) 給与改定前後の各期間中の支給額が同額な給与

「給与改定がされた事業年度開始の日又は給与改定前の最後の支給時期の翌日から給与改定後の最初の支給時期の前日又はその事業年度終了の日までの間の各支給時期における支給額等が同額」である場合で、給与の改定が所定の事由によるものであるときには、定期同額給与となる（法令69①イ）。

役員給与の改定は、通常、前事業年度の終了後一定期間内に開催される定時株主総会で行われている。このことから、定期同額給与となる給与改定事由の一つとして、「原則として、その給与改定がその事業年度開始の日の属する会計期間開始の日から3月を経過する日までに継続して毎年所定の時期にされること」がある。これは、役員報酬を改定する定時株主総会が、通常、会計期間開始日の終了後3月以内に開催されることを想定したものであろう。

定時株主総会で役員給与の改定が行われる場合、その改定前後の期間中で同額な給与を支給するといった支給形態は次のようなものであり（図表3-2）、その支給額が過大でない限り、その支給額の損金算入が認められる。

図表3-2　給与の定期改定の前後の各期間中同額な給与

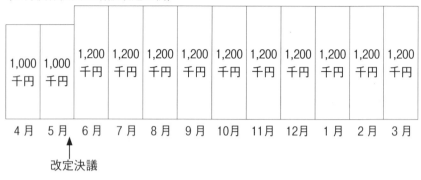

なお、従来、定時株主総会において役員に対して支給する定期給与について増額改定を決議した場合で、その増額を期首に遡及することとして、遡及した期間に増額する給与を決議後に一括支給するといったことが行われていた。このような支給形態で役員給与を増額支給する場合には、その給与改定前後の各期間中で同額な給与とは言えないため、定期同額給与とはならない[8]。

8　国税庁 質疑応答事例 定期給与の増額改定に伴う一括支給額（定期同額給与）

図表3-3 増額改定による遡及支給

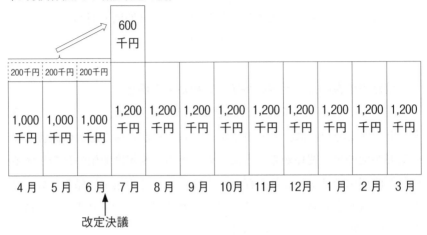

(2) 給与の改定期限

i 原則

原則として、給与改定が「事業年度開始の日の属する会計期間開始の日から3月を経過する日までに継続して毎年所定の時期にされる」ことは、定期同額給与となる改定事由の一つである。3月を経過する日までに給与改定が行われる例は、次のようなものである（図表3-4）。

図表3-4 定期同額給与（通常改定）の改定期限

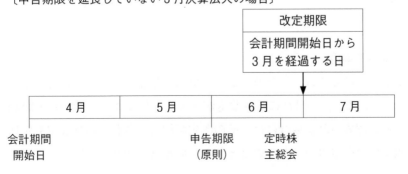

なお、この給与の改定期限は、役員報酬を改定する定時株主総会が、通常、会計期間開始日の終了後3月以内に開催されることを想定したものであると考えられ、ここでは、給与改定が会計期間の開始日から3月を経過する日までにされることを求めている。

ii　確定申告書の提出期限の特例の適用がある場合

確定申告書の提出期限の特例に係る税務署長の指定（法法75の2①各号）を受けた場合には、その事業年度開始の日から株主総会の開催までの期間が延伸する関係から、上記 i の「その事業年度開始の日の属する会計期間開始の日から3月を経過する日」は、「その指定に係る月数に2を加えた月数を経過する日」となる。このため、これらの日（給与改定が行われる期限）は、「3月経過日等」と称される。

図表3-5　定期同額給与（通常改定）の改定期限

〔申告期限を延長している3月決算法人の場合〕

iii　特別の事情

上記 i 及び ii では、給与改定が3月経過日等までにされることが求められているが、この日後に給与改定がされることについて「特別の事情」があると認められる場合には、その改定時期になされた給与改定も定期同額給与の改定事由となることとされている（法令69①一イ）。

3　給与の定期改定があって支給される定期給与　　55

　この「特別な事情」がある場合とは、例えば、「法人の役員給与の額が
その親会社の役員給与の額を参酌して決定されるなどの常況にあるため、
当該親会社の定時株主総会の終了後でなければ当該法人の役員の定期給
与の額の改定に係る決議ができない等の事情」により定期給与の額の改
定が3月経過日等後にされる場合が、これに該当する（法基通9－2－12
の2）。このほかにも、役員給与の額の改定につき組織面、予算面、人事
面等において何らかの制約を受けざるを得ない内外事情があって「特別
な事情」があると判断できる例がありうるが、これは、個々の事案に応
じて判断されることになる[9]。

(3) 改定前後の各支給時期における支給額が同額の意義

　「給与改定がされた事業年度開始の日又は給与改定前の最後の支給時期
の翌日から給与改定後の最初の支給時期の前日又はその事業年度終了の
日までの間の各支給時期における支給額等が同額」である場合で、給与
の改定が所定の事由によるものであるときには、定期同額給与となる。
すなわち、定期同額給与となるためには、「改定前後の各支給時期におけ
る支給額が同額」であることが必要となるが、株主総会等で給与の改定
があった場合、あらかじめ定められている給与の支給日との関係で、改
定前後の各支給時期における支給額が「同額」となるかどうかがが問題
となる例がある。

　例えば、役員給与の支給日が毎月末日となっている法人が、定時株主

9　現行の通達は、平29年課法2－17ほかにより改正されたものであるが、この改正前の通達では、
　このほかに、次のように、全国組織の協同組合連合会等との関係や、監督官庁の決算承認を得る
　必要がある場合で定期給与の額の改定が3月経過日等までにできない場合にも、「特別な事情」が
　ある場合に該当することが例示されていた。

> ①　全国組織の協同組合連合会等でその役員が下部組織である協同組合等の役員から構成さ
> 　れるものであるため、当該協同組合等の定時総会の終了後でなければ当該協同組合連合会
> 　等の定時総会が開催できないこと
> ②　監督官庁の決算承認を要すること等のため、3月経過日等後でなければ定時総会が開催
> 　できないこと

総会を6月25日に開催して役員給与の額を増額改定することを決議した場合に、定時株主総会の日から1月経過後最初に到来する給与の支給日である7月31日支給分から増額支給するときは、改定直後の支給分（6月30日支給分）から増額支給していないため、定期同額給与に該当しないのではないかとの疑問である。これは、増額改定の「給与改定前の最後の支給時期の翌日」あるいは「給与改定後の最初の支給時期の前日」をどのように解するかといった問題である。

　この点に関して、「役員の職務執行期間は、一般に定時株主総会の開催日から翌年の定時株主総会の開催日までの期間である」と解し、「定時株主総会における定期給与の額の改定は、その定時株主総会の開催日から開始する新たな職務執行期間（翌職務執行期間）に係る給与の額を定めるものである」とした上で、定時株主総会で定めた翌職務執行期間に係る最初の給与の支給時期を「定時株主総会直後に到来する給与支給日ではなく、その翌月の給与支給日であるとする定めも一般的」であるといった考え方が示されている（役員給与に関するQ&A　Q2）。この考え方によれば、改定直後の支払日から増額支給されていない場合であっても、改定前後の各支給時期を次のように解することになり、改定前の期間及び改定後の期間に支給した給与はともに定期同額給与に該当することになる。

① 当該事業年度開始の日から給与改定後の最初の支給時期の前日までの間の各支給時期：4月30日、5月31日、6月30日
② 給与改定前の最後の支給時期の翌日から当該事業年度終了の日までの間の各支給時期：7月31日、8月31日、9月30日、10月31日、11月30日、12月31日、1月31日、2月28日、3月31日

3 給与の定期改定があって支給される定期給与   57

図表 3-6　定時株主総会の開催月の翌月の給与支給日分からの増額支給

（月末支給の例）

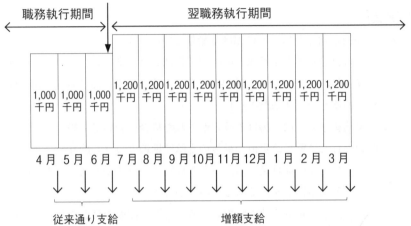

役員給与に関するQ&A　Q2（国税庁）

（定期給与を株主総会の翌月分から増額する場合の取扱い）

[Q2] 当社（年1回3月決算）は、定時株主総会をX1年6月25日に開催し、役員に対する定期給与の額につき従来の50万円から60万円に増額改定することを決議しました。当社の役員に対する定期給与の支給日は毎月末日となっていますが、その増額改定は6月30日支給分からではなく、定時株主総会の日から1ヶ月経過後最初に到来する給与の支給日である7月31日支給分から適用することとしています。

　この場合、定期同額給与の要件とされている「改定前後の各支給時期における支給額が同額であるもの」という要件は満たさないこととなりますか。

（図表省略）

58　第3章　定期同額給与

［A］
　4月から6月までの支給額又は7月から翌年3月までの支給額が同額で
ある場合には、「改定前後の各支給時期における支給額が同額であるもの」
という要件を満たし、それぞれが定期同額給与に該当します。

［解説］
(1)　定期同額給与とは、次に掲げる給与をいいます。
　①　その支給時期が1月以下の一定の期間ごとである給与（以下「定期
　　給与」といいます。）で当該事業年度の各支給時期における支給額が同
　　額であるもの（法法34①一）
　②　定期給与で、次に掲げる改定がされた場合において、当該事業年度
　　開始の日又は給与改定前の最後の支給時期の翌日から給与改定後の最
　　初の支給時期の前日又は当該事業年度終了の日までの間の各支給時期
　　における支給額が同額であるもの（法令69①一）
　　ⅰ　当該事業年度開始の日の属する会計期間開始の日から3月を経過
　　　する日（以下「3月経過日等」といいます。）まで（継続して毎年所
　　　定の時期にされる定期給与の額の改定が3月経過日等後にされるこ
　　　とについて特別の事情があると認められる場合にあっては、当該改
　　　定の時期）にされた定期給与の額の改定（法令69①一イ）
　　ⅱ　当該事業年度において当該内国法人の役員の職制上の地位の変更、
　　　その役員の職務の内容の重大な変更その他これらに類するやむを得
　　　ない事情（臨時改定事由）によりされたこれらの役員に係る定期給
　　　与の額の改定（ⅰに掲げる改定を除きます。）（法令69①一ロ）
　　ⅲ　当該事業年度において当該内国法人の経営の状況が著しく悪化し
　　　たことその他これに類する理由（業績悪化改定事由）によりされた
　　　定期給与の額の改定（その定期給与の額を減額した改定に限り、ⅰ
　　　及びⅱに掲げる改定を除きます。）（法令69①一ハ）
　③　継続的に供与される経済的な利益のうち、その供与される利益の額
　　が毎月おおむね一定であるもの（法令69①二）
　　　例えば、年1回3月決算の法人が毎月20日に役員給与を支給するこ

3　給与の定期改定があって支給される定期給与　　*59*

ととしている場合において、6月25日に開催した定時株主総会におい
て定期給与の額の改定を決議したときには、次の①又は②に掲げる各
支給時期における支給額が同額である場合には、それぞれが定期同額
給与に該当することとなります。

① 　当該事業年度開始の日（4/1）から給与改定後の最初の支給時期
　の前日（7/19）までの間の各支給時期　⇒4月20日、5月20日、6
　月20日

② 　給与改定前の最後の支給時期の翌日（6/21）から当該事業年度終
　了の日（3/31）までの間の各支給時期　⇒7月20日、8月20日、
　……、3月20日

（図表省略）

(2)　ご質問は、上記の例で役員給与の支給日を毎月末日としている場合で
ありますが、6月25日に開催した定時株主総会において定期給与の増額
改定を決議した後、同月末日（6/30）に給与の支給日が到来することか
ら、給与改定後の最初の支給時期が6月30日となり、「当該事業年度開始
の日から給与改定後の最初の支給時期の前日まで」を4月1日から6月
29日までと、「給与改定前の最後の支給時期の翌日から当該事業年度終了
の日まで」を6月1日から翌年3月31日までとみれば、7月31日支給分
から給与の額を増額した場合は、定期同額給与に該当しないのではない
かとのお尋ねであります（下図参照）。

（図表省略）

(3)　この点、役員の職務執行期間は、一般に定時株主総会の開催日から翌
年の定時株主総会の開催日までの期間であると解され、定時株主総会に
おける定期給与の額の改定は、その定時株主総会の開催日から開始する
新たな職務執行期間（以下「翌職務執行期間」といいます。）に係る給与
の額を定めるものであると考えられます。

　　ご質問の場合、定時株主総会において翌職務執行期間に係る給与の額
を定めたものであると思われますが、6月25日から開始する翌職務執行

60 第3章　定期同額給与

期間に係る最初の給与の支給時期を、定時株主総会直後に到来する6月30日ではなく、その翌月の7月31日であるとする定めも一般的と考えられます。

したがって、次の①又は②に掲げる各支給時期における支給額が同額である場合には、それぞれが定期同額給与に該当することとなります。

① 当該事業年度開始の日（4/1）から給与改定後の最初の支給時期の前日（7/30）までの間の各支給時期　⇒4月30日、5月31日、6月30日

② 給与改定前の最後の支給時期の翌日（7/1）から当該事業年度終了の日（3/31）までの間の各支給時期　⇒7月31日、8月31日、……、3月31日

なお、定時株主総会の決議に基づき6月30日支給分から増額することとしている場合において、4月及び5月の支給額並びに6月から翌年3月までの支給額が同額であるときは、それぞれが定期同額給与に該当することとなります。

(注) 本事例は、役員給与の額を株主総会で決議することとしていますが、例えば、株主総会で役員給与の支給限度額を定め、各人別の支給額は取締役会で決議するなど、会社法等の法令の規定に従って役員給与の額を決議するものは、この事例における株主総会での決議と同様に取り扱って差し支えありませんので、ご留意ください。

④ 臨時改定事由による改定があって支給される定期給与

(1) 意義

法人の役員の職制上の地位の変更、その役員の職務の内容の重大な変更その他これらに類するやむを得ない事情（以下「臨時改定事由」という。）によりされたその役員に係る定期給与の額の改定で、その前後の期間中で同額な給与の支給を行うときには、定期同額給与となる（法令69①一ロ）。

「やむを得ない事情」は偶発的で予測することができない事情であるた

め、これにより行われた給与改定は利益調整の目的といった恣意的な給与改定ではない。3月経過日等以内に「やむを得ない事情」が生じる場合には、定期改定として対応することができるが、その期間以外の期間にこれが生じたときに行った給与改定が定期同額給与とならないとすることは適当ではないことから、臨時改定事由による改定を定期同額給与とすることにしたものである。

どのような事由が臨時改定事由に該当することになるかは、事例毎にその実態を個々に判断することになるが、通達では、「定時株主総会後、次の定時株主総会までの間において社長が退任したことに伴い臨時株主総会の決議により副社長が社長に就任する場合」や、「合併に伴いその役員の職務の内容が大幅に変更される場合」は、「やむを得ない事情」に当たることが例示されている（法基通 9 - 2 - 12の 3 ）。

(2) 役員の分掌変更に伴う増額改定

「定時株主総会後、次の定時株主総会までの間において社長が退任したことに伴い臨時株主総会の決議により副社長が社長に就任する場合」は、「やむを得ない事情」に該当することが例示されている（法基通 9 - 2 - 12の 3 ）。このほか、代表取締役が急逝したことにより、臨時株主総会を開催して平取締役を代表取締役に選任し、その役員給与を増額改定する場合がある。これも、役員の職制上の地位や職務の内容の重大な変更による増額改定であり、臨時改定事由によりされた定期給与の額の改定に該当する。このような場合で前任の代表取締役に支給していた役員給与の支給額と同額まで増額改定するケースについて、臨時改定事由によりされた定期給与の額の改定に該当し、増額改定前の定期給与と増額改定後の定期給与とのそれぞれが、定期同額給与として取り扱われる[10]。

---

10 国税庁質疑応答事例 役員の分掌変更に伴う増額改定（定期同額改定）

62 第3章 定期同額給与

役員の分掌変更に伴う増額改定（定期同額給与）（国税庁質疑応答事例）

【照会要旨】

当社（年1回3月決算）では、代表取締役Aが急逝したことから、急きょ、10月1日に臨時株主総会を開催し、取締役Bを代表取締役に選任するとともに、Bの役員給与を月額50万円から前任者Aと同額の月額100万円に増額改定する旨の決議を行いました。この場合、当社がBに支給する役員給与は法人税法第34条第1項第1号（役員給与の損金不算入）に規定する定期同額給与に該当しないこととなるのでしょうか。

なお、この改定前の定期給与（その支給時期が1月以下の一定の期間ごとであるものをいいます。以下同じ。）は、前事業年度の定期給与と同額であったため、本年の定時株主総会では前年の定時株主総会において決議された額と同額とすることを決議しておりません。

【回答要旨】

ご質問の場合は、増額改定前の定期給与と増額改定後の定期給与とのそれぞれが、定期同額給与として取り扱われます。

（理由）

役員に対して支給する定期給与のうち次に掲げるものは、定期同額給与として、これを支給する法人の各事業年度の所得の金額の計算上、損金の額に算入されます（法法34①一、法令69①一）。

イ　当該事業年度の各支給時期における支給額が同額であるもの

ロ　次に掲げる改定がされた場合における当該事業年度開始の日又は給与改定前の最後の支給時期の翌日から給与改定後の最初の支給時期の前日又は当該事業年度終了の日までの間の各支給時期における支給額が同額であるもの

①　当該事業年度開始の日の属する会計期間開始の日から3月（確定申告書の提出期限の延長の特例の指定を受けている法人にあっては、その指定に係る月数に2を加えた月数）を経過する日（以下「3月経過日等」といいます。）までにされた定期給与の額の改定

（注）定期給与の額の改定（継続して毎年所定の時期にされるものに限ります。）が3月経過日等後にされることにつき特別の事情があると認められる場合に、その所定の時期に行われる定期給与の額の改定を含みます。

② 当該事業年度において法人の役員の職制上の地位の変更、その役員の職務の内容の重大な変更その他これらに類するやむを得ない事情（以下「臨時改定事由」といいます。）によりされたこれらの役員に係る定期給与の額の改定（①の改定を除きます。）

③ 当該事業年度において法人の経営の状況が著しく悪化したことその他これに類する理由（業績悪化改定事由）によりされた定期給与の額の改定（その定期給与の額を減額した改定に限り、①及び②に掲げる改定を除きます。）

ご質問の場合は、代表者の急逝に伴う役員Bの職制上の地位の変更により、事業年度の中途に行った当該役員Bに係る定期給与の額の改定であることから上記②の臨時改定事由によりされた対象となる役員に係る定期給与の額の改定に該当します。

したがって、当該事業年度開始の日から改定後の最初の支給時期の前日までの間の各支給時期における役員Bに係る定期給与の額が同額（50万円）であり、かつ、改定前の最後の支給時期の翌日から当該事業年度終了の日までの間の各支給時期における役員Bに係る定期給与の額が同額（100万円）であれば、増額改定前の定期給与と増額改定後の定期給与とのそれぞれが、定期同額給与に該当することになります。

なお、役員の職制上の地位の変更は臨時改定事由に該当するが、この「役員の職制上の地位」とは、定款等の規定又は総会若しくは取締役会の決議等により付与されたものをいうことが必要である（法基通9－2－12の3（注））。このため、例えば、単に自称として専務と称している場合等には、これに該当しない。

(3) 組織変更

i 合併に伴う定期給与の増額

「合併に伴いその役員の職務の内容が大幅に変更される場合」は、「やむを得ない事情」に該当することが例示されている（法基通9－2－12の3）。例えば、X社を合併法人、x社を被合併法人とする合併が行われ、X社の取締役Aが合併後も引き続きX社の取締役を受任する場合、合併後はAの業務量、責任が著しく増大することから、その給与を増額改定することが考えられる。このように、合併に伴い、合併法人の取締役の職務内容が著しく異なることになるといった場合は、この取扱いに従い臨時改定事由によりされた役員給与の額の改定となりうるものと考える。

また、例えば、Y社を合併法人、y社を被合併法人とする合併が行われ、y社の取締役を兼任するY社の取締役Bが合併後も引き続きY社の取締役を受任することがある。この場合に、合併後に支給する役員給与の額を合併前にY社から支給されていた役員給与の額とy社から支給されていた給与の額の合計額とする改定が「合併に伴いその役員の職務の内容が大幅に変更される場合」に該当するのかは必ずしも明らかではない。しかし、合併前のY社での取締役としての職務内容とy社での取締役としての職務内容とが継続され、その業務量、責任が著しく異ならない場合に、y社での取締役としての職務に対する役員給与相当額を増額改定するときは、被合併法人において支給していた役員給与を継続支給するにすぎないことから、定期同額給与として取り扱われるものと考える。

ii 分割に伴う定期給与の減額

例えば、S社を分割法人、s社を分割承継法人とする分割が行われ、S社の全事業を統括していた取締役がs社の分割事業を統括する取締役を兼任し、S社から支給されていた分割事業に係る役員給与の額を分割

4 臨時改定事由による改定があって支給される定期給与　　*65*

後にＳ社から支給することとすることがある。この場合、分割前と分割後の各々の職務内容が継続され、その業務量、責任が著しく異ならない場合には、Ｓ社での役員給与の減額改定は、この取扱いに従い臨時改定事由によりされた役員給与の額の改定となるものと考える。

(4) 病気療養

　役員が病気で入院したことにより役員の職務の執行が一部できないこととなる場合がある。これは、職務の内容の重大な変更その他これに類するやむを得ない事情があったものとして、これに伴って行われた役員給与の減額改定は臨時改定事由に該当するものと考えられている。また、その後職務復帰して従来の職務の執行を行うことになった場合に、従前の給与と同額とする増額改定は、入院等による職務執行といった問題に対する一連の措置とみることができ、役員給与の減額が上記の要件を満たすものである場合には、その増額改定も臨時改定事由によりされた役員給与の額の改定となるものと考える。この結論は、国税庁　役員給与に関するQ&Aでも明らかにされている（役員給与に関するQ&A　Q5）。

　なお、病気等により役員の職務の執行が全部できないこととなり、役員報酬の支給をしないとする改定が行われる場合もあろう。この場合、役員給与を支給しない月には支給時期がないのではないかとの疑問があるが、支給額が０の支給時期があるものと解した上で、支給額がある他の月の各支給時期における支給額が同額であれば、臨時改定事由によりされた役員給与の額の改定となるものと考える。

役員給与に関するQ&A　Q5（国税庁）

（臨時改定事由の範囲－病気のため職務が執行できない場合）
　[Q5]　当社（年１回３月決算）の代表取締役甲は、病気のため２ヶ月間の
　　入院が必要となり、当初予定されていた職務の執行が一部できない状態

66　第3章　定期同額給与

になったため、取締役会を開催し、甲の役員給与の額を減額することを
決議しました。

　また、退院後において、従前と同様の職務の執行が可能となったこと
から、取締役会の決議を経て、入院前の給与と同額の給与を支給するこ
ととする改定をしています。

　この場合、当社が甲に支給する役員給与は定期同額給与に該当します
か。

　なお、入院期間中、甲には別途、社会保険から傷病手当金が給付され
る予定です。

　　X1年8月まで　　　　　　　　月額60万円

　　X1年9月～10月（入院期間）月額20万円

　　X1年11月（職務再開）以降　月額60万円

[A]

　ご質問のように、役員が病気で入院したことにより当初予定されていた
職務の執行が一部できないこととなった場合に、役員給与の額を減額す
ることは臨時改定事由による改定と認められます。また、従前と同様の職務
の執行が可能となった場合に、入院前の給与と同額の給与を支給すること
とする改定も臨時改定事由による改定と認められます。したがって、甲に
支給する給与はいずれも定期同額給与に該当します。

[解説]

(1)　定期同額給与とは、次に掲げる給与をいいます。

　①　その支給時期が1月以下の一定の期間ごとである給与（以下「定期
　　給与」といいます。）で当該事業年度の各支給時期における支給額が同
　　額であるもの（法法34①一）

　②　定期給与で、次に掲げる改定がされた場合において、当該事業年度
　　開始の日又は給与改定前の最後の支給時期の翌日から給与改定後の最
　　初の支給時期の前日又は当該事業年度終了の日までの間の各支給時期
　　における支給額が同額であるもの（法令69①一）

　　i　当該事業年度開始の日の属する会計期間開始の日から3月を経過

する日（以下「3月経過日等」といいます。）まで（継続して毎年所
定の時期にされる定期給与の額の改定が3月経過日等後にされるこ
とについて特別の事情があると認められる場合にあっては、当該改
定の時期）にされた定期給与の額の改定（法令69①一イ）

ⅱ　当該事業年度において当該内国法人の役員の職制上の地位の変更、
その役員の職務の内容の重大な変更その他これらに類するやむを得
ない事情（臨時改定事由）によりされたこれらの役員に係る定期給
与の額の改定（ⅰに掲げる改定を除きます。）（法令69①一ロ）

ⅲ　当該事業年度において当該内国法人の経営の状況が著しく悪化し
たことその他これに類する理由（業績悪化改定事由）によりされた
定期給与の額の改定（その定期給与の額を減額した改定に限り、ⅰ
及びⅱに掲げる改定を除きます。）（法令69①一ハ）

③　継続的に供与される経済的な利益のうち、その供与される利益の額
が毎月おおむね一定であるもの（法令69①二）

(2)　ご質問は、役員（代表取締役）が病気で入院したことにより当初予定
されていた職務の執行が一部できないこととなり、これにより役員給与
の額を減額して支給した場合に、この減額改定が上記(1)②ⅱの臨時改定
事由による改定に該当するかどうかというお尋ねであります。

　　この点については、ご質問の場合には、代表取締役甲の職制上の地位
の変更はないものの、これまで行ってきた役員としての職務の一部を遂
行することができなくなったという事実が生じており、職務の内容の重
大な変更その他これに類するやむを得ない事情があったものと考えられ
ますので、臨時改定事由による改定に当たり、定期同額給与に該当する
こととなります。

(3)　この臨時改定事由による改定は、事業年度開始の日から3ヶ月までに
された定期給与の額の改定時には予測しがたい偶発的な事情等による定
期給与の額の改定で、利益調整等の恣意性があるとはいえないものにつ
いても、定期同額給与とされる定期給与の額の改定として取り扱うこと
としているものです。どのような事情が生じた場合が臨時改定事由に当
たるかは、役員の職務内容など個々の実態に即し、予め定められていた

役員給与の額を改定せざるを得ないやむを得ない事情があるかどうかにより判断することになりますが、ご質問のように、役員が病気で入院したことその他の事由により、当初予定されていた職務の一部又は全部の執行ができないこととなった場合には、役員の職務の内容の重大な変更その他これに類するやむを得ない事情があると認められることから、これにより役員給与の額を減額して支給する又は支給をしないことは、臨時改定事由による改定と認められます。

(4) また、退院後、従前と同様の職務の執行が可能となったことにより、取締役会の決議を経て入院前の給与と同額の給与を支給することとする改定についても、「役員の職務の内容の重大な変更その他これに類するやむを得ない事情」に該当することとなります。

(注) 事前確定届出給与（法法34①二）に係る臨時改定事由（法令69③一）についても、同様の取扱いとなります。

(5) 不祥事による一定期間の減額

　法人又は役員が不祥事等を起こしたことを理由として、一定期間役員給与を減額するといった例がある。このような場合で、不祥事等に起因して役員給与の減額が行われ、不祥事等に乗じて利益操作を行うといった目的がなく、その不祥事等と役員給与の減額が相応であって、その減額される役員給与の額が社会通念上相当と認められる額であるときには、臨時改定事由によりされた役員給与の額の改定となるものと考える。

　また、役員給与を減額する期間が経過した後に減額前の役員給与を支給する増額改定は一連の措置とみることができ、役員給与の減額が上記の要件を満たすものである場合には、その増額改定も臨時改定事由によりされた役員給与の額の改定となるものと考える。

業績悪化改定事由による改定があって支給される定期給与

(1) 意義

　法人の経営状況が著しく悪化したことその他これに類する理由（以下「業績悪化改定事由」という。）によりされた定期給与の額の改定（その定期給与の額を減額した改定に限る。）で、その前後の期間中で同額な給与の支給を行うときには、定期同額給与となる（法令69①一ハ）。この「業績悪化改定事由」とは、経営状況が著しく悪化したことなどやむを得ず役員給与を減額せざるを得ない事情があることを想定したものである（法基通9－2－13）。定期給与の減額改定が業績悪化改定事由となるのは、役員給与の減額が、業績が良好であるように見せるための利益操作というよりも、経営の維持のためにやむを得ないといった理由により行われるものであれば、役員給与を減額せざるを得ない事情があるといった考え方によるものであろう。

　同通達では、「経営状況が著しく悪化したことなどやむを得ず役員給与を減額せざるを得ない事情があること」が業績悪化改定事由に該当すること、「法人の一時的な資金繰りの都合」や「単に業績目標値に達しなかったこと」などが業績悪化改定事由に該当しないことが示されているに止まり、これ以外に業績悪化改定事由に該当するか否かの具体的な判定事例は明らかにされていない。しかし、通達の解説等では、どのような事由が「その他これに類する事由」（法令69①一ハ）に該当するかについて、「事柄の性質上、個々の実態に即して判断する」といった考え方を基本とすることとしつつ、業績悪化改定事由に該当しうる具体例として下記(2)のようなものを示している[11]。

11　九訂版法人税基本通達逐条解説827頁〜832頁、役員給与に関するQ&A　Q1・Q1－2

70 第3章 定期同額給与

(2) 具体例

① 財務諸表の数値が相当程度悪化したこと

② 倒産の危機に瀕したこと

③ 従業員の賞与を一律カットする場合[12]

④ 経営状況の悪化に伴い、第三者である利害関係者（株主、債権者、取引先等）との関係上、次のような役員給与の額を減額せざるを得ない事情が生じていること

　　イ　株主との関係上、業績や財務状況の悪化についての役員としての経営上の責任から役員給与の額を減額せざるを得ない場合

　　ロ　取引銀行との間で行われる借入金返済のリスケジュールの協議において、役員給与の額を減額せざるを得ない場合

　　ハ　業績や財務状況又は資金繰りが悪化したため、取引先等の利害関係者からの信用を維持・確保する必要性から、経営状況の改善を図るための計画が策定され、これに役員給与の額の減額が盛り込まれた場合

⑤ 売上の大半を占める主要な得意先（経営状況の悪化により事業規模を縮小せざるを得ない状況にある）が1回目の手形の不渡りを出し、数か月後には売上が激減することが避けられない状況にあること

　上記の具体例では、上記①のように財務諸表の数値が「相当程度悪化」する場合に業績悪化改定事由に該当することとし、また、上記⑤のように、現状では数値的指標が悪化しているとまでは言えなくても、「役員給与の減額などの経営改善策を講じなければ、客観的な状況から今後著しく悪化することが不可避」と認められる場合には、業績悪化改定事由に該当することが示されている。

12　「経営状況の悪化により従業員の賞与を一律カットせざるを得ないような状況にある場合は、通常は、本通達にいう「経営状況が著しく悪化したことなどやむを得ず役員給与を減額せざるを得ない事情」がある場合に当たる（九訂版法人税基本通達逐条解説827頁）。

6 おおむね同額の継続的な利益供与

(1) 定期同額給与となる経済的な利益

　債務の免除による利益その他の経済的な利益は役員給与に含まれるとされているが（法法34④）、そのうちどのような経済的な利益の供与による給与が定期同額給与に該当するかが問題となる。法人税法施行令の規定では、「継続的に供与される」ものであって、その「供与される利益の額が毎月おおむね一定である」ものが定期同額給与となることを明らかにしている（法令69①二）。

　例えば、法人が生命保険料を年払いにより支払いを行うことにより役員等に経済的な利益が供与される場合、毎月一定額の支出があるわけではないが、供与を受ける役員側では毎月おおむね一定の受益が生じる。このため、このような場合には、法人側の支出ではなく、供与を受ける役員側の受益の程度に着目し、これが毎月おおむね一定であるかどうかにより判定することとしている。すなわち、経済的な利益が継続的に供与される場合のうち供与を受ける役員側の受益の程度が毎月おおむね一定であるものは、定期同額給与となる。

(2) 債務の免除による利益その他の経済的な利益

　「債務の免除による利益その他の経済的な利益」とは、法人がこれらの行為をしたことにより実質的にその役員等（役員及び特殊の関係のある使用人）に対して給与を支給したと同様の経済的効果をもたらすものをいう（法基通9－2－9）。ただし、明らかに株主等の地位に基づいて取得したと認められるもの及び病気見舞、災害見舞等のような純然たる贈与と認められるものは、ここから除かれる（法基通9－2－9）。

　債務の免除による利益その他の経済的な利益の具体例は前述したが（第2章4）、定期同額給与に該当することになる継続的に供与される経済的

72　第3章　定期同額給与

な利益の範囲（後述(3)）を明らかにするために、再掲する（法基通9－2
－9(1)～(12)）。

① 役員等に対して物品その他の資産を贈与した場合におけるその資産の
価額に相当する金額

② 役員等に対して所有資産を低い価額で譲渡した場合におけるその資産
の価額と譲渡価額との差額に相当する金額

③ 役員等から高い価額で資産を買い入れた場合におけるその資産の価額
と買入価額との差額に相当する金額

④ 役員等に対して有する債権を放棄し又は免除した場合（貸倒れに該当
する場合を除く。）におけるその放棄し又は免除した債権の額に相当する
金額

⑤ 役員等から債務を無償で引き受けた場合におけるその引き受けた債務
の額に相当する金額

⑥ 役員等に対してその居住の用に供する土地又は家屋を無償又は低い価
額で提供した場合における通常取得すべき賃貸料の額と実際徴収した賃
貸料の額との差額に相当する金額

⑦ 役員等に対して金銭を無償又は通常の利率よりも低い利率で貸し付け
た場合における通常取得すべき利率により計算した利息の額と実際徴収
した利息の額との差額に相当する金額

⑧ 役員等に対して無償又は低い対価で⑥及び⑦に掲げるもの以外の用役
の提供をした場合における通常その用役の対価として収入すべき金額と
実際に収入した対価の額との差額に相当する金額

⑨ 役員等に対して機密費、接待費、交際費、旅費等の名義で支給したも
ののうち、その法人の業務のために使用したことが明らかでないもの

⑩ 役員等のために個人的費用を負担した場合におけるその費用の額に相
当する金額

⑪ 役員等が社交団体等の会員となるため又は会員となっているために要
する当該社交団体の入会金、経常会費その他当該社交団体の運営のため
に要する費用で当該役員等の負担すべきものを法人が負担した場合にお

けるその負担した費用の額に相当する金額

⑫　法人が役員等を被保険者及び保険金受取人とする生命保険契約を締結してその保険料の額の全部又は一部を負担した場合におけるその負担した保険料の額に相当する金額

(3)　おおむね同額の継続的利益供与

「継続的に供与される経済的な利益のうち、その供与される利益の額が毎月おおむね一定であるもの」は、次のようなものである（法基通 9 - 2 - 11）。

i　上記(2)の①、②又は⑧の金額でその額が毎月おおむね一定しているもの

　　①役員等に対して贈与した資産の価額、②役員等に対する低額譲渡の資産の価額と譲渡価額との差額及び⑧役員等に対する無償又は低価での役務提供（⑥及び⑦以外のもの）の通常の対価と実際に収入した対価の額との差額でその額が毎月おおむね一定しているものは、「継続的に供与される経済的な利益のうち、その供与される利益の額が毎月おおむね一定であるもの」に該当する。特定の月だけに発生するものや、毎月発生していても利益の額が不定であるものは、これに該当しない。

ii　上記(2)の⑥又は⑦に掲げる金額（その額が毎月著しく変動するものを除く。）

　　⑥役員等に対して居住用の家屋等を無償又は低価で提供した場合の通常の賃貸料の額と実際徴収する賃貸料の額との差額及び⑦役員等に対して無償又は低利での金銭貸付をした場合の通常利率により計算した利息の額と実際徴収した利息の額との差額は、その額が毎月著しく変動するものを除いて、「継続的に供与される経済的な利益のうち、その供与される利益の額が毎月おおむね一定であるもの」に該当する。

　　例えば、役員等に対する無償又は低利での金銭貸付け（上記(2)⑦）については、元本の返済等により利息の額が逓減する等するため、継続

的に供与される経済的な利益の額が「毎月おおむね一定している」と言えるのかといった疑問もなくはない。この場合でも、その額が「毎月著しく変動する」ものでない限り、供与される利益の額は毎月おおむね一定であるものとして取り扱われる。

iii　上記(2)の⑨に掲げる金額で毎月定額により支給される渡切交際費に係るもの

　　渡切交際費については、「毎月定額により支給される」ものに限って「供与される利益の額が毎月おおむね一定であるもの」に該当する。「特定の月」だけに支給するものや、毎月支給していても「支給額が不定」であるものは渡切りで支給するものであっても、これに該当しない。

iv　上記(2)の⑩に掲げる金額で毎月負担する住宅の光熱費、家事使用人給料等（その額が毎月著しく変動するものを除く。）

　　役員等のために個人的費用を負担した場合におけるその費用の額に相当する金額で毎月負担する住宅の光熱費、家事使用人給料等は、その額が毎月著しく変動するものを除いて、「継続的に供与される経済的な利益のうち、その供与される利益の額が毎月おおむね一定であるもの」に該当する。

　　例えば、住宅の光熱費については、各月の使用料が不定であることから、また、家事使用人給料については、手当等の支給や臨時的な賃金の支給により、継続的に供与される経済的な利益の額が「毎月おおむね一定している」と言えるのかといった疑問もなくはない。この場合でも、その額が「毎月著しく変動する」ものでない限り、供与される利益の額が「毎月おおむね一定であるもの」として取り扱われる。

v　上記(2)の⑪及び⑫に掲げる金額で経常的に負担するもの

　　社交団体の入会金、経常会費等や生命保険の保険料は、月払いでその支払いがされるものは、「継続的に供与される経済的な利益のうち、その供与される利益の額が毎月おおむね一定であるもの」に該当する。また、これらの支払いが一時に一括して行われることになる場合でも、

その負担を行うことで得ることになる受益の状況が平準化して「毎月おおむね一定している」ものであれば、継続的に供与される経済的な利益の額が「毎月おおむね一定している」ものとして取り扱われる。

この「継続的に供与される経済的な利益のうち、その供与される利益の額が毎月おおむね一定であるもの」の例からは、上記(2)の③役員等から高価買入した資産の価額と買入価額との差額、④役員等に対して放棄し又は免除した債権の額及び⑤役員等から無償引受けした債務の額が除かれているが、これらの取引等は、臨時的なものであるからである。

第4章

定期同額給与とならない場合の税務処理

① 定期給与の改定があった場合の損金不算入額

　役員給与が定期同額給与となるためには、①支給時期が１月以下の一定の期間ごとである給与（定期給与）であることのほか、②事業年度中の各支給時期における支給額が同額であるものその他これに準ずるものであることが求められる（法法34①一）。定期同額給与は、その支給額が過大（法法34②）でない限り、その損金算入が認められる。

　定期給与につき給与改定がされる場合、その改定前後の定期給与が定期同額給与となるためには、その改定事由が所定のものであって、その事業年度開始の日又は給与改定前の最後の支給時期の翌日から給与改定後の最初の支給時期の前日又はその事業年度終了の日までの間の各支給時期における支給額又は支給額から社会保険料及び源泉所得税等の額を控除した金額が同額であることが必要である（法令69①一）。このような要件を満たさない定期給与の額の改定があった場合には、この改定が、臨時改定事由又は業績悪化改定事由に該当しない限り、支給した給与に損金不算入となる部分が生じる（法法34①）。

　法人税法では、役員に対して支給する給与のうち定期同額給与に該当しないものの額を損金不算入とすることとしている（法法34①）。このため、定期同額給与の要件を満たさない定期給与の額の改定があった場合に損金不算入となる給与の額は、損金算入となる給与の金額（定期同額給与の金額）を明らかにすることで確認できる。しかし、定期給与につき給与改定があった場合の定期同額給与の額は、法令上必ずしも明確ではなく、その具体的な取扱いが国税庁の解説等で示されている。

② 増額改定

　定時株主総会で前年度から支給してきた役員給与を支給することを決議し、この支給額を引き続き支給してきたが、その後に臨時株主総会を

開催して増額改定の決議を行い、その支給額を支給することを決議する例がある。この例での増額改定が、臨時改定事由による改定に該当しない改定である場合、損金不算入となる給与（定期同額給与とならない給与）は、定期給与のどの部分であるのかが問題となる。

　この例では、増額改定が、定期改定及び臨時改定事由による改定（法令69①一イ・ロ）のいずれにも該当しない改定であることから、定時株主総会の決議による同額改定の前後で期間を区分し、それぞれの期間ごとに、その期間中の各支給時期において支給される定期給与の額が同額であるかどうかを判定することになる（法令69①一柱書）。これによると、まず、事業年度開始の日から定期改定による給与改定後の最初の支給時期の前日までの間の各支給時期における支給額が同額であることから、これらの給与は定期同額給与に該当する。次に、その後の各支給時期における定期給与であるが、ここには、定期改定による支給額と増額改定による支給額があるため、定期改定による給与改定前の最後の支給時期の翌日からその事業年度終了の日までの間の各支給時期における支給額が同額でなく、これらの給与は定期同額給与に該当しないと考えられなくはない。

　しかし、これらの給与のうち増額改定後の期間に支給された給与は、定期改定による支給額に改定により増額した金額を上乗せして支給しているものとみることもでき、その増額改定前（定期改定後）の支給額相当額が引き続き定期給与として支給されているものと考えられる。これにより、定期改定による給与改定前の最後の支給時期の翌日からその事業年度終了の日までの間の各支給時期における支給額には同額である部分があり、これらの部分は定期同額給与に該当することになる。したがって、損金不算入額は、増額改定後の定期給与の額のうち増額改定前（定期改定後）の定期給与の支給額に上乗せして支給した部分の金額となる。

　このような考え方は、次の国税庁の質疑応答事例で示されている。

80　第 4 章　定期同額給与とならない場合の税務処理

定期給与の額を改定した場合の損金不算入額（定期同額給与）（国税庁質疑応答事例）

【照会要旨】

　当社（年 1 回 3 月決算）は、X 年 5 月25日に開催した定時株主総会において、前年から引き続き取締役甲に対し毎月20日に月額50万円の役員給与を支給することを決議していますが、甲の統括する営業部門の業績が好調であることから、X + 1 年 2 月10日に臨時株主総会を開催し、同月分の給与から月額20万円ずつ増額して支給することを決議しました。

　X + 1 年 2 月の増額改定は、臨時改定事由による改定に該当しない改定ですが、①事業年度開始の日から定時株主総会による給与改定の前までの定期給与（ 4 月及び 5 月の給与）、②定時株主総会による給与改定後から事業年度終了の日までの定期給与（ 6 月から翌年 3 月までの給与）について、それぞれ定期同額給与に該当しますか。また、定期同額給与に該当しない場合、損金不算入額の算定はどのように行えばよいですか。

【回答要旨】

　取締役甲に支給する 4 月及び 5 月の給与は定期同額給与に該当します。また、 6 月以降の給与について、増額改定後の期間（翌年 2 月及び 3 月の 2 か月間）においては増額改定前の支給額である50万円に20万円を上乗せして支給することとしたものであるともみることができることから、その増額改定前の定期給与の額（50万円）に相当する部分が引き続き定期同額給与として支給されているものと考えられます。したがって、損金不算入額は、増額改定後の定期給与の額のうち増額改定前の支給額に上乗せして支給した部分の金額40万円（20万円×翌年 2 月及び 3 月の 2 か月分）となります。

（理由）

　定期給与の額の改定（法人税法施行令第69条第 1 項第 1 号イからハまでに掲げる改定に限ります。）があった場合において、当該事業年度開始の日又は給与改定前の最後の支給時期の翌日から給与改定後の最初の支給時期

の前日又は当該事業年度終了の日までの間の各支給時期における支給額が同額であるものは、定期同額給与に該当することとされています（法令69①一）。

すなわち、一事業年度中に複数回の改定（法人税法施行令第69条第1項第1号イからハまでに掲げる改定に限ります。）が行われた場合には、改定の前後で期間を区分し、それぞれの期間ごとに、その期間中の各支給時期において支給される定期給与の額が同額であるかを判定することとなります。

例えば、年1回3月決算の法人が毎月20日に役員給与を支給することとしている場合において、5月25日に開催した定時株主総会において定期給与の額は前年の定時株主総会において決議された額と同額とすること（以下「同額改定」といいます。）を決議した後、翌年2月10日に法人税法施行令第69条第1項第1号ロに掲げる臨時改定事由による改定を行ったときには、次の①から③までに掲げる各支給時期における支給額がそれぞれごとに同額である場合には、それぞれが定期同額給与に該当し、それぞれ損金算入の対象となることとなります。

① 当該事業年度開始の日（4/1）から同額改定後の最初の支給時期の前日（6/19）までの間の各支給時期 ⇒4月20日、5月20日

② 同額改定前の最後の支給時期の翌日（5/21）から臨時改定事由による給与改定後の最初の支給時期の前日（2/19）までの間の各支給時期 ⇒6月20日、7月20日、……、1月20日

③ 臨時改定事由による給与改定前の最後の支給時期の翌日（1/21）から当該事業年度終了の日（3/31）までの間の各支給時期 ⇒2月20日、3月20日

照会の場合には、翌年2月に行われた改定が法人税法施行令第69条第1項第1号に掲げるいずれの改定にも該当しないことから、定時株主総会の決議による同額改定の前後で期間を区分し、それぞれの期間ごとに、その期間中の各支給時期において支給される定期給与の額が同額であるかどうかを判定することとなります。具体的には、次の①又は②に掲げる各支給時期における支給額が同額である場合には、それぞれが定期同額給与に該当することとなります。

82 　第4章　定期同額給与とならない場合の税務処理

① 当該事業年度開始の日（4/1）から同額改定後の最初の支給時期の前日（6/19）までの間の各支給時期　⇒4月20日、5月20日

② 同額改定前の最後の支給時期の翌日（5/21）から当該事業年度終了の日（3/31）までの間の各支給時期　⇒6月20日、7月20日、……、3月20日

　ただし、定期給与の額について、照会のように法人税法施行令第69条第1項第1号に掲げる改定以外の増額改定後（翌年2月以降）の各支給時期における支給額が同額であるときなどは、増額改定後の期間（翌年2月及び3月の2か月間）において増額改定前の支給額に改定による増額分を上乗せして支給することとしたものであるともみることができると考えられます。

　したがって、照会の場合は、①に掲げる各支給時期における支給額は同額となっているため、①に掲げる各支給時期における定期給与は定期同額給与に該当し、損金算入の対象となります。また、②に掲げる各支給時期における支給額は、翌年2月に行われた改定後の各支給時期における支給額が同額であるため、増額改定後の期間（翌年2月及び3月の2か月間）において増額改定前の支給額である50万円に20万円を上乗せして支給することとしたものであるともみることができることから、その増額改定前の定期給与の額（50万円）に相当する部分が引き続き定期同額給与として支給されているものと考えられます。これにより、損金不算入額は、増額改定後の定期給与の額のうち増額改定前の支給額に上乗せして支給した部分の金額40万円（20万円×翌年2月及び3月の2か月分）となります。

(注) 本照会は、役員給与の額を株主総会で決議することとしていますが、例えば、株主総会で役員給与の支給限度額を定め、各人別の支給額は取締役会で決議するなど、会社法等の法令の規定に従って役員給与の額を決議するものは、この事例における株主総会での決議と同様に取り扱って差し支えありません。

2　増額改定　　*83*

図表 4-1　　国税庁　質疑応答事例の例

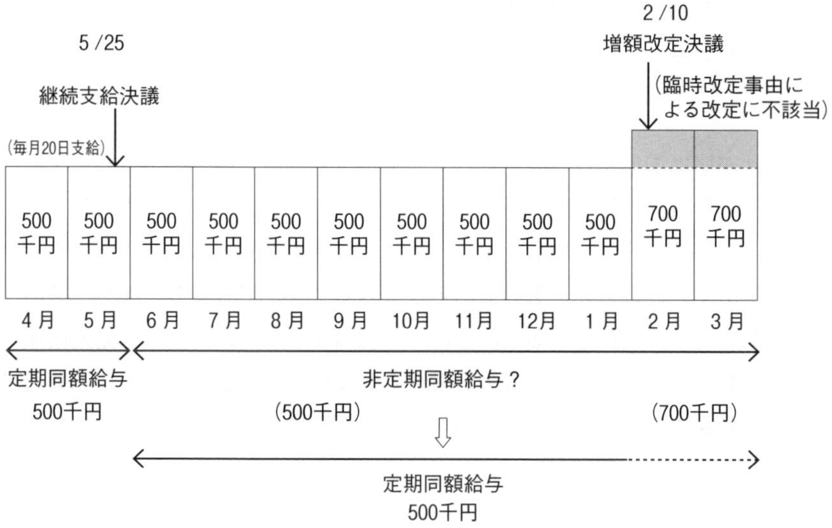

　なお、定期改定により増額改定が行われ、その後に新たな増額改定が行われるというように複数回の増額改定が行われる例においても、上記と同様に考えられている（国税庁　役員給与に関するQ&A　Q3）。

役員給与に関するQ&A　Q3（国税庁）

（複数回の改定が行われた場合の取扱い）

[Q3] 当社（年1回3月決算）は、取締役甲に対し、毎月20日に、月額40万円の役員給与を支給することとしていましたが、X1年5月25日に開催した定時株主総会において、6月支給分の給与から20万円増額し月額60万円を支給することを決議しました。その後、甲の統括する部署の業績が好調であることから、同年9月1日に臨時株主総会を開催し、同月支給分の給与から更に10万円増額し月額70万円とすることを決議しました。

　X1年9月の増額改定は、臨時改定事由による改定に該当しない改定ですが、①事業年度開始の日から定時株主総会による給与改定の前までの定期給与（4月及び5月の給与）、②定時株主総会による給与改定後から

84　第4章　定期同額給与とならない場合の税務処理

事業年度終了の日までの定期給与（6月から翌年3月までの給与）について、それぞれ定期同額給与に該当しますか。また、定期同額給与に該当しない場合、損金不算入額の算定はどのように行えばよいですか。

［A］

貴社が甲に支給する4月及び5月の給与は定期同額給与に該当します。また、6月以降の給与は、増額改定後の期間（9月分から翌年3月分までの7ヶ月間）において増額改定前の支給額である60万円に10万円を上乗せして支給することとしたものであるともみることができることから、その増額改定前の定期給与の額（60万円）に相当する部分が引き続き定期同額給与として支給されているものと考えられます。したがって、損金不算入額は、増額改定後の定期給与の額のうち増額改定前の支給額に上乗せして支給した部分の金額70万円（10万円×9月から翌年3月までの7ヶ月分）となります。

［解説］

⑴　定期給与の額の改定（法人税法施行令第69条第1項第1号イからハまでに掲げる改定に限ります。）があった場合において、当該事業年度開始の日又は給与改定前の最後の支給時期の翌日から給与改定後の最初の支給時期の前日又は当該事業年度終了の日までの間の各支給時期における支給額が同額であるものは、定期同額給与に該当することとされています（法令69①一）。

　　すなわち、一事業年度中に複数回の改定（法人税法施行令第69条第1項第1号イからハまでに掲げる改定に限ります。）が行われた場合には、改定の前後で期間を区分し、それぞれの期間ごとに、その期間中の各支給時期において支給される定期給与の額が同額であるかを判定することとなります。

　　例えば、年1回3月決算の法人が毎月20日に役員給与を支給することとしている場合において、5月25日に開催した定時株主総会において定期給与の額の改定（以下「通常改定」といいます。）を決議した後、9月1日に法人税法施行令第69条第1項第1号ロに掲げる臨時改定事由によ

る改定を行ったときには、次の①から③までに掲げる各支給時期におけ
る支給額が同額である場合には、それぞれが定期同額給与に該当し、そ
れぞれ損金算入の対象となることとなります（下図参照）。

①　当該事業年度開始の日（4/1）から通常改定後の最初の支給時期の
前日（6/19）までの間の各支給時期　⇒4月20日、5月20日

②　通常改定前の最後の支給時期の翌日（5/21）から臨時改定事由によ
る給与改定後の最初の支給時期の前日（9/19）までの間の各支給時期
⇒6月20日、7月20日、8月20日

③　臨時改定事由による給与改定前の最後の支給時期の翌日（8/21）か
ら当該事業年度終了の日（3/31）までの間の各支給時期　⇒9月20
日、10月20日、……、3月20日

（図表省略）

(2)　ご質問の場合には、9月に行われた改定が法人税法施行令第69条第1
項第1号に掲げるいずれの改定にも該当しないことから、定時株主総会
の決議による通常改定の前後で期間を区分し、それぞれの期間ごとに、
その期間中の各支給時期において支給される定期給与の額が同額である
かどうかを判定することとなります。具体的には、次の①又は②に掲げ
る各支給時期における支給額が同額である場合には、それぞれが定期同
額給与に該当することとなります。

①　当該事業年度開始の日（4/1）から通常改定後の最初の支給時期の
前日（6/19）までの間の各支給時期　⇒4月20日、5月20日

②　通常改定前の最後の支給時期の翌日（5/21）から当該事業年度終了
の日（3/31）までの間の各支給時期　⇒6月20日、7月20日、……、
3月20日

ただし、定期給与の額について、ご質問のように法人税法施行令第69
条第1項第1号に掲げる改定以外の増額改定後（9月以降）の各支給時
期における支給額が同額であるときなどは、増額改定後の期間（9月分
から翌年3月分までの7ヶ月間）において増額改定前の支給額に改定に
よる増額分を上乗せして支給することとしたものであるともみることが

86　第4章　定期同額給与とならない場合の税務処理

できると考えられます。

(3)　したがって、ご質問の場合は、①に掲げる各支給時期における支給額は同額となっているため、①に掲げる各支給時期における定期給与は定期同額給与に該当し、損金算入の対象となります。また、②に掲げる各支給時期における支給額は、9月に行われた改定後の各支給時期における支給額が同額であるため、増額改定後の期間（9月分から翌年3月分までの7ヶ月間）において増額改定前の支給額である60万円に10万円を上乗せして支給することとしたものであるともみることができることから、その増額改定前の定期給与の額（60万円）に相当する部分が引き続き定期同額給与として支給されているものと考えられます。これにより、損金不算入額は、増額改定後の定期給与の額のうち増額改定前の支給額に上乗せして支給した部分の金額70万円（10万円×9月から翌年3月までの7ヶ月分）となります。

　（図表省略）

(注)　本事例は、役員給与の額を株主総会で決議することとしていますが、例えば、株主総会で役員給与の支給限度額を定め、各人別の支給額は取締役会で決議するなど、会社法等の法令の規定に従って役員給与の額を決議するものは、この事例における株主総会での決議と同様に取り扱って差し支えありませんので、ご留意ください。

3 減額改定 *87*

図表 4 - 2 役員給与に関するQ&A Q3の例

9月1日
増額改定決議

5 / 25
定期改定決議

（臨時改定事由による改定に不該当）

（毎月20日支給）

400千円	400千円	600千円	600千円	600千円	700千円	700千円	700千円	700千円	700千円	700千円	700千円
4 月	5 月	6 月	7 月	8 月	9 月	10 月	11 月	12 月	1 月	2 月	3 月

定期同額給与　　　　　　　　　　　　　　非定期同額給与？

400千円　　　　　（600千円）　　　　　　（700千円）

定期同額給与
600千円

③ 減額改定

　定時株主総会で前年度から支給してきた役員給与を支給することを決議し、この支給額を引き続き支給してきたが、その後に臨時株主総会を開催して減額改定の決議を行い、その支給額を支給することを決議する例がある。この例での減額改定が、臨時改定事由による改定及び業績悪化改定事由による改定のいずれにも該当しない改定である場合、損金不算入となる給与（定期同額給与とならない給与）は、定期給与のどの部分であるのかが問題となる。

　この例では、減額改定が、臨時改定事由による改定及び業績悪化改定事由（法令69①一イ～ハ）のいずれにも該当しない改定であることから、定時株主総会の決議による同額改定の前後で期間を区分し、それぞれの期間ごとに、その期間中の各支給時期において支給される定期給与の額が同額であるかどうかを判定することになる（法令69①一柱書）。これによると、まず、事業年度開始の日から定期改定による給与改定後の最初

88　第4章　定期同額給与とならない場合の税務処理

の支給時期の前日までの間の各支給時期における支給額が同額であることから、これらの給与は定期同額給与に該当する。次に、その後の各支給時期における定期給与であるが、ここには、定期改定による支給額と減額改定による支給額があるため、定期改定による給与改定前の最後の支給時期の翌日からその事業年度終了の日までの間の各支給時期における支給額が同額でなく、これらの給与は定期同額給与に該当しないと考えられなくはない。

　しかし、これらの給与のうち減額改定前の期間に支給された給与は、減額改定により支給することとした支給額にその減額した金額を上乗せして支給しているものとみることもでき、その減額改定後の支給額相当額が定期給与として支給されていたものと考えられる。これにより、定期改定による給与改定前の最後の支給時期の翌日からその事業年度終了の日までの間の各支給時期における支給額には同額である部分があり、これらの部分は定期同額給与に該当することになる。したがって、損金不算入額は、減額改定前の定期給与の支給額のうち減額改定後の定期給与の支給額を超える部分の金額となる。

　このような考え方は、次の国税庁の質疑応答事例で示されている（役員給与に関するQ&A　Q4）。

役員給与に関するQ&A　Q4（国税庁）

（役員給与の額の据置きを定時株主総会で決議せず、その後に減額した場合の取扱い）

［Q4］当社（年1回3月決算）は、代表取締役甲に対し、毎月20日に、月額50万円の役員給与を支給することとしていました。当社は、通常、役員給与の額の改定を5月に開催する定時株主総会で決議していますが、X1年5月25日に開催した定時株主総会においては、任期の中途である役員の給与の額は前年の定時株主総会において決議された額を据え置くこととしたことから、定時株主総会の議案には役員給与の額に関する事項

3 減額改定　*89*

を盛り込まず、これまでと同額の給与を継続して支給してきたところです。その後、会社の営業利益を確保することのみを目的として、X1年11月25日に臨時株主総会を開催し、甲の12月支給分の給与から10万円減額して月額40万円とすることを決議しました。

　X1年11月25日の減額改定は、臨時改定事由や業績悪化改定事由による改定に該当しないものと考えますが、①事業年度開始の日から定時株主総会までに支給した定期給与（4月及び5月の給与）、②定時株主総会後に支給した定期給与（6月から翌年3月までの給与）について、それぞれ定期同額給与に該当しますか。また、定期同額給与に該当しない場合、損金不算入額の算定はどのように行えばよいですか。

[A]

　貴社が甲に支給する4月及び5月の給与は、定期同額給与に該当するものと取り扱って差し支えありません。また、6月以降の給与は、減額改定後の定期給与の額（40万円）を当年の定時株主総会から開始する新たな職務執行期間において継続して支給するとともに、減額改定前の期間（6月分から11月分までの6ヶ月間）においてはその継続して支給している定期給与の額（40万円）に10万円を上乗せして支給していたものともみることができることから、その減額改定後の定期給与の額（40万円）に相当する部分が定期同額給与となるものと考えられます。したがって、損金不算入額は、減額改定前の定期給与の額のうち減額改定後の定期給与の額を超える部分の金額60万円（10万円×6ヶ月分）となります。

[解説]

(1) 定期給与の額の改定（法人税法施行令第69条第1項第1号イからハまでに掲げる改定に限ります。）があった場合において、当該事業年度開始の日又は給与改定前の最後の支給時期の翌日から給与改定後の最初の支給時期の前日又は当該事業年度終了の日までの間の各支給時期における支給額が同額であるものは、定期同額給与に該当することとされています（法令69①一）。

　　例えば、年1回3月決算の法人が毎月20日に役員給与を支給すること

90　第4章　定期同額給与とならない場合の税務処理

としている場合において、5月25日に開催した定時株主総会において定
期給与の額は前年の定時株主総会において決議された額と同額とすること（以下「同額改定」といいます。）を決議した後、11月25日に臨時改定事由や業績悪化改定事由による改定に該当しない減額改定を行ったときには、次の①に掲げる各支給時期における支給額は同額となっているため、①に掲げる各支給時期における定期給与は定期同額給与に該当しますが、②に掲げる各支給時期における支給額は同額となっていないことから、原則として、②に掲げる各支給時期における定期給与のすべてが定期同額給与には該当しないこととなります（図1参照）。

① 当該事業年度開始の日（4/1）から同額改定後の最初の支給時期の前日（6/19）までの間の各支給時期　⇒4月20日、5月20日
② 同額改定前の最後の支給時期の翌日（5/21）から当該事業年度終了の日（3/31）までの間の各支給時期　⇒6月20日、7月20日、……、3月20日

（図1省略）

⑵　ところで、ご質問の場合には、①5月25日に開催した定時株主総会において、任期の中途である役員の給与の額は前年の定時株主総会において決議された額を据え置くこととしたといった事情により、当年の定時株主総会の議案に役員給与の額に関する事項を盛り込まなかったものであり、これは、法人税法施行令第69条第1項第1号イの通常改定が行われていないともみられること、②11月25日の減額改定は臨時改定事由や業績悪化改定事由による改定に該当しないことから、定期同額給与の判定は12ヶ月分の支給額で行うこととなり、その結果、12ヶ月間の各支給時期における支給額が同額ではないため、当期において甲に支給した12ヶ月分の役員給与のすべてが定期同額給与に該当しないのではないかとのお尋ねであります（図2参照）。

（図2省略）

⑶　会社法においては、取締役の報酬、賞与その他の職務執行の対価とし

て会社から受ける財産上の利益については、定款又は株主総会の決議によって定めることと規定されており、会社が支給する役員給与もこの規定の適用を受けることになります。

このため、一般的には、定時株主総会において、その開催日から開始する新たな職務執行期間に係る給与の額を定めることになり、これを前提として法人税法の規定が置かれていると考えられます。

ところで、任期中である役員に対して前年の定時株主総会で決議された支給額を引き続き支給することとする場合には、当年の定時株主総会から開始する新たな職務執行期間（以下「当職務執行期間」といいます。）の開始に当たり、改めて当職務執行期間に係る支給額についての決議を経ないといった企業慣行も見受けられるところであり、貴社においても、任期の中途である役員の給与の額を据え置くこととしたことから、当年の定時株主総会の議案に役員給与の額に関する事項を盛り込まなかったとのことです。

また、貴社は、通常、役員給与の額の改定を5月に開催する定時株主総会において決議することとしているとのことであり、本年の4月及び5月に支給した金額は前年の定時株主総会で確定していたということになります。

その上で、当職務執行期間の中途で臨時改定事由や業績悪化改定事由に該当しない減額改定がされたわけですが、その事実をもって、前年の定時株主総会で確定していた前年の定時株主総会から開始する職務執行期間に係る給与（前年6月分から当年5月分までの給与）についてまで定期同額給与に該当しないと解することは相当ではないと考えられます。

このように過去の改定実態等その法人の慣行等からその法人の通常改定の時期が確認できる場合には、前年の通常改定（例えば、定時株主総会）で決議された支給額を当年も引き続き支給することとしたため、改めて当職務執行期間に係る支給額についての決議を経ないといったようなときであっても、当年の通常改定において、同額改定の決議があったときと同様に取り扱うことが相当と考えられます。その結果、ご質問の場合には、図1と同様の状態となることから、4月及び5月の給与は定

期同額給与に該当するものと取り扱って差し支えありません。

　また、6月以降の給与は、ご質問のように臨時改定事由や業績悪化改定事由による改定に該当しない減額改定によって、各支給時期における支給額が同額となっていませんが、その減額改定後（12月以降）の各支給時期における支給額が同額であるときなどは、減額改定後の定期給与の額（40万円）を当職務執行期間において継続して支給するとともに、減額改定前の期間（6月分から11月分までの6ヶ月間）においてはその継続して支給している定期給与の額（40万円）に10万円を上乗せして支給していたものともみることができることから、その減額改定後の定期給与の額（40万円）に相当する部分が定期同額給与となるものと考えられます。したがって、損金不算入額は、減額改定前の定期給与の額のうち減額改定後の定期給与の額を超える部分の金額60万円（10万円×6ヶ月分）となります。

(注) 本事例は、役員給与の額を株主総会で決議することとしていますが、例えば、株主総会で役員給与の支給限度額を定め、各人別の支給額は取締役会で決議するなど、会社法等の法令の規定に従って役員給与の額を決議するものは、この事例における株主総会での決議と同様に取り扱って差し支えありませんので、ご留意ください。

図表4-3　役員給与に関するQ&A　Q4の例

	5/25 同額改定決議 (毎月20日支給)							11/25 減額改定決議 (臨時改定事由や業績悪化改定 事由による改定に不該当)			
500 千円	500 千円	500 千円	500 千円	500 千円	500 千円	500 千円	500 千円	400 千円	400 千円	400 千円	400 千円
4月	5月	6月	7月	8月	9月	10月	11月	12月	1月	2月	3月

定期同額給与　　　　　　　　　　非定期同額給与？

500千円　　　　　　　　（500千円）　　　　　　　　（400千円）

⇩

定期同額給与
400千円

　　　　　　　　　　　　　　　　　4　歩合給等を含む役員給与　　*93*

　なお、定期改定により減額改定が行われ、その後に新たな減額改定が
行われるというように複数回の減額改定が行われる例でも、上記と同様
に取り扱われるものと考える。

④ 歩合給等を含む役員給与

　使用人と同一の業務に従事する役員に対して月額の定期給与のほか、
使用人に対する支給基準と同一の支給基準により、その業績に応じて歩
合給、能率給等を支給することがある。この歩合給、能率給等は、規則
的に継続支給されることになることがあるが、その各支給時期の支給額
が同額でないため定期同額給与（法法34①一）に該当せず、また、通常、
損金算入が認められる業績連動給与（法法34①三）の所定の要件を満たす
ものではない。このため、このような歩合給、能率給等は損金不算入とな
るが、固定給の部分と歩合給の部分とがあらかじめ明らかとなっており、
そのうちの固定給の部分が定期同額給与の要件を満たす場合には、この
部分の損金算入を認める（法法34①一）ものとして取り扱われている[13]。

　なお、「使用人としての職務を有する役員に対して支給する当該職務に
対するもの」が定期同額給与の範囲から除かれているため（法法34①柱書
のかっこ書き）、支給される歩合給、能率給等がこれに該当するものであっ
て、不相当に高額なものに該当しない場合には、損金算入できる（法法
34①②）。

13　国税庁　質疑応答事例　役員に対する歩合給（定期同額給与）

第5章

事前確定届出給与

事前確定届出給与の意義

(1) 事前確定届出給与の趣旨

　役員に支給する給与は、従来、「報酬」と「賞与」に区別して、そのうちの賞与を損金不算入としてきた。これは、支給する役員給与が職務執行の対価として相当か否かといった判定を、専ら「役員給与の外形的な支給形態」により画一的、形式的に行うものであった。

　しかし、この基準による場合には、役員給与の支給につき完全に恣意性を排除できないといった問題がある一方で、恣意性が実質的に排除されている役員給与については、その損金算入を認めるのが相当と考えられる。このことから、平成18年度税制改正では、役員給与の損金算入につき、あらかじめ支給時期・支給額が確定していたか否かといった観点から、恣意的な支給であるかどうかの判断を実質的に判定することとした。すなわち、原則として、法人が設けた役員給与の支給時期・支給額に関する事前の定めを課税当局へ届け出て、これに従って役員給与を支給することを求めることとし、これと異なった給与の支給額を損金不算入とすることで、恣意性の排除を担保することとした。

　このような考え方により、損金算入が認められる役員給与が「事前確定届出給与」である。

(2) 事前確定届出給与の対象となる給与

　事前確定届出給与は、所定の時期に確定した額の金銭等を交付する旨の定めに基づいて支給される給与で、定期同額給与及び業績連動給与のいずれにも該当しないものであって、原則として、その納税地の所轄税務署長にその定めの内容に関する届出をしているものをいう（法法34①二）。この届出が求められる場合や、給与が株式又は新株予約権である場合の要件については後述する。

1 事前確定届出給与の意義 *97*

　事前確定届出給与の対象となる給与である「確定した額の金銭等」は、確定した額の金銭又は確定した数の株式（出資を含む）若しくは新株予約権若しくは確定した額の金銭債権に係る特定譲渡制限付株式（法法54①）若しくは特定新株予約権（法法54の2①）である。また、これには、株式若しくは特定譲渡制限付株式に係る承継譲渡制限付株式（法法54①）又は新株予約権若しくは特定新株予約権に係る承継新株予約権（法法54の2①）による給与も含まれる（法法34①二かっこ書き）。

　まず、このうちの「確定した額の金銭」についてであるが、ここでは交付される金銭が確定していることが求められている。このため、「2,000万円を限度とする」等のように支給額の上限を定めるものや、支給額の基本金額を定めるが経営成績等に応じてこれが調整されるものは、「確定した額の金銭」を支給するものに該当しない。

　また、法人の役員の職務につき、確定した額に相当する適格株式又は適格新株予約権を交付する旨の定めに基づいて支給する給与は、確定した額の金銭債権に係る特定譲渡制限付株式又は特定新株予約権を交付する旨の定めに基づいて支給するものを除いて、確定した額の金銭を交付する旨の定めに基づいて支給する給与に該当するものとなる（法令69⑧）。これは、適格株式等を支給する際に、確定した額を交付直前の所定の時期の株価で除して適格株式等の交付数を算定することとした場合、この支給する適格株式等が確定した額の金銭を交付する給与として事前確定届出給与となることとするものである。この場合、適格株式等の交付する数の算定に際して一に満たない端数が生じた場合において、適格株式等とその一に満たない端数の適格株式等の価額に相当する金銭を交付しないこととしたときは、この確定した額を支給する給与には該当しないことになる（法基通9－2－15の3）。これは、事前確定届出給与の確定した額に相当する適格株式等を交付する旨の定めに基づいて支給する給与は、確定した額を支給する給与をいうものであるからである[14]。

　次に、「確定した数の株式又は新株予約権」であるが、これは、平成29

98　第5章　事前確定届出給与

年度税制改正により、事前確定届出給与の範囲に追加されたものである（法法34①二）。対象期間経過後に確定数の株式を交付する仕組みであるリストリクテッド・ストック・ユニット（RSU）による給与は、所定の時期に確定した数の株式又は新株予約権を交付する旨の定めに基づいて支給する給与であり、この措置により事前確定届出給与として損金算入の対象となる。また、事前に株式を交付する特定譲渡制限付株式による給与についても、従来から対象であった確定した額の金銭債権をあらかじめ定めるものだけではなく、確定した株式の数をあらかじめ定めるものは、この措置により事前確定届出給与として損金算入の対象となる。

　確定数給与（法人の役員の職務につき、所定の時期に、確定した数の株式又は新株予約権を交付する旨の定めに基づいて支給する給与（定期同額給与、業績連動給与及び届出不要とされる給与を除く。））に係る費用の額は、特定譲渡制限付株式若しくは承継譲渡制限付株式又は特定新株予約権若しくは承継新株予約権による給与を除いて、その交付した株式又は新株予約権と銘柄を同じくする株式又は新株予約権のその定めをした日における1単位当たりの価額にその交付した数を乗じて計算した金額（交付決議時価額）に相当する金額とされている（法令71の3①）。すなわち、確定数給与の損金算入額は、報酬決議時の株価にその交付した株式数を乗じて計算されることになる。

(注)　交付決議時価額からは、その交付に際してその役員から払い込まれる金銭の額及び給付を受ける金銭以外の資産（その職務につきその役員に生ずる債権を除く。）の価額が除かれている（法令71の3①）。

　最後に、「確定した額の金銭債権に係る特定譲渡制限付株式又は特定新株予約権」であるが、まず、特定譲渡制限付株式とは、譲渡制限付株式

14　株式の場合、確定した額を交付直前の所定の時期の株価で除して適格株式の交付数を算定することになると考えられますが、除した結果1に満たない端数が生じた場合には、その適格株式とその端数に相当する金銭とを併せて支給する給与が全体として「確定した額に相当する適格株式を交付する旨の定めに基づいて支給する給与」に該当します。（平成29年度税制改正の解説（財務省））

であって役務の提供の対価として個人に生ずる債権の給付と引換えにその個人に交付されるものその他その個人に給付されることに伴ってその債権が消滅するものをいう（法法54①）。特定譲渡制限付株式は、譲渡制限付株式であることが前提となるが、この譲渡制限付株式とは、次の要件に該当する株式である（法令111の2①）。

① 譲渡（担保権の設定その他の処分を含む。）についての制限がされており、かつ、譲渡制限期間が設けられていること
② 個人から役務提供を受ける法人又はその株式を発行し、若しくはその個人に交付した法人がその株式を無償で取得することとなる事由（その株式の交付を受けた個人が譲渡制限期間内の所定の期間勤務を継続しないこと若しくはその個人の勤務実績が良好でないことその他のその個人の勤務の状況に基づく事由又はこれらの法人の業績があらかじめ定めた基準に達しないことその他のこれらの法人の業績その他の指標の状況に基づく事由に限る。）が定められていること

また、特定新株予約権であるが、これは、譲渡制限付新株予約権であって次に掲げる要件に該当するものをいう（法法54の2①）。

① その譲渡制限付新株予約権と引換えにする払込みに代えてその役務の提供の対価としてその個人に生ずる債権をもって相殺されること
② ①に掲げるもののほか、当該譲渡制限付新株予約権が実質的に当該役務の提供の対価と認められるものであること

特定新株予約権は、譲渡制限付新株予約権であることが前提となるが、この譲渡制限付新株予約権とは、発行法人から権利の譲渡についての制限（所令84②）その他特別の条件が付されているものである（法法111の3①）。
このような確定した額の金銭債権に係る特定譲渡制限付株式（法法54①）又は特定新株予約権（法法54の2①）は、事前確定届出給与の範囲に含まれるが、役員の過去の役務提供の対価として生ずる債権に係る債務

100　第5章　事前確定届出給与

を履行するために譲渡制限付株式又は譲渡制限付新株予約権が交付される給与は、事前確定届出給与に掲げる給与に該当しない（法基通9－2－15の2）。これは、役員の過去の役務提供の対価として生ずる債権と引換えに交付される特定譲渡制限付株式等による給与は、その役務提供に係る職務執行開始当初にその報酬債権の額（支給額）が確定するものでないことによるものである。

　なお、いわゆるリストリクテッド・ストック及びストック・オプションの詳細については、第12章で述べる。

(3) 確定の意義

　従来、事前確定届出給与は、所定の時期に「確定額」を支給する旨の定めに基づいて支給する給与とされ、法人税基本通達では、現物資産により支給するもの、支給額の上限のみを定めたもの及び一定の条件を付すことにより支給額が変動するようなものは、「確定額」に含まれないことが示されていた（旧法基通9－2－15）。その後、平成29年度税制改正において、「確定した額の金銭」、「確定した数の株式又は新株予約権」又は「確定した額の金銭債権に係る特定譲渡制限付株式若しくは特定新株予約権」を事前確定届出給与の対象となる給与とすることが法令上明確化されたことに伴い、この通達は削除された。

　ただし、この「確定額」の意義については、平成29年度税制改正後の確定した額の金銭を交付する旨の定めに基づいて支給する給与の「確定した額」の意義と異なるものではなく、支給する金銭の額や株式又は新株予約権の数の上限のみを定めたもの及び一定の条件を付すことにより支給する金銭の額や株式又は新株予約権の数が変動するようなものは、従前どおり、確定した額又は確定した数には含まれない[15]。

　なお、役員に対する事前確定届出給与を支給するに当たり、インセン

15　九訂版法人税基本通達逐条解説838頁〜839頁

1　事前確定届出給与の意義　　*101*

ティブを付与する目的で、勤務実績、法人の業績等につき基準をあらか
じめ定め、これに達しない場合には報酬を支給しないとすることがある。
これらは、所定の時期に確定した額等に係る金銭又は株式等を支給する
旨の定めに対して付された条件と考えられるため、このような給与は、
事前確定届出給与の対象となる（法基通9－2－15の5）。また、このよ
うな給与は、事前確定届出給与の対象となることから、業績連動給与と
ならない（法法34①二、法基通9－2－15の5）[16]。

(4)　事前確定届出給与の要件

役員に支給する給与が、所定のものに該当するものである場合には、
それぞれ所定の要件を満たすものに限り、事前確定届出給与の対象とな
ることとする規定が設けられている（法34①二イ～ハ）。この事前確定届
出給与の要件は、図表5-1のとおりである。

図表5-1　　事前確定届出給与の要件

給与の区分	求められる要件
①　給与が次のいずれにも該当しない場合（法34①二イ） 　イ　定期給与を支給しない役員に対して同族会社に該当しない法人が支給する金銭による給与 　ロ　株式又は新株予約権による給与で、将来の役務の提供に係る一定のもの	事前確定届出給与に関する届出をしていること

---

16 「法人の業績を示す指標を基礎として交付される金銭の額又は株式若しくは新株予約権の数が算
　定されるものではない」ことから、業績連動給与には該当しない（九訂版法人税基本通達逐条解
　説838頁～839頁）。

102　第5章　事前確定届出給与

②　株式を交付する場合（法34①二ロ）	株式が市場価格のある株式又は市場価格のある株式と交換される株式（適格株式） （注）その法人又は関係法人が発行したものに限られる。
③　新株予約権を交付する場合（法34①二ハ）	新株予約権がその行使により市場価格のある株式が交付される新株予約権（適格新株予約権） （注）その法人又は関係法人が発行したものに限られる。

（注）
1　将来の役務の提供に係る一定のものとは、役員の職務につき株主総会等の決議（職務の執行の開始の日から1月を経過する日までにされるものに限る。）により事前確定届出給与に関する定め（その決議の日から1月を経過する日までに、特定譲渡制限付株式又は特定新株予約権を交付する旨の定めに限る。）をした場合のその定めに基づいて交付される特定譲渡制限付株式若しくは特定新株予約権及び所定の要件を満たす承継譲渡制限付株式若しくは承継新株予約権による給与をいう（法令69③）。
2　関係法人とは、法人の役員の職務につき支給する給与（株式又は新株予約権によるものに限る。）に係る株主総会等の決議日においてその決議日からその株式又は新株予約権を交付する日までの間、その法人と他の法人との間に他の法人による支配関係が継続することが見込まれている場合の他の法人をいう（法法34⑦、法令71の2）。

　図表5-1の①は、原則として、納税地の所轄税務署長に給与の定めの内容に関する届出をしていることを求めており、この届出の詳細については、後述する。また、ここでは、その例外として、次の給与が届出を要せずに事前確定届出給与となることを定めている。
　　イ　定期給与を支給しない役員に対して同族会社に該当しない法人が支給する金銭による給与
　　ロ　株式又は新株予約権による給与で、将来の役務の提供に係る一定のもの

実務上、給与を金銭で支給する例が多く見受けられるが、この給与が事前確定届出給与となるためには、上記イに該当しない限り、事前確定届出給与に関する届出が必要となる。

また、図表5-1の②の株式を交付する場合（法34①二ロ）と図表5-1の③の新株予約権を交付する場合（法34①二ハ）には、株式、交換される株式又は交付される株式が市場価格のあるものであることが求められている。この株式又は新株予約権には、給与を支給する法人の関係法人が発行したものも含まれることとされている（法法34①二ロハ）。すなわち、上場会社の子会社の役員に対して、その上場会社の株式又は新株予約権を交付する場合にも適格株式又は適格新株予約権となり、他の要件を満たすときには、事前確定届出給与となる。関係法人とは、給与を支給する法人との間に支配関係（発行行済株式等の総数等の50％を超える数等の株式等の保有関係（法令1、法法2十二の七の五））がある法人であるが（法法34⑦）、この支配関係は、給与を支給する法人の役員の職務につき支給する給与に係る株主総会等の決議（法令69③一）をする日において、次の期間中継続することが見込まれていることを要する（法法34⑦、法令71の2）。

① 特定譲渡制限付株式 その株主総会等の決議をする日（決議日）からその特定譲渡制限付株式に係る譲渡についての制限が解除される日までの間

② 特定譲渡制限付株式以外の株式 その決議日から株式を交付する日までの間

③ 特定新株予約権 その決議日からその特定新株予約権の行使が可能となる日までの間

④ 特定新株予約権以外の新株予約権 その決議日から新株予約権を交付する日までの間

なお、支給する給与が、図表5-1の①の給与（法34①二イ）と図表5-1の②の給与（法34①二ロ）の双方に該当することとなる場合、又は図表5-1の①の給与（法34①二イ）と図表5-1の③の給与（法34①二ハ）

104　第5章　事前確定届出給与

の双方に該当することとなる場合がある。この場合、その給与が事前確定届出給与となるためには、該当するそれぞれに定める要件のいずれも満たす必要がある（法基通9－2－15の4）。

(5)　職務執行期間との関係

　事前確定届出給与は、役員の職務につき、所定の時期に、確定した額の金銭等を交付する旨の定めに基づいて支給するものであることを要する。この「所定の時期」を使用人への盆暮れの賞与と同じ時期とする場合、給与に係る役員の職務執行期間を定時株主総会から次の定時株主総会までの1年間と解するときは、盆暮れに支給することについて、委任事務を履行した後でないと報酬の請求ができないとする委任報酬の後払い原則（民法648①）との関係をどのように考えるのかといった問題がある。

　この点、期間によって定めた報酬については、その期間を経過した後に請求することができるといった例外もあるが（民法648②、624②）、職務執行期間を上記のように考えると、この例外の適用があるとは考え難い。しかし、使用人への賞与が盆暮れの時期に支給されているのが一般の企業慣行であることであり、役員への賞与の支給時期を使用人への盆暮れの賞与と同じ時期とし、かつ、毎期継続して同時期に賞与の支給を行っているなど、支給時期が一般的に合理的に定められているような場合には、使用人への盆暮れの賞与と同じ時期を「所定の時期」として定めたものも、「事前確定届出給与に関する定め」となるものと取り扱われている[17]。

職務執行期間の中途で支給した事前確定届出給与（事前確定届出給与）（国税庁質疑応答事例）

【照会要旨】
　当社（年1回3月決算）では、X年5月26日の定時株主総会において、

17　国税庁質疑応答事例　職務執行期間の中途で支給した事前確定届出給与（事前確定届出給与）。

取締役Aに対して、定期同額給与のほかに、「Ｘ年５月26日からＸ＋１年５月25日までの役員給与としてＸ年６月30日及び同年12月25日にそれぞれ300万円を支給する」旨の定めを決議し、届出期限までに所轄税務署長へ届け出ました。

この定めに従って支給したＸ年６月30日及び同年12月25日の役員給与は、法人税法第34条第１項第２号（役員給与の損金不算入）に規定する所定の時期に確定した額の金銭を交付する旨の定めに基づいて支給する給与として、当期（Ｘ＋１年３月期）において損金の額に算入して差し支えないでしょうか。

【回答要旨】

貴社が、役員への賞与の支給時期を使用人への盆暮れの賞与と同じ時期とし、かつ、毎期継続して同時期に賞与の支給を行っているなど、支給時期が一般的に合理的に定められているような場合であれば、上記のような支給形態を採るからといって、その損金算入をすることができないということはありません。

（理由）

役員の職務につき所定の時期に確定した額の金銭等を交付する旨の定めに基づいて支給する給与のうち、①定期給与を支給しない役員に対して支給する給与（同族会社に該当しない法人が支給する給与で金銭によるものに限ります。）以外の給与（株式又は新株予約権による給与で、将来の役務の提供に係るものとして一定の要件を満たすものを除きます。）である場合には、届出期限までに納税地の所轄税務署長にその定めの内容に関する届出をしていること、②株式を交付する場合には、その株式が市場価格のある株式又は市場価格のある株式と交換される株式（適格株式）であること、③新株予約権を交付する場合には、その新株予約権がその行使により市場価格のある株式が交付される新株予約権（適格新株予約権）であること、の要件を満たしている場合のその給与（以下「事前確定届出給与」といいます。）は、その法人の所得の金額の計算上、損金の額に算入することができます（法法34①二）。

106　第5章　事前確定届出給与

　ところで、給与に係る役員の職務執行期間は一般的には定時株主総会から次の定時株主総会までの1年間であると解されることからすれば、貴社が6月に支給した給与も12月に支給した給与も翌年5月25日までの1年間の職務執行の対価の一部となるものであり、また、民法上委任の報酬は後払いが原則とされていることを考えると、お尋ねのような支給形態を採ることについて、税務上問題があるのではないかと考える向きもあるようです。

　しかしながら、使用人への賞与が盆暮れの時期に支給されているのが一般の企業慣行であることを考えると、役員に対して同時期に賞与を支給することはあながち不自然なことではないともいえます。

　そこで、お尋ねの場合において、法人が、役員への賞与の支給時期を使用人への盆暮れの賞与と同じ時期とし、かつ、毎期継続して同時期に賞与の支給を行っているなど、支給時期が一般的に合理的に定められているような場合で、事前確定届出給与に係る一定の要件を満たしていれば、これを事前確定届出給与として当該事業年度の損金の額に算入することとして差し支えありません。

② 事前確定届出給与に関する届出

(1) 記載事項の概要

　事前確定届出給与については、原則として、所定の方法により納税地の所轄税務署長にその定めの内容に関する届出をすることが必要となる（法法34①二イ、法令69④）。具体的には、下記の届出書でその記載が求められるが、その届出様式については(7)に掲載する。

①　事前確定届出給与に関する届出書

②　付表1（事前確定届出給与等の状況（金銭交付用））

③　付表2（事前確定届出給与等の状況（株式等交付用））

　届出書には、次のような事項の記載が求められている（法令69④、法規22の3①）。

① 　届出をする内国法人の名称、納税地及び法人番号並びに代表者の氏名

② 　法第34条第１項第２号《役員給与の損金不算入》に規定する定めに基づいて支給する給与で同項第１号に規定する定期同額給与及び同条第５項に規定する業績連動給与のいずれにも該当しないもの（同条第１項第２号イに規定する定期給与を支給しない役員に対して支給する給与及び令第69条第３項各号に掲げる給与を除く。以下この項において「事前確定届出給与」という。）の支給の対象となる者（第７号において「事前確定届出給与対象者」という。）の氏名及び役職名

③ 　事前確定届出給与の支給時期並びに各支給時期における支給額又は交付する株式若しくは新株予約権の銘柄、次に掲げる場合の区分に応じそれぞれ次に定める事項及び条件その他の内容

　　イ　令第71条の３第１項《確定した数の株式を交付する旨の定めに基づいて支給する給与に係る費用の額等》に規定する確定数給与に該当する場合　その交付する数及び同項に規定する交付決議時価額

　　ロ　内国法人の役員の職務につき、所定の時期に、確定した額の金銭債権に係る法第54条第１項《譲渡制限付株式を対価とする費用の帰属事業年度の特例》に規定する特定譲渡制限付株式又は法第54条の２第１項《新株予約権を対価とする費用の帰属事業年度の特例等》に規定する特定新株予約権を交付する旨の定めに基づいて支給する給与に該当する場合　当該金銭債権の額

④ 　令第69条第４項第１号の決議をした日及び当該決議をした機関等

⑤ 　事前確定届出給与に係る職務の執行の開始の日（令第69条第４項第２号に規定する臨時改定事由が生じた場合における同号の役員の職務についてした同号の定めの内容に関する届出で同項第１号に掲げる日の翌日から同項第２号に掲げる日までの間にするものについては、当該臨時改定事由の概要及び当該臨時改定事由が生じた日）

⑥ 　事前確定届出給与につき法第34条第１項第１号に規定する定期同額給与による支給としない理由及び当該事前確定届出給与の支給時期を第３号の支給時期とした理由

⑦ 　事前確定届出給与に係る職務を執行する期間内の日の属する法第13条

第1項《事業年度の意義》に規定する会計期間において事前確定届出給与対象者に対して事前確定届出給与と事前確定届出給与以外の給与（法第34条第1項に規定する役員に対して支給する給与をいい、令第69条第3項各号に掲げる給与を除く。以下この号及び次項において同じ。）とを支給する場合における当該事前確定届出給与以外の給与の支給時期及び各支給時期における支給額（法第34条第5項に規定する業績連動給与又は金銭以外の資産による給与にあっては、その概要）

⑧　その他参考となるべき事項

(2) 記載事項の詳細

i　事前確定届出給与対象者の氏名及び役職名

　上記(1) ②については、事前確定届出給与の支給の対象となる者（事前確定届出給与対象者）の氏名及び役職名の記載を求めている。これに対応して、付表1（事前確定届出給与等の状況（金銭交付用））及び付表2（事前確定届出給与等の状況（株式等交付用））では、「事前確定届出給与対象者の氏名（役職名）」の記載欄が設けられている。このため、事前確定届出給与対象者が複数いる場合には、その事前確定届出給与対象者ごとにこの付表を作成することになる。この場合には、右上端の「No.」欄に一連番号を付すことが求められている（付表1（事前確定届出給与等の状況（金銭交付用））の記載要領等、付表2（事前確定届出給与等の状況（株式等交付用）の記載要領等）。

ii　定めに関する決議日及び決議機関等

　上記(1) ④については、役員の職務につき所定の時期に確定した額の金銭等を交付する旨の定めに関する決議（法令69④一）をした日及びその決議をした機関等の記載を求めている。これに対応して、事前確定届出給与に関する届出書では、「事前確定届出給与に係る株主総会等の決議をした日及びその決議をした機関等」欄が設けられている。ここには、「株主

総会」、「報酬委員会」、「取締役会」などの機関等による決議日及びその決議をした機関等の名称を記載することになる（事前確定届出給与に関する届出書の記載要領等）。

iii 職務の執行の開始の日

　上記(1) ⑤については、事前確定届出給与に係る職務の執行の開始の日の記載を求めている。これに対応して、事前確定届出給与に関する届出書では、「事前確定届出給与に係る職務の執行を開始する日」欄が設けられている。ここには、「定時株主総会の開催日など」を記載することになる。事前確定届出給与対象者のうちその職務の執行を開始する日が異なる者がいることもありうるが、この場合には、この欄の余白部分に、例えば、「一部役員については平成○年○月○日」等と記載することが求められている（事前確定届出給与に関する届出書の記載要領等）。

　また、臨時改定事由（法令69④二）が生じた場合の役員の職務についてした定めの内容に関する届出で同項第1号に掲げる日の翌日から同項第2号に掲げる日までの間にするものについては、その「臨時改定事由の概要」及び「臨時改定事由が生じた日」の記載を求めている。これにつき、事前確定届出給与に関する届出書では、「臨時改定事由の概要及びその臨時改定事由が生じた日」欄が設けられている。ここには、臨時改定事由により当該臨時改定事由に係る役員の職務につき「所定の時期に確定した額の金銭等を交付する旨の定め」をした場合（その役員の当該臨時改定事由が生ずる直前の職務につき「定め」があった場合を除く。）に、その臨時改定事由を具体的に記載するとともに、その臨時改定事由が生じた日を記載することが求められている（事前確定届出給与に関する届出書の記載要領等）。

iv 定期同額給与によらない理由及び支給時期の決定理由

　上記(1) ⑥については、事前確定届出給与につき定期同額給与による支給としない理由及び事前確定届出給与の支給時期に決定した理由の記載

110　第5章　事前確定届出給与

を求めている。これに対応して、事前確定届出給与に関する届出書では、「事前確定届出給与につき定期同額給与による支給としない理由及び事前確定届出給与の支給時期を付表の支給時期とした理由」欄が設けられており、ここには、これらの理由を具体的に記載することになる。なお、事前確定届出給与の具体的な支給時期については、付表1（事前確定届出給与等の状況（金銭交付用））及び付表2（事前確定届出給与等の状況（株式等交付用））で記載することになっている（事前確定届出給与に関する届出書の記載要領等）。

ⅴ　事前確定届出給与以外の給与の支給時期及び各支給時期の支給額

　上記(1)　⑦については、事前確定届出給与対象者に対して事前確定届出給与と事前確定届出給与以外の給与とを支給する場合には、その事前確定届出給与以外の給与の支給時期及び各支給時期の支給額の記載が求められている。これに対応して、付表1（事前確定届出給与等の状況（金銭交付用））では、「事前確定届出給与以外の給与に関する事項」の「支給時期（年月日）」欄及び「支給額（円）」欄が設けられており、事前確定届出給与対象者に対して支給した、又は支給しようとする事前確定届出給与以外の給与について、届出時に予定されている支給時期及び支給額を記載することになる。ただし、業績連動給与又は金銭以外の資産による給与については、その支給時期及び概要の記載が求められている。なお、この「事前確定届出給与以外の給与」であるが、これには、次の給与が含まれない（付表1（事前確定届出給与等の状況（金銭交付用））の記載要領等）。

① 　退職給与で業績連動給与に該当しないもの
② 　使用人としての職務を有する役員に対して支給するその使用人分給与
③ 　法人税法施行令第69条第3項各号に掲げる給与。

　また、これらのことは、付表2でも、同様である（付表2（事前確定届出給与等の状況（株式等交付用））の記載要領等）。

vi　その他参考となるべき事項

　上記(1)⑧については、「その他参考となるべき事項」の記載を求めている。これに対応して、事前確定届出給与に関する届出書では、「その他参考となるべき事項」欄が設けられており、ここには、例えば、新たに設立した法人がその役員のその設立の時に開始する職務につき「所定の時期に確定した額の金銭等を交付する旨の定め」をして届出を行う場合に、「設立年月日平成○年○月○日」等と記載するといったように、この届出に係る事前確定届出給与につき参考となるべき事項を記載することになる。参考となるべき事項のうちこの届出に係る「所定の時期に確定した額の金銭等を交付する旨の定め」の内容に関する事項の記載に当たっては、その事項の記載に代えて、その「定め」の写しを添付し、また、確定した額に相当する適格株式（法法34①二ロ）又は適格新株予約権（法法34①二ハ）を交付する旨の定めに基づいて支給する給与（法令69⑧）の場合には、確定した額の金銭債権に係る特定譲渡制限付株式又は特定新株予約権を交付する旨の定めに基づいて支給する給与を除いて、その旨を記載する（事前確定届出給与に関する届出書の記載要領等）。

(3)　事前確定届出給与に関する届出期限

i　届出期限

　事前確定届出給与に関する届出については、下記 ii から iv までのように、届出の態様に応じて期限が設けられている。これらの届出期限までに届出がなされることが事前確定届出給与となるための要件となっているため（法法34①二イ、法令69④）、届出期限までに届出がなされなかった場合には、事前確定届出給与として損金算入が認められないことになる。ただし、その届出がなかったことについてやむを得ない事情があると認められるときは、それらの届出期限までに届出があったものとして事前確定届出給与の損金算入をすることができる（法令69⑦）。

112　第5章　事前確定届出給与

ii　下記iii及びiv以外の場合の届出期限

　臨時改定事由が生じたことにより事前確定届出給与に関する定めをした場合、事前確定届出給与に関する定めを変更する場合を除き、事前確定届出給与に関する定めをした場合は、原則として、次のいずれか早い日が、届出書の提出期限となる（法令69④一）。

① 　株主総会等（株主総会、社員総会その他これらに準ずるもの）の決議によりその定めをした場合におけるその決議をした日（その決議をした日が職務の執行を開始する日後である場合にはその開始する日）から1月を経過する日

② 　その会計期間開始の日から4月（確定申告書の提出期限の延長の特例に係る税務署長の指定を受けている法人はその指定に係る月数に3を加えた月数）を経過する日

　ただし、新設法人がその役員のその設立時に開始する職務について事前確定届出給与に関する定めをした場合には、設立の日以後2月を経過する日が届出書の提出期限となる。

　上記②にある確定申告書の提出期限の延長の特例に係る税務署長の指定を受けている法人については、届出期限が延長されることになるが、この詳細は、後記(5)にて述べる。

iii　臨時改定事由が生じたことにより事前確定届出給与に関する定めをした場合

　臨時改定事由が生じたことによりその臨時改定事由に係る役員の職務について事前確定届出給与に関する定めをした場合には、次に掲げる日のうちいずれか遅い日が、届出書の提出期限となる（法令69④一・二）。

① 　上記iiの①又は②のうちいずれか早い日

　(注) 新設法人がその役員のその設立時に開始する職務について事前確定届出給与に関する定めをした場合には、設立の日以後2月を経過する日

② 　臨時改定事由が生じた日から1月を経過する日

iv　事前確定届出給与に関する定めを変更する場合

　上記ⅱ若しくはⅲ又はここで述べる届出をしている法人が、既に届出をした事前確定届出給与に関する定めの内容を変更する場合のその変更後の定めの内容に関する届出の届出期限は、次に掲げる事由の区分に応じてそれぞれ次に掲げる日となる（法令69⑤）。この措置の詳細については、後記(6)で述べる。

①　臨時改定事由

　　その事由が生じた日から1月を経過する日

②　業績悪化改定事由（給与の支給額を減額等する場合に限る。）

　　その事由によりその定めの内容の変更に関する株主総会等の決議をした日から1月を経過する日（変更前の直前の届出に係る定めに基づく給与の支給の日が1月を経過する日前にある場合には、その支給の日の前日）

(4)　職務の執行の開始の日

　事前確定届出給与に関する届出期限（前記(3)）では、「職務の執行の開始の日」が期限の判定要素となっている（法令69④一）。この「職務の執行の開始の日」であるが、これは「役員がいつから就任するかなど個々の事情」により決定されるとしている（法基通9－2－16）。

　この点、会社法の規定では、役員（取締役、会計参与及び監査役）は、株主総会の決議によって選任され（会社法329①）、その任期は、原則として、選任後2年（又は4年）以内に終了する事業年度のうち最終のものに関する定時株主総会の終結の時までとする（会社法332①、334①、336①）。また、取締役の報酬、賞与その他の職務執行の対価として株式会社から受ける財産上の利益（報酬等）についての所定の事項は、定款に定めがない限り、株主総会の決議によって定めることとなっており、会計参与及び監査役の報酬等についても同様である（会社法361①、379①、387①）。これらのことから、特段の取り決めがある場合は別として、一般的に、役員給与は定時株主総会から次の定時株主総会までの間の職務執行

の対価であり、定時株主総会において役員に選任された者で、その日に就任した者及び役員に再任された者にあっては、「職務の執行の開始の日」は、その定時株主総会の開催日となる（法基通9−2−16）[18]。

なお、旧役員給与に関するQ&Aでは、役員給与は月払いであることが一般的であるとし、例えば、「3月決算法人が5月26日に定時株主総会を開催し、定時株主総会の翌月の6月1日から開始する職務」につき役員給与を定めたケースを挙げ、定時株主総会の日以外の日を「職務の執行の開始の日」と定めた場合に、「その日が定時株主総会の翌月初であり、かつ、定時株主総会の日に近接する日であれば、税務上も事前確定届出給与に係る「職務の執行を開始する日」として企業実務の観点から是認しうる」との考え方が示されていた[19]。これは、「職務の執行の開始の日」が、「役員がいつから就任するかなど個々の事情」により決定される（法基通9−2−16）ことの一例とも考えられるが、平成19年度税制改正による事前確定届出給与の届出期限の緩和措置により、このような取扱いはないものとしている[20]。

(5) 申告期限延長と届出期限との関係

事前確定届出給与の届出の期限は、原則として、株主総会等の決議をした日（その日が役員の職務の執行の開始の日後である場合には、その開始の日）から「1月を経過する日」（同日がその職務の執行の開始の日の属する会計期間開始の日から4月を経過する日後である場合にはその4月を経過する日）となっている（法令69④一、図表5−2）。

18　一般的には、役員給与は定時株主総会から次の定時株主総会までの間の職務執行の対価であると解するのが相当である。事前確定届出給与も役員の職務執行の対価であることに変わりはないから、事前確定届出給与に係る職務の執行も定時株主総会終結の時から開始されることになる（九訂版法人税基本通達逐条解説840頁）。

19　旧役員給与に関するQ&A　Q6（国税庁）

20　平成19年3月13日付課法2−3ほか1課共同「法人税基本通達等の一部改正について」（法令解釈通達）の趣旨説明

役員の職務につき金銭を交付する旨の定め（法法34①二）について決議をする「株主総会等」とは、「株主総会、社員総会その他これらに準ずるもの」をいうが（法令69④一、③一）、例えば、株主総会から役員ごとの支給額を決定することにつき委任を受けて取締役会がこれを決定する場合には、その決議をした日（法令69④一）は、取締役会での決議日となると解される。また、職務の執行の開始の日は、一般的に、株主総会開催日と解されているから、このような場合には、株主総会等の決議をした日がその職務の執行の開始の日後であることになり、事前確定届出給与の原則的な届出期限の起算日は、その職務の執行の開始の日となるものと考える（法令69④一）。

図表 5 - 2　　事前確定届出給与の届出期限

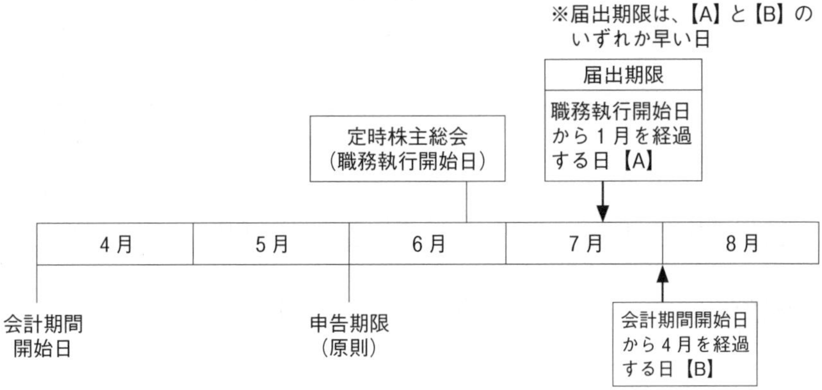

ところで、株主に対する正確な情報提供に基づく充実した株主総会開催のために、決算日、招集通知から株主総会日までの期間を十分に確保することは重要との考え方に立ち、事業年度終了日から 3 月を経過した日後に株主総会が開催する傾向も見受けられる。また、法人が株主総会での議決権行使を行う株主の基準日を定めた場合、その日から 3 月以内にこれを開催しなければならないこととされており（会社法124）、多く

116 第5章 事前確定届出給与

の法人が基準日を決算日とするといった実態があるが、基準日が決算日と同日でなければならないとはされていない。これらのことから、今後、基準日を決算日後の日として、事業年度終了日から3月以上経過後に株主総会を開催するといったケースが生じうることから、会計期間開始日から最大4月間の確定申告書の提出期限の延長の特例が設けられている（平成29年度税制改正）。

この確定申告書の提出期限の延長の特例の延長期間の指定を受けている法人については、その職務の執行の開始の日の属する会計期間開始の日から「その指定に係る月数に3を加えた月数を経過する日」後である場合には、上記の「4月を経過する日」は、その「3を加えた月数を経過する日」となる（法令69④一、図表5-3）。

図表5-3　事前確定届出給与の届出期限

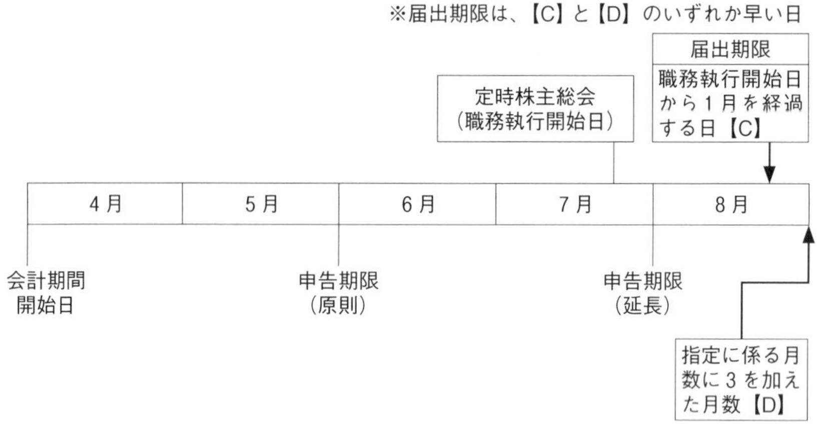

※届出期限は、【C】と【D】のいずれか早い日

(6) 事前確定届出給与に関する定めの変更

事前確定届出給与に関する定めの届出をしている法人が、所定の事由により、既に届出をした事前確定届出給与に関する定めの内容を変更する場合、所定の届出期限までにその変更後の事前確定給与について届出をすることで、その給与の損金算入が認められる（法令69⑤）。

この所定の事由は下記のものである。

① 臨時改定事由

② 業績悪化改定事由（給与の支給額を減額等する場合に限る。）

ここでいう「臨時改定事由」は、「法人の役員の職制上の地位の変更、その役員の職務の内容の重大な変更その他これらに類するやむを得ない事情によりされたこれらの役員に係る定期給与の額の改定（3月経過日等までにされた定期給与の額の改定を除く。）」であり、前述した「臨時改定事由」と同義である（法令69①一ロ）。また、ここでいう「業績悪化改定事由」は、「法人の経営の状況が著しく悪化したことその他これに類する理由によりされた定期給与の額の改定（その定期給与の額を減額した改定に限り、3月経過日等までにされた定期給与の額の改定及び臨時改定事由による改定を除く。）」であり、前述した「業績悪化改定事由」と同義である（法令69①一ハ）。

また、これらの事由により事前確定届出給与に関する定めの内容を変更する場合のその変更後の定めの内容に関する届出の届出期限については、前述(3)ⅳのとおりである。

この変更届出期限に係る届出に関する書類の記載事項については、上記①又は②の事由に基因してその内容の変更がされた事前確定給与の定めに基づく給与の支給対象者（直前届出に係る者に限る。）ごとの次に掲げる事項とされている（法規22の3②）。

---

① 届出をする内国法人の名称、納税地及び法人番号並びに代表者の氏名

② その氏名及び役職名（当該事由に基因してその役職が変更された場合には、当該変更後の役職名）

③ 当該変更後の当該給与の支給時期並びに各支給時期における支給額又は交付する株式若しくは新株予約権の銘柄、前項第3号イ若しくはロに掲げる場合の区分に応じそれぞれ同号イ若しくはロに定める事項及び条件その他の内容

④ 次に掲げる場合の区分に応じそれぞれ次に定める事項

118 第5章 事前確定届出給与

　イ　当該変更が令第69条第5項第1号に掲げる臨時改定事由に基因する
　　ものである場合　当該臨時改定事由の概要及び当該臨時改定事由が生
　　じた日
　ロ　当該変更が令第69条第5項第2号に掲げる業績悪化改定事由に基因
　　するものである場合　同号の決議をした日及び同号に規定する支給の
　　日
⑤　当該変更を行った機関等
⑥　当該変更前の当該給与の支給時期が当該変更後の当該給与の支給時期
　と異なる場合には、当該変更後の当該給与の支給時期を第3号の支給時
　期とした理由
⑦　当該直前届出に係る届出書の提出をした日
⑧　その他参考となるべき事項

2　事前確定届出給与に関する届出　　*119*

(7)　届出様式

①　事前確定届出給与に関する届出書
　　事前確定届出給与に関する届出書の記載要領等

事 前 確 定 届 出 給 与 に 関 す る 届 出 書		※整理番号	
		※通算グループ整理番号	

税務署受付印

令和　　年　月　日

税務署長殿

受出人 □親 □連結 □単体法人	納 税 地	〒　　　　　　　電話（　　）　　－
	（フリガナ）	
	法 人 名 等	
	法 人 番 号	
	（フリガナ）	
	代 表 者 氏 名	㊞
	代 表 者 住 所	〒

連結子法人（届出の対象が連結子法人である場合に限り記載）	（フリガナ）			※税務署処理欄	整理番号	
	法 人 名 等				部 門	
	本店又は主たる事務所の所在地	〒　　　（　　局　　署）　電話（　　）　　－			決算期	
	（フリガナ）				業種番号	
	代 表 者 氏 名				整理簿	
	代 表 者 住 所	〒			回付先	□親署 ⇒ 子署　□子署 ⇒ 調査課

事前確定届出給与について下記のとおり届け出ます。

記

①　事前確定届出給与に係る株主総会等の決議をした日及びその決議をした機関等	（決議をした日）　平成・令和　　年　　月　　日 （決議をした機関等）
②　事前確定届出給与に係る職務の執行を開始する日	平成・令和　　年　　月　　日
③　臨時改定事由の概要及びその臨時改定事由が生じた日	（臨時改定事由の概要） （臨時改定事由が生じた日）　平成・令和　　年　　月　　日
④　事前確定届出給与等の状況	付表＿＿（No.　　～No.　　）のとおり。
⑤　事前確定届出給与につき定期同額給与による支給としない理由及び事前確定届出給与の支給時期を付表の支給時期とした理由	
⑥　その他参考となるべき事項	

届出期限	イ　次のうちいずれか早い日　令和　　年　　月　　日 　　（イ）　①又は②に記載した日のうちいずれか早い日から1月を経過する日（令和　年　　月　　日） 　　（ロ）　会計期間4月経過日等（令和　年　　月　　日） ロ　設立の日以後2月を経過する日　令和　年　　月　　日 ハ　臨時改定事由が生じた日から1月を経過する日　令和　年　　月　　日		届出期限となる日 □イ　□ロ　□ハ

税 理 士 署 名 押 印						㊞

※税務署処理欄	部門	決算期	業種番号	番号	整理簿	備考	通信日付印	年月日	確認印

（規格A4）

29.06改正

120　第5章　事前確定届出給与

事前確定届出給与に関する届出書の記載要領等

1　この届出書は、単体法人（連結申告法人を除く法人をいいます。）又は連結親法人が、役員の職務につき「所定の時期に確定した額の金銭又は確定した数の株式若しくは新株予約権若しくは確定した額の金銭債権に係る法人税法第54条第1項（譲渡制限付株式を対価とする費用の帰属事業年度の特例）に規定する特定譲渡制限付株式若しくは同法第54条の2第1項（新株予約権を対価とする費用の帰属事業年度の特例等）に規定する特定新株予約権を交付する旨の定め」（以下付表2までにおいて「所定の時期に確定した額の金銭等を支付する旨の定め」といいます。）に基づいて支給する法人税法第34条第1項第2号（役員給与の損金不算入）に掲げる給与（以下付表2までにおいて「事前確定届出給与」といいます。）について、その「定め」の内容に関して届出をする場合に使用するもので、次の区分に応じてそれぞれの届出期限までに提出してください。

　　なお、新株予約権又は法人税法第54条の2第1項に規定する特定新株予約権を交付する旨の定めに基づいて支給する給与については、平成29年10月1日以後にその支給に係る決議（当該決議が行われない場合には、その支給）をする給与から事前確定届出給与の対象となります。

区　　　分	届　　出　　期　　限
①　株主総会等の決議により役員の職務につき「所定の時期に確定した額の金銭等を交付する旨の定め」をした場合（下記②又は③に該当する場合を除きます。）	株主総会等の決議をした日（同日がその職務の執行を開始する日後である場合にあっては、当該開始する日）から1月を経過する日。ただし、その日が職務執行期間開始の日の属する会計期間開始の日から4月（法人税法第75条の2第1項各号（確定申告書の提出期限の延長の特例）の指定を受けている内国法人にあっては、その指定に係る月数に3を加えた月数）を経過する日（以下「会計期間4月経過日等」といいます。）後である場合には当該会計期間4月経過日等
②　新設法人がその役員のその設立の時に開始する職務につき「所定の時期に確定した額の金銭等を交付する旨の定め」をした場合	その設立の日以後2月を経過する日
③　臨時改定事由（法人税法施行令第69条第1項第1号ロ（定期同額給与の範囲等）に規定する役員の職務上の地位の変更、職務の内容の重大な変更その他これらに類するやむを得ない事情をいいます。以下同じ。）により当該臨時改定事由に係る役員の職務につき「所定の時期に確定した額の金銭等を交付する旨の定め」をした場合（当該役員の当該臨時改定事由が生ずる直前の職務につき「定め」があった場合を除きます。） （注）当該役員の当該臨時改定事由が生ずる直前の職務につき「定め」があり、当該「定め」に係る届出をしている場合は、変更届出となります。	次に掲げる日のうちいずれか遅い日 イ　上記①に掲げる日（上記②に該当する場合は、②に掲げる日） ロ　当該臨時改定事由が生じた日から1月を経過する日

（注）1　連結子法人（連結申告法人に限ります。）については、法人税法施行令第155条の6（個別益金額又は個別損金額の計算における届出等の規定の準用）の規定により、当該連結子法人に係る連結親法人が提出することになります。
　　　2　定期給与を受けていない者に対して継続して毎年「所定の時期に確定した額の金銭等を交付する旨の定め」に基づいて支給する給与、例えば、非常勤役員に対して四半期ごとに支給する給与についても、この届出が必要となりますのでご注意ください。ただし、同族会社に該当しない法人が、定期給与を支給しない役員に対して支給する給与で金銭によるものについては、この届出は必要ありません。

2　この届出書は、事前確定届出給与に係る「所定の時期に確定した額の金銭等を交付する旨の定め」ごとに作成し、納税地の所轄税務署長に1通（調査課所管法人にあっては2通）提出してください。

　　なお、作成に当たっては、その「定め」において定めた事前確定届出給与の対象となる者（以下付表までにおいて「事前確定届出給与対象者」といいます。）の全ての分を取りまとめて作成します。ただし、例えば、当該職務執行期間に係る届出書を提出した後において、新たな役員が就任するなどの臨時改定事由が生じ、当該役員について事前確定届出給与に係る「所定の時期に確定した額の金銭等を交付する旨の定め」を定めた場合には、その「定め」については、別途この届出書を作成して提出してください。

3　各欄は、次により記載してください。
　(1)　「提出法人」欄には、該当する□にレ印を付すとともに、当該提出法人の「納税地」、「法人名等」、「法人番号」、「代表者氏名」及び「代表者住所」を記載してください。
　　　　なお、「法人番号」欄について、提出日時点において指定を受けていない場合は、記載不要です。
　(2)　「連結子法人」欄には、この届出の対象が連結子法人である場合における当該連結子法人の「法人名等」、「本店又は主たる事務所の所在地」、「代表者氏名」及び「代表者住所」を記載してください。
　(3)　「①　事前確定届出給与に係る株主総会等の決議をした日及びその決議をした機関等」欄には、「株主総会」、「報酬委員会」、「取締役会」などの機関等の決議により役員の職務につき「所定の時期に確定した額の金銭等を交付する

旨の定め」をした場合におけるその決議をした日及びその決議をした機関等の名称を記載してください。

(4)　「②　事前確定届出給与に係る職務の執行を開始する日」欄には、「所定の時期に確定した額の金銭等を交付する旨の定め」に係る職務の執行を開始する日（定時株主総会の開催日など）を記載してください。

　なお、事前確定届出給与対象者のうちその職務の執行を開始する日が異なる者がいる場合には、この欄の余白部分に、例えば、「一部役員については令和○年○月○日」等と記載してください。

(5)　「③　臨時改定事由の概要及びその臨時改定事由が生じた日」欄には、臨時改定事由により当該臨時改定事由に係る役員の職務につき「所定の時期に確定した額の金銭等を交付する旨の定め」をした場合（その役員の当該臨時改定事由が生ずる直前の職務につき「定め」があった場合を除きます。）において、当該臨時改定事由を具体的に記載するとともに、当該臨時改定事由が生じた日を記載してください。

(6)　「④　事前確定届出給与等の状況」欄の「（No.　　～No.　　）」には、付表に付した一連番号の最初と末尾の番号を記載してください。

(7)　「⑤　事前確定届出給与につき定期同額給与による支給としない理由及び事前確定届出給与の支給時期を付表の支給時期とした理由」欄には、これらの理由を具体的に記載してください。

　なお、「定期同額給与」とは、その支給時期が1月以下の一定の期間ごとであり、かつ、その事業年度の各支給時期における支給額が同額である給与等、法人税法第34条第1項第1号に掲げる給与をいいます。

(8)　「⑥　その他参考となるべき事項」欄は、新たに設立した法人がその役員のその設立の時に開始する職務につき「所定の時期に確定した額の金銭等を交付する旨の定め」をして届出を行う場合に、「設立年月日　令和○年○月○日」等と記載するほか、この届出に係る事前確定届出給与につき参考となるべき事項を記載してください。この場合、参考となるべき事項のうちの届出に係る「所定の時期に確定した額の金銭等を交付する旨の定め」の内容に関する事項の記載に当たっては、その事項の記載に代えて、その「定め」の写しを添付するようにしてください。

　また、法人税法施行令第69条第8項に規定する「確定した額に相当する法人税法第34条第1項第2号ロに規定する適格株式又は同号ハに規定する適格新株予約権を交付する旨の定めに基づいて支給する給与（確定した額の金銭債権に係る特定譲渡制限付株式又は特定新株予約権を交付する旨の定めに基づいて支給する給与を除きます。）」に該当する場合には、その旨を記載してください。

(9)　「届出期限」欄は、上記1の表の区分に応じて、それぞれ次のとおり記載してください。

・区分①（株主総会等の決議）…「（イ）「①」又は「②」に記載した日のうちいずれか早い日から1月を経過する日」に「①」欄に記載した「決議をした日」又は「②」欄に記載した「職務の執行を開始する日」のうちいずれか早い日から1月を経過する日を、「（ロ）　会計期間4月経過日等」に職務執行期間開始の日の属する会計期間開始の日から4月（法人税法第75条の2第1項各号の指定を受けている内国法人にあっては、その指定に係る月数に3を加えた月数）を経過する日を、それぞれ記載するとともに、「イ　次のうちいずれか早い日」に該当する日付を記載してください。

　　また、「届出期限となる日」欄の「□イ」にレ印を付してください。

(注)1　「決議をした日から1月を経過する日」は、「決議をした日」の翌日を起算日として、暦に従って計算します。なお、起算日が月の初めでないときは、翌月におけるその起算日に応当する日の前日（翌月にその応当する日がないときは、その月の末日）となります。

　　　（例：決議をした日が5月25日の場合、5月26日が起算日となり、翌月における起算日に応当する日（6月26日）の前日である6月25日が「決議をした日から1月を経過する日」となります。）

　　2　連結申告法人については、「（ロ）　会計期間4月経過日等」に職務執行期間開始の日から4月（連結親法人が法人税法第81条の24第1項各号（連結確定申告書の提出期限の延長の特例）の指定を受けている場合には、その指定に係る月数に3を加えた月数とし、連結親法人が同項の規定の適用を受けている場合（同項各号の指定を受けている場合を除きます。）で連結法人が一定の場合に該当する場合には5月とします。）を経過する日を記載してください。

　　　　上記の一定の場合とは、連結法人が会計監査人を置いている場合で、かつ、法人税法第81条の24第1項に規定する定款等の定めにより各連結事業年度終了の日の翌日から3月以内にその連結法人の決算についての定時総会が招集されない常況にあると認められるなどの場合をいいます（この場合には、定款等の定め又は特別の事情若しくはやむを得ない事情の内容を「⑥　その他参考となるべき事項」欄に記載してください。）。

・区分②（新設法人）…「ロ　設立の日以後2月を経過する日」に、該当する日付を記載してください。

　　また、「届出期限となる日」欄の「□ロ」にレ印を付してください。

・区分③（臨時改定事由）…区分①又は区分②と同様に記載するほか、「ハ　臨時改定事由が生じた日から1月を経過する日」に「③」欄に記載した「臨時改定事由が生じた日」から1月を経過する日を記載してください。

　　また、「届出期限となる日」欄は、「イ」又は「ロ」に記載した日と「ハ」に記載した日のうち、いずれか遅い日について、該当するものにレ印を付してください。

(10)　「税理士署名押印」欄は、この届出書を税理士又は税理士法人が作成した場合に、その税理士等が署名押印してください。

(11)　「※」欄は、記載しないでください。

4　留意事項

○　法人課税信託の名称の併記

　法人税法第2条第29号の2に規定する法人課税信託の受託者がその法人課税信託について、国税に関する法律に基づき税務署長等に申請書等を提出する場合には、申請書等の「法人名等」の欄には、受託者の法人名又は氏名のほか、その法人課税信託の名称を併せて記載してください。

122　第5章　事前確定届出給与

② 付表1（事前確定届出給与等の状況（金銭交付用））

　　付表1（事前確定届出給与等の状況（金銭交付用））の記載要領等

付表　1　　（事前確定届出給与等の状況（金銭交付用））　　　　　　　No.

事前確定届出給与対象者の氏名（役職名）	（　　　　　　　　　　　　　　）
事前確定届出給与に係る職務の執行の開始の日 （　職　務　執　行　期　間　）	平成・令和　　年　　月　　日 （平成・令和　年　月　日　～　令和　　年　　月　　日）
当　該　（　連　結　）　事　業　年　度	平成・令和　　年　　月　　日　～　令和　　年　　月　　日
職務執行期間開始の日の属する会計期間	平成・令和　　年　　月　　日　～　令和　　年　　月　　日

	区　分	支給時期（年月日）	支給額（円）			支給時期（年月日）	支給額（円）
事前確定届出給与に関する事項	職務執行期間開始の日の属する会計期間 届出額	・　・		事前確定届出給与以外の給与に関する事項	金銭による給与（業績連動給与を除く）職務執行期間開始の日の属する会計期間	・　・	
	支給額	・　・				・　・	
	今回の届出額	・　・				・　・	
	今回の届出額	・　・				・　・	
	今回の届出額	・　・				・　・	
	今回の届出額	・　・				・　・	
	翌会計期間以後 今回の届出額	・　・			翌会計期間以後	・　・	
	今回の届出額	・　・				・　・	
	今回の届出額	・　・				・　・	
	今回の届出額	・　・			業績連動給与又は金銭以外の資産による給与の支給時期及び概要		

29.06改正

2 事前確定届出給与に関する届出　*123*

付表 1（事前確定届出給与等の状況（金銭交付用））の記載要領等

1　この付表は、所定の時期に確定した額の金銭を交付する旨の定めに基づき支給する給与（確定した額に相当する法人税法第 34 条第 1 項第 2 号ロ（役員給与の損金不算入）に規定する適格株式又は同号ハに規定する適格新株予約権を交付する旨の定めに基づいて支給する給与（確定した額の金銭債権に係る特定譲渡制限付株式又は特定新株予約権を交付する旨の定めに基づいて支給する給与を除きます。）を含みます。）について届け出る場合に、「事前確定届出給与に関する届出書」に添付してください。

2　この届出に係る「所定の時期に確定した額の金銭等を交付する旨の定め」において定めた事前確定届出給与対象者が複数いる場合には、その事前確定届出給与対象者ごとにこの付表を作成してください。この場合には、右上端の「No.　　　」欄に一連番号を付してください。

3　各欄は、次により記載してください。
(1)　「事前確定届出給与に係る職務の執行の開始の日（職務執行期間）」欄には、「所定の時期に確定した額の金銭等を交付する旨の定め」に係る職務の執行の開始の日（定時株主総会の開催日など）及び職務執行期間（定時株主総会の開催日から次の定時株主総会の開催日までの期間など）を記載してください。
(2)　「当該（連結）事業年度」欄には、この届出をする事業年度又は連結事業年度を記載してください。
(3)　「事前確定届出給与に関する事項」の「支給時期（年月日）」欄及び「支給額（円）」欄には、次に掲げる事前確定届出給与の区分ごとに次の支給時期及び支給額を記載してください。

事 前 確 定 届 出 給 与 の 区 分	支 給 時 期 及 び 支 給 額
（支給済分） 「職務執行期間開始の日の属する会計期間」において、前回以前の届出に係る「所定の時期に確定した額の金銭等を交付する旨の定め」に基づいて支給することとしていた事前確定届出給与 (注)　法人税法施行令第 69 条第 5 項（定期同額給与の範囲等）の規定に基づき、「事前確定届出給与に関する変更届出書」を提出している場合には、その変更後の「定め」に基づき支給する事前確定届出給与について記載してください。	①　「届出額」欄：前回以前の届出において届け出た事前確定届出給与の支給時期及び支給額 ②　「支給額」欄：①の事前確定届出給与の実際の支給時期及び支給額
（支給予定分） 「職務執行期間開始の日の属する会計期間」及び「翌会計期間以後」において、この届出に係る「所定の時期に確定した額の金銭等を交付する旨の定め」に基づいて支給することとしている事前確定届出給与	「今回の届出額」欄：この届出において届け出る事前確定届出給与について、届出の時において予定されている支給時期及び支給額

(注)　記載欄が不足する場合は、適宜の様式に記載の上、別紙として添付してください。

(4)　「事前確定届出給与以外の給与に関する事項」の「支給時期（年月日）」欄及び「支給額（円）」欄には、事前確定届出給与対象者に対して支給した、又は支給しようとする事前確定届出給与以外の給与について、届出の時において予定されている支給時期及び支給額を記載してください。

また、業績連動給与又は金銭以外の資産による給与の支給がある場合には、支給時期及び概要を「業績連動給与又は金銭以外の資産による給与の支給時期及び概要」欄に記載してください。

なお、記載事項が多い場合は、「業績連動給与又は金銭以外の資産による給与の支給時期及び概要」欄に「別紙のとおり」と記載の上、業績連動給与又は金銭以外の資産による給与の支給時期及び概要を別紙（適宜の様式）に記載してください。

(注)　この事前確定届出給与以外の給与には、次の給与を含みません。
①　退職給与で業績連動給与に該当しないもの
②　使用人としての職務を有する役員に対して支給するその使用人分給与
③　法人税法施行令第 69 条第 3 項各号に掲げる給与

124　第 5 章　事前確定届出給与

③　**付表 2 （事前確定届出給与等の状況（株式等交付用））**

　　付表 2 （事前確定届出給与等の状況（株式等交付用））の記載要領等

付表 2 （事前確定届出給与等の状況（株式等交付用））	No.	
事前確定届出給与対象者の氏名（役職名）	（	）
事前確定届出給与に係る職務の執行の開始の日（職務執行期間）	平成・令和　　年　　月　　日　平成・令和　　年　　月　　日　～　令和　　年　　月　　日	
当該（連結）事業年度	平成・令和　　年　　月　　日　～　令和　　年　　月　　日	
職務執行期間開始の日の属する会計期間	平成・令和　　年　　月　　日　～　令和　　年　　月　　日	

1　事前確定届出給与に関する事項

	区分	支給時期（年月日）	交付する株式又は新株予約権の銘柄	交付数　　交付決議時価額（円）／金銭債権の額（円）
職務の執行する期間開始の日の属する会計期間	届出内容	・　・		
	支給内容	・　・		
	今回の届出内容	・　・		
	今回の届出内容	・　・		
	今回の届出内容	・　・		
翌会計期間以後	今回の届出内容	・　・		
	今回の届出内容	・　・		
	今回の届出内容	・　・		
	今回の届出内容	・　・		
条件その他の内容				

2　事前確定届出給与以外の給与に関する事項

金銭による給与（業績連動給与を除く。）

	支給時期（年月日）	支給額（円）	支給時期（年月日）	支給額（円）
職務の執行する期間開始の日の属する会計期間	・　・		・　・	
	・　・		・　・	
	・　・		・　・	
	・　・		・　・	
	・　・		・　・	
翌会計期間以後	・　・		・　・	
	・　・		・　・	
業績連動給与又は金銭以外の資産による給与の支給時期及び概要				

29.06

2 事前確定届出給与に関する届出 *125*

付表2（事前確定届出給与等の状況（株式等交付用））の記載要領等

1　この付表は、所定の時期に確定した数の株式若しくは新株予約権若しくは確定した額の金銭債権に係る法人税法第54条第1項（譲渡制限付株式を対価とする費用の帰属事業年度の特例）に規定する特定譲渡制限付株式若しくは同法第54条の2第1項（新株予約権を対価とする費用の帰属事業年度の特例等）に規定する特定新株予約権を交付する旨の定めに基づき支給する給与について届け出る場合に、「事前確定届出給与に関する届出書」に添付してください。

2　この届出に係る「所定の時期に確定した額の金銭等を交付する旨の定め」において定めた事前確定届出給与対象者が複数いる場合には、その事前確定届出給与対象者ごとにこの付表を作成してください。この場合には、右上端の「No.　　」欄に一連番号を付してください。

3　各欄は、次により記載してください。
　(1)　「事前確定届出給与に係る職務の執行の開始の日（職務執行期間）」欄には、「所定の時期に確定した額の金銭等を交付する旨の定め」に係る職務の執行の開始の日（定時株主総会の開催日など）及び職務執行期間（定時株主総会の開催日から次の定時株主総会の開催日までの期間など）を記載してください。
　(2)　「当該（連結）事業年度」欄には、この届出をする事業年度又は連結事業年度を記載してください。
　(3)　「1　事前確定届出給与に関する事項」の「支給時期（年月日）」欄、「交付する株式又は新株予約権の銘柄」欄、「交付数」欄、「交付決議時価額（円）」欄及び「金銭債権の額（円）」欄には、次に掲げる事前確定届出給与の区分ごとに支給時期、交付する株式又は新株予約権の銘柄、交付数、交付決議時価額及び金銭債権の額を記載してください。

事 前 確 定 届 出 給 与 の 区 分	支 給 時 期 及 び 支 給 額
（支給済分） 「職務執行期間開始の日の属する会計期間」において、前回以前の届出に係る「所定の時期に確定した額の金銭等を交付する旨の定め」に基づいて支給することとしていた事前確定届出給与 （注）　法人税法施行令第69条第5項の規定に基づき、「事前確定届出給与に関する変更届出書」を提出している場合には、その変更後の「定め」に基づき支給する事前確定届出給与について記載してください。	①　「届出内容」欄：前回以前の届出において届け出た事前確定届出給与の支給時期、交付する株式又は新株予約権の銘柄、交付数、交付決議時価額及び金銭債権の額 ②　「支給額」欄：①の事前確定届出給与の実際の支給時期、交付する株式又は新株予約権の銘柄、交付数、交付決議時価額及び金銭債権の額
（支給予定分） 「職務執行期間開始の日の属する会計期間」及び「翌会計期間以後」において、この届出に係る「所定の時期に確定した額の金銭等を交付する旨の定め」に基づいて支給することとしている事前確定届出給与	「今回の届出内容」欄：この届出において届け出る事前確定届出給与について、届出の時において予定されている支給時期、交付する株式又は新株予約権の銘柄、交付数、交付決議時価額及び金銭債権の額

　　(注)　1　法人税法施行令第71条の3第1項（確定した数の株式を交付する旨の定めに基づいて支給する給与に係る費用の額等）に規定する確定数給与に該当する場合は、「支給時期（年月日）」欄、「交付する株式又は新株予約権の銘柄」欄、「交付数」欄、「交付決議時価額（円）」欄及び「条件その他の内容」欄に記載してください。
　　　　　2　内国法人の役員の職務につき、所定の時期に、確定した額の金銭債権に係る法人税法第54条第1項に規定する特定譲渡制限付株式又は法人税法第54条の2第1項に規定する特定新株予約権を交付する旨の

126　第5章　事前確定届出給与

　　　　定めに基づいて支給する給与に該当する場合は、「支給時期（年月日）」欄、「交付する株式又は新株
　　　　予約権の銘柄」欄、「金銭債権の額（円）」欄及び「条件その他の内容」欄に記載してください。
　　3　「条件その他の内容」欄の記載に当たっては、支給時期を記載するなど、いずれの届出内容に対する
　　　　ものかを特定できるように記載してください。また、記載事項が多い場合は、「条件その他の内容」欄
　　　　に「別紙のとおり」と記載の上、条件その他の内容を別紙（適宜の様式）に記載してください。

⑷　「2　事前確定届出給与以外の給与に関する事項」の「支給時期（年月日）」欄及び「支給額（円）」欄には、事前
　　確定届出給与対象者に対して支給した、又は支給しようとする事前確定届出給与以外の給与について、届出の時にお
　　いて予定されている支給時期及び支給額を記載してください。
　　　また、業績連動給与又は金銭以外の資産による給与の支給がある場合には、支給時期及び概要を「業績連動給与又
　　は金銭以外の資産による給与の支給時期及び概要」欄に記載してください。
　　　なお、記載事項が多い場合は、「業績連動給与又は金銭以外の資産による給与の支給時期及び概要」欄に「別紙の
　　とおり」と記載の上、業績連動給与又は金銭以外の資産による給与の支給時期及び概要を別紙（適宜の様式）に記載
　　してください。
　　（注）この事前確定届出給与以外の給与には、次の給与を含みません。
　　　①　退職給与で業績連動給与に該当しないもの
　　　②　使用人としての職務を有する役員に対して支給するその使用人分給与
　　　③　法人税法施行令第69条第3項各号に掲げる給与

④ 事前確定届出給与に関する変更届出書

事前確定届出給与に関する変更届出書の記載要領等

事前確定届出給与に関する変更届出書

	※整理番号	
	※連結グループ 整理番号	

税務署受付印

令和　　年　　月　　日

税務署長殿

親法人 □□ 単体 連結 法人 親法人	納　税　地	〒　　　　　　　電話（　　　）　　　－
	（フリガナ）	
	法　人　名　等	
	法　人　番　号	
	（フリガナ）	
	代 表 者 氏 名	㊞
	代 表 者 住 所	〒

連結子法人（届出の対象が連結子法人である場合に限り記載）	（フリガナ）		※税務署処理欄	整理番号	
	法 人 名 等			部　門	
	本店又は主たる 事務所の所在地	〒　　　　（　　局　　署）　　電話（　　）　　－		決算期	
	（フリガナ）			業種番号	
	代 表 者 氏 名			整理簿	
	代 表 者 住 所	〒		回付先	□ 親署 ⇒ 子署 □ 子署 ⇒ 調査課

事前確定届出給与に関する変更について下記のとおり届け出ます。

記

①	臨時改定事由の概要及びその臨時改定事由が生じた日	（臨時改定事由の概要） （臨時改定事由が生じた日）　平成・令和　　年　　月　　日
	業績悪化改定事由により直前届出に係る「定め」の内容の変更に関する株主総会等の決議をした日及びその変更前の直前届出に係る「定め」に基づく給与の支給の日	（決議をした日）　平成・令和　　年　　月　　日 （直前届出に係る給与の支給の日）　平成・令和　　年　　月　　日
②	変更を行った機関等	（機関等）
③	変更後の事前確定届出給与等の状況	付表（No.　　～No.　　）のとおり。
④	変更前後で事前確定届出給与の支給時期が異なる場合のその理由	（理由）
⑤	直前届出に係る届出書の提出をした日	平成・令和　　年　　月　　日
⑥	その他参考となるべき事項	

届出期限	□ 臨時改定事由：「臨時改定事由が生じた日」から1月を経過する日　令和　　年　　月　　日 □ 業績悪化改定事由：「決議をした日」から1月を経過する日と「直前届出に係る給与の支給の日」の前日とのいずれか早い日　令和　　年　　月　　日

税 理 士 署 名 押 印		㊞

※税務署 処理欄	部門	決算期	業種番号		番号	整理簿	備考	通信日付印	年　月　日	確認印

（規格A4）

29.06 改正

128   第5章　事前確定届出給与

事前確定届出給与に関する変更届出書の記載要領等

1　この届出書は、役員の職務につき「所定の時期に確定した額の金銭又は確定した数の株式若しくは新株予約権若しくは確定した額の金銭債権に係る法人税法第54条第1項（譲渡制限付株式を対価とする費用の帰属事業年度の特例）に規定する特定譲渡制限付株式若しくは同法第54条の2第1項（新株予約権を対価とする費用の帰属事業年度の特例等）に規定する特定新株予約権を交付する旨の定め」（以下表までにおいて「所定の時期に確定した額の金銭等を交付する旨の定め」といいます。）に基づいて支給する法人税法第34条第1項第2号（役員給与の損金不算入）に掲げる給与（以下表までにおいて「事前確定届出給与」といいます。）について、既に法人税法施行令第69条第4項（定期同額給与の範囲等）に規定する直前届出（以下表までにおいて「直前届出」といいます。）をしている単体法人（連結申告法人を除く法人をいいます。）又は連結親法人が、次の2の表の区分欄に掲げる事由に基因して当該直前届出に係る「定め」の内容を変更する場合において、その変更後の「定め」の内容に関して届出をするときに使用するものです。

　　なお、新株予約権又は法人税法第54条の2第1項に規定する特定新株予約権を交付する旨の定めに基づいて支給する給与については、平成29年10月1日以後にその支給に係る決議（当該決議が行われない場合には、その支給）をする給与から事前確定届出給与の対象となります。

2　この届出書は、次に掲げる変更の事由の区分に応じてそれぞれの変更届出期限までに提出してください。

区　　　　分	変　更　届　出　期　限
①　臨時改定事由 　　（法人税法施行令第69条第1項第1号ロに規定する役員の職制上の地位の変更、職務の内容の重大な変更その他これらに類するやむを得ない事情をいいます。以下同じ。）	その臨時改定事由が生じた日から1月を経過する日
②　業績悪化改定事由 　　（法人税法施行令第69条第1項第1号ハに規定する経営の状況が著しく悪化したことその他これに類する理由をいいます。以下表までにおいて同じ。）	その業績悪化改定事由により直前届出に係る「定め」の内容の変更に関する株主総会、社員総会又はこれらに準ずるもの（以下表までにおいて「株主総会等」といいます。）の決議をした日から1月を経過する日 　ただし、当該変更前の当該直前届出に係る「定め」に基づく給与の支給の日（当該決議をした日後最初に到来するものに限ります。）が当該1月を経過する日前にある場合には、その支給の日の前日

（注）連結子法人（連結申告法人に限ります。）については、法人税法施行令第155条の6（個別益金額又は個別損金額の計算における届出等の規定の準用）の規定により、当該連結子法人に係る連結親法人が提出することになります。

3　この届出書は、臨時改定事由又は業績悪化改定事由に基因してその内容の変更がされた「所定の時期に確定した額の金銭等を交付する旨の定め」に基づく給与の支給の対象となる者（直前届出の対象となった者に限ります。以下表までにおいて「事前確定届出給与対象者」といいます。）の全ての分を取りまとめて作成し、納税地の所轄税務署長に1通（調査課所管法人にあっては2通）提出してください。

4　各欄は、次により記載してください。
　⑴　「提出法人」欄には、該当する□にレ印を付すとともに、当該提出法人の「納税地」、「法人名等」、「法人番号」、「代表者氏名」及び「代表者住所」を記載してください。
　⑵　「連結子法人」欄には、この届出の対象が連結子法人である場合における当該連結子法人の「法人名等」、「本店

又は主たる事務所の所在地」、「代表者氏名」及び「代表者住所」を記載してください。

(3)　「①」欄は、その変更の事由に応じてそれぞれ次のとおり記載してください。

イ　その変更が臨時改定事由に基因するものである場合………「臨時改定事由の概要及びその臨時改定事由が生じた日」欄に、その臨時改定事由を具体的に記載するとともに、その臨時改定事由が生じた日を記載してください。

ロ　その変更が業績悪化改定事由に基因するものである場合………「業績悪化改定事由により直前届出に係る「定め」の内容の変更に関する株主総会等の決議をした日及びその変更前の直前届出に係る「定め」に基づく給与の支給の日」欄に、業績悪化改定事由により直前届出に係る「所定の時期に確定した額の金銭等を交付する旨の定め」の内容の変更に関する株主総会等の決議をした日を記載するとともに、その変更前の直前届出に係る「定め」に基づく給与の支給の日（その決議をした日後最初に到来するものに限ります。）を記載してください。なお、その給与の支給の日が異なる者がいる場合には、この欄の余白の部分に、例えば、「一部役員については令和〇年〇月〇日」等と記載してください。

(4)　「②　変更を行った機関等」欄には、直前届出に係る「所定の時期に確定した額の金銭等を交付する旨の定め」の内容に関する変更を行った「株主総会」、「報酬委員会」、「取締役会」などの機関の名称を記載してください。

(5)　「③　変更後の事前確定届出給与等の状況」欄の「（No.　〜No.　）」には、付表に付した一連番号の最初と末尾の番号を記載してください。

(6)　「④　変更前後で事前確定届出給与の支給時期が異なる場合のその理由」欄には、変更前の事前確定届出給与の支給時期がその変更後のその事前確定届出給与の支給時期と異なる場合に、その変更後のその給与の支給時期を付表のとおりとした理由を具体的に記載してください。

(7)　「⑤　直前届出に係る届出書の提出をした日」欄には、直前届出に係る届出書の提出をした日を記載してください。

なお、その提出をした日が異なる者がいる場合には、この欄の余白の部分に、例えば、「一部役員については令和〇年〇月〇日」等と記載してください。

(8)　「⑥　その他参考となるべき事項」欄には、この届出に係る変更後の事前確定届出給与につき参考となるべき事項を記載してください。この場合、参考となるべき事項のうち直前届出に係る「所定の時期に確定した額の金銭等を交付する旨の定め」の内容の変更に関する事項の記載に当たっては、その事項の記載に代えて、その変更を行った株主総会等の議事録等の写しを添付するようにしてください。

(9)　「届出期限」欄は、上記2の表の変更の事由の区分に応じて、それぞれ次のとおり記載してください。

・臨時改定事由……「①」欄の「臨時改定事由が生じた日」に記載した日から1月を経過する日を記載するとともに、□にレ印を付してください。

（注）　「臨時改定事由が生じた日から1月を経過する日」は、「臨時改定事由が生じた日」の翌日を起算日として、暦に従って計算します。なお、起算日が月の初めでないときは、翌月におけるその起算日に応当する日の前日（翌月にその応当する日がないときは、その月の末日）となります。

（例：臨時改定事由が生じた日が5月25日の場合、5月26日が起算日となり、翌月における起算日に応当する日（6月26日）の前日である6月25日が「臨時改定事由が生じた日から1月を経過する日」となります。）

・業績悪化改定事由……「①」欄の「決議をした日」に記載した日から1月を経過する日と「①」欄の「直前届出に係る給与の支給の日」の前日のうちいずれか早い日を記載するとともに、□にレ印を付してください。

(10)　「税理士署名押印」欄は、この届出書を税理士又は税理士法人が作成した場合に、その税理士等が署名押印してください。

(11)　「※」欄は、記載しないでください。

5　留意事項

○　法人課税信託の名称の併記

法人税法第2条第29号の2に規定する法人課税信託の受託者がその法人課税信託について、国税に関する法律に基づき税務署長等に申請書等を提出する場合には、申請書等の「法人名等」の欄には、受託者の法人名又は氏名のほか、その法人課税信託の名称を併せて記載してください。

130　第5章　事前確定届出給与

⑤　付表（変更後の事前確定届出給与等の状況）

　付表（変更後の事前確定届出給与等の状況）の記載要領等

付表（変更後の事前確定届出給与等の状況）

	No.	
事前確定届出給与対象者の氏名（役職名）	（　　　　　　　　　　　　　）	
変更前の直前届出に係る「定め」に基づく給与の支給の日	平成・令和　　年　　月　　日	
直前届出に係る届出書の提出をした日	平成・令和　　年　　月　　日	
当初届出に係る（連結）事業年度	平成・令和　　年　　月　　日　～　令和　　年　　月　　日	
当初届出に係る（連結）事業年度開始の日の属する会計期間	平成・令和　　年　　月　　日　～　令和　　年　　月　　日	

1　金銭交付

		区分	支給時期（年月日）	支給額（円）			区分	支給時期（年月日）	支給額（円）
変更後の事前確定届出給与に関する事項	職務執行期間の属する会計期間開始の日	今回の届出額	・　・		変更前の事前確定届出給与に関する事項	職務執行期間の属する会計期間開始の日	届出額	・　・	
		今回の届出額	・　・				支給額	・　・	
		今回の届出額	・　・				届出額	・　・	
		今回の届出額	・　・				支給額	・　・	
		今回の届出額	・　・				届出額	・　・	
		今回の届出額	・　・				支給額	・　・	
	翌会計期間以後	今回の届出額	・　・			翌会計期間以後	届出額	・　・	
		今回の届出額	・　・				届出額	・　・	

2　株式等交付

		区分	支給時期（年月日）	交付する株式又は新株予約権の銘柄	交付数金銭債権の額（円）	交付決議時価額（円）
変更後の事前確定届出給与に関する事項	職務執行期間の属する会計期間開始の日	今回の届出内容	・　・			
		今回の届出内容	・　・			
		今回の届出内容	・　・			
		今回の届出内容	・　・			
	翌会計期間以後	今回の届出内容	・　・			
		今回の届出内容	・　・			
	条件その他の内容					

		区分	支給時期（年月日）	交付する株式又は新株予約権の銘柄	交付数金銭債権の額（円）	交付決議時価額（円）
変更前の事前確定届出給与に関する事項	職務執行期間の属する会計期間開始の日	届出内容	・　・			
		支給内容	・　・			
		届出内容	・　・			
		支給内容	・　・			
	翌会計期間以後	届出内容	・　・			
		届出内容	・　・			
	条件その他の内容					

29.06改正

2 事前確定届出給与に関する届出　*131*

付表（変更後の事前確定届出給与等の状況）の記載要領等

1　この付表は、「事前確定届出給与に関する変更届出書」に添付してください。

2　この届出に係る事前確定届出給与対象者が複数いる場合には、その支給対象者ごとにこの付表中の表を作成してください。この場合には、右上端の「No.　　」欄に一連番号を付してください。

3　各欄は、次により記載してください。
(1)　「事前確定届出給与対象者の氏名（役職名）」欄には、この届出に係る変更の事由に基因してその役職が変更された場合には、その変更後の役職名を記載してください。
(2)　「変更前の直前届出に係る「定め」に基づく給与の支給の日」欄には、業績悪化改定事由により直前届出に係る「定め」の内容を変更する場合に、当該業績悪化改定事由によりその「定め」の内容の変更に関する株主総会等の決議をした日後最初に到来する当該変更前の当該直前届出に係る「定め」に基づく給与の支給の日を記載してください。
(3)　「直前届出に係る届出書の提出をした日」欄には、事前確定届出給与対象者に係る今回の変更の直前の「定め」の内容に関する届出書の提出をした日を記載してください。
(4)　「当初届出に係る（連結）事業年度」欄には、今回、変更の届出を行う事前確定届出給与につき法人税法施行令第69条第4項の規定による届出をした事業年度又は連結事業年度を記載してください。
(5)　「1　金銭交付」の各欄は次により記載してください。
　イ　「変更後の事前確定届出給与に関する事項」の「支給時期（年月日）」欄及び「支給額（円）」欄には、「職務執行期間開始の日の属する会計期間」及び「翌会計期間以後」において、この届出に係る「所定の時期に確定した額の金銭等を交付する旨の定め」に基づいて支給することとしている変更後の事前確定届出給与の支給時期及び支給額を記載してください。
　ロ　「変更前の事前確定届出給与に関する事項」の「届出額」欄の「支給時期（年月日）」欄及び「支給額（円）」欄には、「職務執行期間開始の日の属する会計期間」及び「翌会計期間以後」において、直前届出に係る「所定の時期に確定した額の金銭等を交付する旨の定め」に基づいて支給することとしていた事前確定届出給与について、その支給時期及び支給額を記載してください。
　　　また、「支給額」欄の「支給時期（年月日）」欄及び「支給額（円）」欄には、直前届出において届け出た事前確定届出給与のうち、実際に支給が行われたものについて、その支給時期及び支給額を記載してください。
(6)　「2　株式等交付」の各欄は次により記載してください。
　イ　「変更後の事前確定届出給与に関する事項」の「支給時期（年月日）」欄、「交付する株式又は新株予約権の銘柄」欄、「交付数」欄、「交付決議時価額（円）」欄、「金銭債権の額（円）」欄及び「条件その他の内容」欄には、「職務執行期間開始の日の属する会計期間」及び「翌会計期間以後」において、この届出に係る「所定の時期に確定した額の金銭等を交付する旨の定め」に基づいて支給することとしている変更後の事前確定届出給与の支給時期、交付する株式又は新株予約権の銘柄、交付数、交付決議時価額、金銭債権の額及び条件その他の内容を記載してください。
　ロ　「変更前の事前確定届出給与に関する事項」の「届出内容額」欄の「支給時期（年月日）」欄、「交付する株式又は新株予約権の銘柄」欄、「交付数」欄、「交付決議時価額（円）」欄、「金銭債権の額（円）」欄及び「条件その他の内容」欄には、「職務執行期間開始の日の属する会計期間」及び「翌会計期間以後」において、直前届出に係る「所定の時期に確定した額の金銭等を交付する旨の定め」に基づいて支給することとしていた事前確定届出給与について、その支給時期、交付する株式又は新株予約権の銘柄、交付数、交付決議時価額、金銭債権の額及び条件その他の内容を記載してください。
　　　また、「支給内容」欄の「支給時期（年月日）」欄、「交付する株式又は新株予約権の銘柄」欄、「交付数」欄、「交付決議時価額（円）」欄及び「金銭債権の額（円）」欄には、直前届出において届け出た事前確定届出給与

のうち、実際に支給が行われたものについて、その支給時期、交付する株式又は新株予約権の銘柄、交付数、交付決議時価額及び金銭債権の額を記載してください。

(注) 1 法人税法施行令第71条の3第1項（確定した数の株式を交付する旨の定めに基づいて支給する給与に係る費用の額等）に規定する確定数給与に該当する場合は、「支給時期（年月日）」欄、「交付する株式又は新株予約権の銘柄」欄、「交付数」欄、「交付決議時価額（円）」欄及び「条件その他の内容」欄に記載してください。

2 内国法人の役員の職務につき、所定の時期に、確定した額の金銭債権に係る法人税法第54条第1項（譲渡制限付株式を対価とする費用の帰属事業年度の特例）に規定する特定譲渡制限付株式又は法人税法第54条の2第1項（新株予約権を対価とする費用の帰属事業年度の特例等）に規定する特定新株予約権を交付する旨の定めに基づいて支給する給与に該当する場合は、「支給時期（年月日）」欄、「交付する株式又は新株予約権の銘柄」欄、「金銭債権の額（円）」欄及び「条件その他の内容」欄に記載してください。

3 「条件その他の内容」欄の記載に当たっては、支給時期を記載するなど、いずれの届出内容に対するものかを特定できるように記載してください。また、記載事項が多い場合は、「条件その他の内容」欄に「別紙のとおり」と記載の上、条件その他の内容を別紙（適宜の様式）に記載してください。

(8) 記載方法等

　事前確定届出給与に関する届出書は、『事前確定届出給与に係る「所定の時期に確定した額の金銭等を交付する旨の定め」ごとに作成』することとされている（事前確定届出給与に関する届出書の記載要領等）。

　この定めについては、「役員給与は、一般的には、定時株主総会から次の定時株主総会までの間の職務執行の対価と解するのが相当」とし、「○月から×月までの給与を×月に、△月～◇月までの給与を◇月に支給する」などの定めは、「職務執行の対価について期間の経過に応じて支払う」旨を明らかにしたもので、一つの「定め」であると説明されている[21]。

　このため、株主総会等でこのような決議をした場合には、支給時期の異なる役員給与毎に届出をするのではなく、これらを一括して届出をすることになる。このことから、例えば前述の各付表では、支給時期毎に支給金額又は交付数、交付決議時価額が記載できるようになっている。例えば、付表1では「事前確定届出給与に関する事項」の「支給時期（年月日）」欄及び「支給額（円）」欄には、前回以前の届出において届け出

21　旧役員給与に関するQ&A　Q8（国税庁）

た事前確定届出給与の支給時期及び支給額（支給済分）を「届出額」欄に記載し、この届出において届け出る事前確定届出給与について、届出の時において予定されている支給時期及び支給額（支給予定分）を「今回の届出額」欄に記載することとなる。付表2では、同様の趣旨で「届出内容」及び「今回の届出内容」欄が設けられており、付表（変更後の事前確定届出給与等の状況）でも、同様の記載欄が設けられている。

旧役員給与に関するQ&A　Q8（国税庁）

（事前確定届出給与の具体例）

[Q8] 当社では、X1年6月26日の株主総会において、A取締役に対して、定期同額給与のほかに、「X1年6月26日からX1年12月25日までの役員給与としてX1年12月25日に200万円を、X1年12月26日からX2年6月26日までの役員給与としてX2年6月26日に200万円をそれぞれ支給する」旨の定めを決議しました。

　この定めに従って支給する役員給与の届出は、支給時期が異なる給与ごとに届出なければならないのでしょうか。

[A]

　ご質問の役員給与は、次のように支給することとなると考えられます。

（図省略）

　役員給与は、一般的には、定時株主総会から次の定時株主総会までの間の職務執行の対価と解するのが相当と考えられます（Q6参照）。したがって、事前確定届出給与の職務

　執行期間も定時株主総会終結の時から開始されることとなり、「職務の執行を開始する日」とは定時株主総会の開催日ということになります。

　ところで、ご質問では、事前確定届出給与に係る「定め」において、「○月からX月までの給与をX月に、△月から◇月までの給与を◇月に支給する」などの定めを行ったとのことですが、役員給与は定時株主総会から次

134　第5章　事前確定届出給与

の定時株主総会までの1年間の職務執行の対価ですから、仮にそのような「定め」を定めたとしても、それは、会社が役員に委任した職務執行の対価について期間の経過に応じて支払う旨を明らかにしたにすぎず、いわば1年間にわたる職務執行期間の給与の支給方法を定めたにすぎません（それぞれ別個の「定め」が定められたわけではありません。）。

　したがって、そのような「定め」であっても、特殊な場合を除き、その役員の職務の執行を開始する日は、定時株主総会の開催日であり、所轄税務署長への届出も同日と会計期間3月経過日とのいずれか早い日までが届出期限となります。

③　非常勤役員に対する年俸

　定期同額給与となるためには、まず「その支給時期が1月以下の一定の期間ごと」である給与（定期給与）であることが求められるが、これは、「あらかじめ定められた支給基準（慣習によるものを含む。）に基づいて、毎日、毎週、毎月のように月以下の期間を単位として規則的に反復又は継続して支給されるもの」であることを意味している（法基通9-2-12）。このため、非常勤役員に対して支給する年俸等は、定期同額給与には該当しないものと取り扱われる。

　ただし、その給与が毎年所定の時期に確定額を支給する旨の定めに基づき支給するものであれば、原則として、一定の時期までに所定の事項について所轄税務署長への届出を行うことにより事前確定届出給与として損金の額に算入することができる。

　なお、同族会社に該当しない法人が、その役員の職務につき「所定の時期に確定額を支給する旨の定め」に基づいて支給する給与で、定期給与を支給しない役員に対して支給する給与については、その定めの内容に関する届出がない場合にも損金の額に算入することができる（法法34①二イ）。この場合、同族会社に該当するかどうかの判定は、原則として、

定期給与を支給しない役員の職務につき定めをした日の現況により、新設法人が設立時に開始する職についてした定めの場合には、設立日の現況により判定する（法令69⑥）。

 事前確定届出給与の届出内容と異なる支給

(1) 基本的な考え方

　事前確定届出給与は、所定の時期に確定額を支給する旨の定めに基づいて支給する給与で、原則として納税地の所轄税務署長にその定めの内容に関して所定の事項を記載した届出を要し（法34①二、法令69④⑤、法規22の3①②）、実際にその定めのとおりに支給されることが求められている。このことから、所轄税務署長へ届け出た支給額と実際の支給額が異なることになる場合には、これに該当しないことになり、原則として、その「支給額の全額」が損金不算入となることが明らかにされている（法基通9－2－14）。

　この「支給額の全額」が損金不算入となるというのは、具体的には、増額支給した場合、減額支給した場合を問わず、実際の支給額の全額が損金不算入となることを意味する[22]。

　ただし、「支給額の全額」の捉え方については、下記(3)及び(4)のような取り扱いが示されている。

(2) 記載額が未払いとなる場合

　事前確定届出給与は、所定の時期に確定した額の金銭等を交付する旨

22　一般的には、所轄税務署長へ届け出た支給額等と実際の支給額等が異なる場合には、事前に支給額等が確定していたものといえないことから、事前確定届出給与に該当しないものとなり、それが増額支給であれば増額分だけでなく実際の支給額の全額が損金不算入となり、減額支給であれば実際に支給した金額が損金不算入となる（九訂版法人税基本通達逐条解説833頁）。

136　第 5 章　事前確定届出給与

の定め（事前確定届出給与に関する定め）に基づいて支給される給与であることを要するため、事前確定届出給与の届出をした給与の支給額の一部を未払計上した場合、どのように考えるのかといった問題がある。資金繰りが困難となった等の理由で支給時期に未払いとなることもあり得るところであり、その時に事前確定届出給与が債務として確定したものであれば、恣意的な支給ともいえない。

　しかし、事前確定届出給与の届出時において既に未払いとなることが見込まれるような場合には、そもそも「事前」に確定額を支給する「定め」はないと評価することもできる。このことから、このような場合の給与を事前確定給与と取り扱うかどうかは、その確定性との関係で、個々に判断を要するものとしている[23]。

(3) 特定の役員に対してだけ記載額と異なる金額を支給

　複数の役員に支給する役員給与につき事前確定届出給与の届出をした場合に、その中の特定の役員に対してのみ届出書の記載額と異なる金額を支給したときには、その特定の役員以外の他の役員に係る役員給与については、役員給与が損金不算入になることはない。

　これは、事前確定届出給与を「その役員」の職務につき所定の時期に確定した額の金銭等を交付する旨の定めに基づいて支給する給与と規定しており（法法34①二）、個々の役員に係る給与の確定が問題であり、特定の役員以外の他の役員に対する給与に影響を与えるものではないと考えるためである[24]。

23　「その事前確定届出給与が債務として確定したものであれば他の費用と取扱いを違える必要はなく、未払計上であっても支給した金額に含まれるものとも考えられる」としたうえで、「その届出の時点において未払いとなることが見込まれるような場合には、そもそも「事前」に確定した額を支給する「定め」が存していたのかどうかという疑問が生ずることになる」として、確定した額を支給する定めの有無等について、個々に判断を要するとしている（九訂版法人税基本通達逐条解説835頁）。

24　国税庁質疑応答事例　事前確定届出給与に関する届出書」を提出している法人が特定の役員に当該届出書の記載額と異なる支給をした場合の取扱い（事前確定届出給与）

4 事前確定届出給与の届出内容と異なる支給 *137*

「事前確定届出給与に関する届出書」を提出している法人が特定の役員に当該届出書の記載額と異なる支給をした場合の取扱い（事前確定届出給与）（国税庁質疑応答事例）

【照会要旨】

当社は、所轄税務署に「事前確定届出給与に関する届出書」を提出期限内に提出していますが、A役員に対してのみ当該届出書の記載額と異なる金額を支給しました。

この場合において、A役員に支払った役員給与は損金算入できなくなると考えられますが、A役員以外の他の役員に係る役員給与についても同様に法人税法第34条第1項第2号に該当しなくなり、損金算入できなくなるのでしょうか。

【回答要旨】

「事前確定届出給与に関する届出書」の記載額と同額を支給したA役員以外の他の役員に係る役員給与については、法人税法第34条第1項第2号に該当し、損金算入することができます。

（理由）

法人税法第34条第1項第2号では、「その役員の職務につき所定の時期に確定した額の金銭又は確定した数の株式（出資を含みます。）、新株予約権、確定した額の金銭債権に係る特定譲渡制限付株式又は特定新株予約権（注）を交付する旨の定めに基づいて支給する給与」と規定しており、個々の役員に係る給与について規定しているものであることから、A役員（＝「その役員」）以外の他の役員に対する給与に影響を与えるものとはなっておりません。

したがって、A役員に対して当該届出書の記載額と異なる金額の役員給与を支給したとしても、そのことを理由として、A役員以外の他の役員に対して支給した役員給与が損金不算入になることはありません。

（注）法人税法第54条第1項に規定する特定譲渡制限付株式又は同法第54条の2第1項に規定する特定新株予約権で次の定めに基づいて交付されるもの又はこれらに係る同項に規定する承継譲渡制限付株式又は承継新株予約権による

給与をいいます（法34①二、令69③）。

また、特定譲渡制限付株式の取扱いは、平成28年4月1日以後に開始する事業年度について適用されます。

なお、特定新株予約権の取扱いは、平成29年10月1日以後に特定新株予約権の交付に係る決議又は交付をするその特定新株予約権について適用されます。

（定めの内容）

役員の職務につき、株主総会、社員総会その他これらに準ずるものの決議により定められたもので、次の要件を満たすもの。

①　職務の執行の開始の日から1月を経過する日までにされる決議による定めであること

②　役員の職務につき所定の時期に確定額を支給する旨の定めであること

③　決議の日から1月を経過する日までに、その職務につきその役員に生ずる債権の額に相当する特定譲渡制限付株式又は特定新株予約権を交付する旨の定めであること

(4)　複数回支給の記載額のうち一つの記載額が異なる場合

複数回の支給額につき事前確定届出給与の届出をしたところ、そのうちの一つの記載額と異なる支給をした場合をどのように考えるかといった問題がある。この点、「一般的に役員給与は定時株主総会から次の定時株主総会までの間の職務執行の対価であると解される」ことから、「定めどおりに支給されたかどうかは当該職務執行の期間を一つの単位として判定」すべきと考えられている。これによれば、例えば、3月決算法人が、X1年6月26日からX2年6月25日までを職務執行期間とする役員に対し、X1年12月及びX2年6月にそれぞれ200万円の給与を支給することを定め、所轄税務署長に届け出た場合」に、X1年12月には100万円しか支給せず、X2年6月には満額の200万円を支給したときは、X1年12月支給分とX2年6月支給分の合計額300万円が損金に算入されないこととなる。

4　事前確定届出給与の届出内容と異なる支給　*139*

　ただし、「既に支給済みの事前確定届出給与の損金算入が認められる余
地」があり得るとして、X1年12月及びX2年6月にそれぞれ200万円の給
与を支給することを定め、所轄税務署長に届け出た場合に、当該事業年
度（X2年3月期）中の支給であるX1年12月支給分は定めどおりに支給し
たものの、翌事業年度（X3年3月期）となるX2年6月支給分のみを定め
どおりに支給しなかった場合は、「その支給しなかったことにより直前の
事業年度（X2年3月期）の課税所得に影響を与えるようなものではない」
ことから、翌事業年度（X3年3月期）に支給した給与の額のみについて
損金不算入と取り扱っても差し支えないとしている[25]。

　なお、事前確定届出給与の届出をした法人が臨時改定事由又は業績悪
化改定事由により定めを変更する場合には、変更の届出（前述2⑹）を
することにより、対応が可能である。

定めどおりに支給されたかどうかの判定（事前確定届出給与）（国税庁質疑応答事例）

【照会要旨】
　当社（年1回3月決算の同族会社）では、X年6月26日の定時株主総会
において、取締役Aに対して、定期同額給与のほかに、同年12月25日及び
X＋1年6月25日にそれぞれ300万円の金銭を支給する旨の定めを決議し、
届出期限までに所轄税務署長へ届け出ました。
　この定めに従い、当社は、X年12月25日には300万円を支給しましたが、
X＋1年6月25日には、資金繰りの都合がつかなくなったため、50万円し
か支給しませんでした。
　この場合、X年12月25日に届出どおり支給した役員給与についても、損
金の額に算入されないこととなるのでしょうか。

25　国税庁質疑応答事例　定めどおりに支給されたかどうかの判定（事前確定届出給与）、法人税基本通達逐条解説833頁

【回答要旨】

　X年12月25日に届出どおり支給した役員給与については、損金の額に算入して差し支えありません。

（理由）

　役員の職務につき所定の時期に確定した額の金銭等を交付する旨の定めに基づいて支給する給与のうち、①定期給与を支給しない役員に対して支給する給与（同族会社に該当しない法人が支給する給与で金銭によるものに限ります。）以外の給与（株式又は新株予約権による給与で、将来の役務の提供に係るものとして一定の要件を満たすものを除きます。）である場合には、届出期限までに納税地の所轄税務署長にその定めの内容に関する届出をしていること、②株式を交付する場合には、その株式が市場価格のある株式又は市場価格のある株式と交換される株式（適格株式）であること、③新株予約権を交付する場合には、その新株予約権がその行使により市場価格のある株式が交付される新株予約権（適格新株予約権）であること、の要件を満たしている場合のその給与（以下「事前確定届出給与」といいます。）は、その法人の所得の金額の計算上、損金の額に算入することができます（法法34①二）。

　この事前確定届出給与は、所定の時期に確定した額の金銭等を支給する旨の定めに基づいて支給するもの、すなわち、支給時期、支給金額又は株式数等が事前に確定し、実際にもその定めのとおりに支給される給与に限られます（法基通9−2−14）。

　したがって、所轄税務署長へ届け出た支給額又は株式数等と実際の支給額又は株式数等が異なる場合には、事前確定届出給与に該当しないこととなりますが、ご質問のように、2回以上の支給がある場合にその定めのとおりに支給されたかどうかをどのように判定するのか、というのが照会の趣旨かと思われます。

　この点、一般的に、役員給与は定時株主総会から次の定時株主総会までの間の職務執行の対価であると解されますので、その支給が複数回にわたる場合であっても、定めどおりに支給されたかどうかは当該職務執行の期

間を一つの単位として判定すべきであると考えられます。

　したがって、複数回の支給がある場合には、原則として、その職務執行期間に係る当該事業年度及び翌事業年度における支給について、その全ての支給が定めどおりに行われたかどうかにより、事前確定届出給与に該当するかどうかを判定することとなります。

　例えば、3月決算法人が、X年6月26日からX＋1年6月25日までを職務執行期間とする役員に対し、X年12月及びX＋1年6月にそれぞれ200万円の給与を支給することを定め、所轄税務署長に届け出た場合において、X年12月には100万円しか支給せず、X＋1年6月には満額の200万円を支給したときは、その職務執行期間に係る支給の全てが定めどおりに行われたとはいえないため、その支給額の全額（300万円）が事前確定届出給与には該当せず、損金不算入となります。

　ただし、ご質問のように、3月決算法人が当該事業年度（X＋1年3月期）中は定めどおりに支給したものの、翌事業年度（X＋2年3月期）において定めどおりに支給しなかった場合は、その支給しなかったことにより直前の事業年度（X＋1年3月期）の課税所得に影響を与えるようなものではないことから、翌事業年度（X＋2年3月期）に支給した給与の額のみについて損金不算入と取り扱っても差し支えないものと考えられます。

第**6**章

業績連動給与

業績連動給与の意義

　従来、役員に支給する給与は、専ら「役員給与の外形的な支給形態」により、画一的・形式的に「報酬」と「賞与」に区別していた。このうち賞与については、利益処分としての性格を持っており、「法人の利益に連動して役員給与の支給額を事後的に定めることを許容することは安易な課税所得の操作の余地を与えることとなりかねず、課税上の弊害が極めて大きい」ことから、役員賞与は損金不算入とされてきた。

　しかし、業績（利益）に連動する給与であっても、職務執行の対価性を完全に否定できるものではなく、従来の措置では、適正性や透明性が担保されている場合でも損金算入できないといった問題がある。そこで、平成18年度税制改正では、支給の透明性・適正性を確保するための一定の要件を課した上で、このような形態の役員給与（利益連動給与）についても損金算入を可能とすることとされた。先に述べた事前確定届出給与と同様、役員報酬の支給が実質的に恣意的に行われたものか否かといった観点から新たな枠組みを措置したものと考える。その後、平成29年度改正では、中長期の利益連動指標を基礎とした多様な形態の給与を支給するものについても既存の税制措置との整合性を図るための改正が行われ、これに伴い、既存の利益連動給与は新たに改正措置の対象となる給与と併せて業績連動給与とされた。

　業績連動給与とは、利益の状況を示す指標、株式の市場価格の状況を示す指標その他の、法人又はその法人との間に支配関係がある法人の業績を示す指標を基礎として算定される額又は数の金銭又は株式若しくは新株予約権による給与及び特定譲渡制限付株式（法法54①）若しくは承継譲渡制限付株式（法法54①）又は特定新株予約権（法法54の2①）若しくは承継新株予約権（法法54の2①）による給与で無償で取得され、又は消滅する株式又は新株予約権の数が役務の提供期間以外の事由により変動するものをいう（法法34⑤）。

2　業績連動給与の要件　　*145*

このうち損金算入の対象となる給与は、業績（利益）連動給与のうち、一定の要件を満たすものとされているが、具体的には、下記**2**で述べる所定の要件を満たすものである。

2 業績連動給与の要件

(1) 概論

損金算入が可能となる業績連動給与は、所定の法人がその業務執行役員に対して所定の方法により支給する業績連動給与で、次に掲げる要件を満たすものである（法法34①三）。この要件は、他の業務執行役員のすべてに対して支給する業績連動給与について充足することを要する。

① 交付される金銭の額若しくは株式若しくは新株予約権の数又は交付される新株予約権の数のうち無償で取得され、若しくは消滅する数の算定方法が、その給与に係る職務を執行する期間の開始の日（職務執行期間開始日）以後に終了する事業年度の利益の状況を示す指標（利益の額、利益の額に有価証券報告書（金融商品取引法24①）に記載されるべき事項による調整を加えた指標その他の利益に関する指標として政令で定めるもので、有価証券報告書に記載されるものに限る。）、職務執行期間開始日の属する事業年度開始の日以後の所定の期間若しくは職務執行期間開始日以後の所定の日における株式の市場価格の状況を示す指標（法人又は法人との間に完全支配関係がある法人の株式の市場価格又はその平均値その他の株式の市場価格に関する指標として政令で定めるものに限る。）又は職務執行期間開始日以後に終了する事業年度の売上高の状況を示す指標（売上高、売上高に有価証券報告書に記載されるべき事項による調整を加えた指標その他の売上高に関する指標として政令で定めるもののうち、利益の状況を示す指標又は株式の市場価格の状況を示す指標と同時に用いられるもので、有価証券報告書に記載されるものに限る。）

を基礎とした客観的なもの（次に掲げる要件を満たすもの）であること。
イ　金銭による給与にあっては確定した額を、株式又は新株予約権による給与にあっては確定した数を、それぞれ限度としているものであり、かつ、他の業務執行役員に対して支給する業績連動給与に係る算定方法と同様のものであること。
ロ　政令で定める日までに、報酬委員会（会社法404③）（その法人の業務執行役員又は当該業務執行役員と政令で定める特殊の関係のある者がその委員になっているものを除く。）が決定をしていることその他の政令で定める適正な手続を経ていること。
ハ　その内容が、適正な手続（上記ロ）の終了の日以後遅滞なく、有価証券報告書に記載されていることその他財務省令で定める方法により開示されていること。
②　その他政令で定める要件

　損金算入が可能となる業績連動給与は、その算定方法が、所定の指標を基礎とした客観的なものであることが求められており（法法34①三イ）、さらに、給与の交付又は交付見込みの期限や経理方法に関する要件も定められている（法法34①三ロ）。このうち、業績連動給与の算定方法の詳細については下記**3**で述べる。

　なお、前述したように、特定譲渡制限付株式による給与で無償で取得される株式の数が役務提供期間以外の事由により変動するものは、業績連動給与となる（法法34⑤）。しかし、算定方法の内容の定めには、譲渡制限付株式による給与で交付される株式の数のうち無償で取得される数が役務提供期間以外の事由により変動するものは含まれていないことから（法34①三イ）、譲渡制限付株式による給与で無償で取得される数が業績指標に応じて変動するものは、損金の額に算入するための要件を満たさないこととなる（法基通9−2−16の2）。

(2) 業績連動給与の支給法人

　従来、損金算入が認められる業績連動給与の支給法人は、「同族会社に該当しない」法人とされていたが、平成29年度税制改正により、「同族会社にあっては、同族会社以外の法人との間に当該法人による完全支配関係があるものに限る。」と改正が行われた。これにより、現行法では、「非同族法人」による完全支配関係がある場合の同族会社が支給する業績連動給与も損金算入が認められることになっている（法法34①三）。

　この完全支配関係があるものに該当するかどうかの判定は、適正な手続き（法法34①三イ⑵、法令69⑯各号、⑰各号）の手続きの終了の日の現況による（法令69⑳）。

(3) 業績連動給与の支給対象者

　損金算入が認められる業績連動報酬の支給象者は、業務執行役員であることを要する。この業務執行役員は、交付される金銭の額等の算定方法の決定に関する適正な手続き（法法34①三イ⑵、法令69⑯各号、⑰各号）の終了の日に次の役員に該当する者である（法法34①三、法令69⑨）。

　①　会社法第363条第1項各号（取締役会設置会社の取締役の権限）に掲げる取締役

　②　会社法第418条（執行役の権限）の執行役

　③　①・②に掲げる役員に準ずる役員

　上記①は、取締役会設置会社の代表取締役及び代表取締役以外の取締役であって取締役会の決議によって業務を執行する取締役として選任された者を指し、上記②は、指名委員会等設置会社における執行役を指している。上記③は、上記①又は②に該当しない者で、実質的に法人業務を執行している役員が該当する。例えば、取締役会を設置していない会社の取締役、持分会社における業務を執行する社員等がこれに該当する[26]。

26　九訂版法人税基本通達逐条解説842頁

148 第6章 業績連動給与

これらと異なり、取締役会設置会社における代表取締役以外の取締役のうち業務を執行する取締役として選定されていない者、社外取締役、監査役及び会計参与は、業務を執行することがないため、業務執行役員には該当しない（法基通9－2－17）。

(4) 業績連動給与の支給方法

平成29年度税制改正により、損金算入が認められる業績連動給与の支給方法に一定の株式及び新株予約権が追加されている。

対象に追加された株式及び新株予約権は、具体的には、交付される株式若しくは新株予約権の数又は交付される新株予約権の数のうち無償で取得され、若しくは消滅する数の算定方法が、業績連動指標を基礎とした客観的なもので確定した数を限度としているものである（法法34①三イ）。なお、損金算入ができる業績連動給与となる株式及び新株予約権は、次の適格株式又は適格新株予約権である（法法34①三・二）。

① 適格株式

市場価格のある株式又は市場価格のある株式と交換される株式（法人又は関係法人が発行したものに限る。）

② 適格新株予約権

その行使により市場価格のある株式が交付される新株予約権（法人又は関係法人が発行したものに限る。）

(5) 給与の交付又は交付見込みの期限

給与の交付又は交付見込みの期限に関する要件が、給与の区分に応じて、次のように定められている（法法34①三ロ、法令69⑲一）。

① ②の給与以外の給与

給与の区分に応じそれぞれ次に定める日までに交付され、又は交付される見込みであること。ただし、この日は、給与に係る職務を執行する期間が同一であるものに関して、2以上のものが合わせて支給される場

合には、それぞれの給与に係る次に定める日のうち最も遅い日となる。

　ⅰ　金銭による給与

　　　金銭の額の算定の基礎とした業績連動指標（利益の状況を示す指標、株式の市場価格の状況を示す指標又は売上高の状況を示す指標（法法34①三イ））の数値が確定した日の翌日から1月を経過する日

　ⅱ　株式又は新株予約権による給与

　　　株式又は新株予約権の数の算定の基礎とした業績連動指標の数値が確定した日の翌日から2月を経過する日

②　特定新株予約権又は承継新株予約権による給与で、無償で取得され、又は消滅する新株予約権の数が役務の提供期間以外の事由により変動するもの

　　　特定新株予約権又は当該承継新株予約権に係る特定新株予約権が交付される金銭の額等の算定方法の決定に関する適正な手続き（法令69⑯各号、⑰各号）の終了の日の翌日から1月を経過する日までに交付されること。

　上記① ⅰの給与の業績連動指標の数値が確定した日とは、例えば、株式会社である法人にあっては、原則として、その法人が定時株主総会において計算書類の承認を受けた日（会社法438②）となる（法基通9－2－20本文）。法人が会計監査人設置会社である場合で、その計算書類が所定の要件に該当する場合には、その計算書類の株主総会の承認は不要であるが（会社法439）この場合においても、取締役はその計算書類の内容を定時株主総会に報告しなければならないことから（会社法439）、確定した日は、取締役が計算書類の内容を定時株主総会へ報告した日となる（法基通9－2－20（注）1）。また、業績連動指標の数値が連結計算書類のものである場合には、会計監査人設置会社の取締役は、連結計算書類を定時株主総会に提出し又は提供したうえで、その連結計算書類の内容及び監査（会社法444④）の結果を定時株主総会に報告しなければならないとされていることから（会社法444⑦）、確定した日は、取締役が連結計算書

150　第6章　業績連動給与

類の内容を定時株主総会へ報告した日となる（法基通 9 – 2 –20（注） 2 ）。

(6) 経理方法

　経理方法に関する要件として、損金経理をしていることが求められている（法法34①三ロ、法令69⑲二）。

　この損金経理する方法には、業績連動給与の見込額として「損金経理により引当金勘定に繰り入れた金額を取り崩す方法」により経理することが含まれるため（法令69⑲二かっこ書き）、業績連動給与は、引当金計上時には損金算入できないが、これを取り崩した時点で損金算入できることになる。

　なお、法人が業績連動給与として適格株式を交付する場合に、給与の見込額として「損金経理により引当金勘定に繰り入れた金額を取り崩す方法」により経理しているときの損金算入の対象となる給与の額は、給与の見込額として計上した金額にかかわらず、その適格株式の交付時の市場価格を基礎として算定される金額となる（法基通 9 – 2 –20の 2 ）。

③ 業績連動給与の算定方法

(1) 指標の種類

　損金算入が認められる業績連動給与の算定方法は、次の①～③の指標等を基礎としたものであることが必要である（法法34①三イ）。

① 　その給与に係る職務を執行する期間の開始の日（職務執行期間開始日）以後に終了する事業年度の利益の状況を示す指標（利益の額、利益の額に有価証券報告書（金融商品取引法24①）に記載されるべき事項による調整を加えた指標その他の利益に関する指標として政令で定めるもので、有価証券報告書に記載されるものに限る。）

② 　職務執行期間開始日の属する事業年度開始の日以後の所定の期間若

しくは職務執行期間開始日以後の所定の日における株式の市場価格の
状況を示す指標（法人又は法人との間に完全支配関係がある法人の株式の
市場価格又はその平均値その他の株式の市場価格に関する指標として政令
で定めるものに限る。）

③　職務執行期間開始日以後に終了する事業年度の売上高の状況を示す
指標（売上高、売上高に有価証券報告書に記載されるべき事項による調整
を加えた指標その他の売上高に関する指標として政令で定めるもののうち、
利益の状況を示す指標又は株式の市場価格の状況を示す指標と同時に用い
られるもので、有価証券報告書に記載されるものに限る。）

すなわち、業績連動給与の支給額の算定方法の基礎とすることができ
る指標は、下記のように分類される。

---

①　利益の状況を示す指標
②　株式の市場価格の状況を示す指標
③　売上高の状況を示す指標

このうち、①の指標については、平成29年度税制改正で、その指標の
算出期間が見直され、利益の状況を示す指標の要素となる利益の額、費
用の額等の算出期間について、「職務執行期間開始日以後に終了する事業
年度」となっている（法法34①三イ、法令69⑩）。これは、客観的な算定
方法が適正な手続きを経てあらかじめ定められている場合には、恣意性
が排除されることから、短期的業績だけではなく、中長期的業績に連動
する給与の支給を業績連動給与の範囲に含めることとしたものである。

②の指標は、平成29年度税制改正で新たな指標として追加されたもの
である。これは、多様な形態の給与等を支給する近年の状況を踏まえ、
支給形態による税制上の取扱いが異なることにならないよう、その整合
性を図ったものである。

③の指標も、平成29年度税制改正で新たな指標として追加されたもの
である。ただし、この指標は、「利益の状況を示す指標又は株式の市場価

152　第6章　業績連動給与

格の状況を示す指標と同時に用いられるもの」であることが必要とされている（法法34①三イ）[27]。

　なお、配当（法人税法施行令第69条第11項第4号の指標に用いられるものを除く）やキャッシュ・フローは、これらの損金算入される業績連動給与の指標には該当しない（法基通9-2-17の2）。

　また、これらの業績連動給与の指標については、有価証券報告書に記載されるべき金額等であることが要件とされていることが多い（法法34①三イ、法令69⑩～⑫）。有価証券報告書には、連結財務諸表も記載されることとされているが、この連結財務諸表に記載されるべき金額等から算定される指標も損金算入される業績連動給与の算定方法の基礎となる指標に含まれることとしている（法基通9-2-17の3）[28]。これにより、連結グループの親会社がその役員に対し、連結グループの利益、売上高の額を指標として株式を交付する業績連動給与を支給することができることになる。

　さらに、平成29年度改正により、同族会社以外の法人との間にその法人による完全支配関係がある同族会社が支給する業績連動給与は、上記**2**(2)のとおり、損金算入が認められる業績連動給与の対象となっている（法法34①三）。ただし、業績連動給与として損金算入が認められるためには、上記**2**(4)のとおり、市場価格のある株式（適格株式）等を交付することが要件とされているため（法法34①三・二）、同族会社はその親法人である完全支配関係法人の株式等を交付することとなる。このため、

27　売上高に関する指標が利益の状況を示す指標又は株式の市場価格に関する指標と同時に用いられるものに限られているのは、売上高のみを追求する結果、会社全体の利益や企業価値が低下する場合には、職務執行の対価としての合理性に欠けることによるものです（平成29年度税制改正の解説（財務省））。

28　有価証券報告書には、連結財務諸表及び個別財務諸表も記載される（企業内容等の開示に関する内閣府令15）。

　　子法人の経営に影響力を有する親法人がグループ全体の業績の指標として連結財務諸表に記載されるべき金額等を指標とすることは業績の測定指標として合理性があると考えられる（九訂版法人税基本通達逐条解説843頁～844頁）。

3 業績連動給与の算定方法　　*153*

同族会社が支給する業績連動給与の支給額等の算定方法の内容の開示は完全支配関係法人の有価証券報告書等により行うこととされ（法規22の3⑥）、同族会社は、その完全支配関係法人の連結財務諸表に記載されるべき金額等を指標として用いることができる（法基通9－2－17の3（注））。

(2) 利益の状況を示す指標

　利益の状況を示す指標は、給与に係る職務を執行する期間の開始の日（職務執行期間開始日）以後に終了する事業年度の利益の額、利益の額に有価証券報告書（金融商品取引法24①）に記載されるべき事項による調整を加えた指標であり、有価証券報告書に記載されるものであることを要する。この職務執行期間開始日については、その役員がいつから就任するかなど個々の事情によるのであるが、例えば、定時株主総会において役員に選任された者で、その日に就任した者及び役員に再任された者にあっては、その定時株主総会の開催日となる（法基通9－2－17の5、9－2－16）。

　利益に関する指標については、次のような法令の規定が設けられており、指標のうち(B)から(E)までの指標については、利益に関するものに限られる（法令69⑩）。

（A）法第34条第1項第3号イに規定する職務執行期間開始日以後に終了する事業年度（対象事業年度）における有価証券報告書に記載されるべき利益の額（法令69⑩一）

（B）（A）の指標の数値に対象事業年度における減価償却費の額、支払利息の額その他の有価証券報告書に記載されるべき費用の額を加算し、又は当該指標の数値から対象事業年度における受取利息の額その他の有価証券報告書に記載されるべき収益の額を減算して得た額（法令69⑩二）

（C）（A）・（B）の指標の数値の次に掲げる金額のうちに占める割合又はその指標の数値を対象事業年度における有価証券報告書に記載されるべき発行済株式（自己が有する自己の株式を除く。）の総数で除して得た額

154　第6章　業績連動給与

（法令69⑩三）

　a　対象事業年度における売上高の額その他の有価証券報告書に記載される収益の額又は対象事業年度における支払利息の額その他の有価証券報告書に記載されるべき費用の額

　b　貸借対照表に計上されている総資産の帳簿価額

　c　bに掲げる金額から貸借対照表に計上されている総負債（新株予約権に係る義務を含む。）の帳簿価額を控除した金額

（D）（A）～（C）の指標の数値が対象事業年度前の事業年度の当該指標に相当する指標の数値その他の対象事業年度において目標とする指標の数値であって既に確定しているもの（確定値）を上回る数値又は（A）～（C）に掲げる指標の数値の確定値に対する比率（法令69⑩四）

（E）（A）～（D）の指標に準ずる指標（法令69⑩五）

　（A）の「利益の額」は、有価証券報告書に記載されるべきものであり、具体的には、営業利益、経常利益、税引前当期純利益等である。

　（B）の利益の額に支払利息等の費用の額を加算し、又は受取利息等の収益の額に減算して得た額は、例えば、EBITDAである。

（注）EBITDA（Earnings Before Interest Taxes Depreciation and Amortization）とは、税引前利益に支払利息、減価償却費を加えて算出される利益である。

　（C）の指標は、上記（A）又は（B）の指標の数値の下記①から④までの金額のうちに占める割合又はこれらの指標を下記⑤の数で除して得た額である。

　①　売上高等の収益の額

　②　支払利息等の費用の額

　③　総資産の帳簿価額

　④　自己資本の帳簿価額

　⑤　発行済株式（自己が有する自己の株式を除く）の総数

この指標には、具体的には、売上高営業利益率、ROA、ROE、EPS等

といったものがある。

(注) ROA（Return On Asset）とは、総資産に対するリターンを計る指標であり、利益を総資産（総資本）で除したもの（総資産利益率）である。

ROE（Return On Equity）とは、自己資本（株主資本）に対するリターンを計る指標であり、自己資本（株主資本）に対する当期純利益の割合で求められる。

EPS（Earnings Per Share）とは、当期純利益を発行済株式総数で除したもの（一株当たり利益）である。

　（D）の確定値を上回る数値又は（A）～（C）の指標の数値の確定値に対する比率は、自社又は他社の前期、過去3期平均等、既に数値として確定した目標値との差額又は比率である。この指標には、具体的には、当期利益（前期比）、当期利益率（計画比）、営業利益率（前期他社比）、営業利益率（当期他社比）等といったものがある。

　（E）の指標は、「（A）～（D）の指標に準ずる指標」であり、上記（A）から（D）までの指標を組み合わせて得た指標等である。この指標には、具体的には、ROCE、ROIC、部門別営業利益、従業員一人当たり営業利益等といったものがある。また、次の指標も（E）の指標に含まれる（法基通9－2－17の4）。

① 　（A）から（C）までの有価証券報告書に記載されるべき事項を財務諸表等の用語、様式及び作成方法に関する規則の規定により有価証券報告書に記載することができることとされている事項（任意的記載事項）とした場合の（A）から（D）までの指標

② 　有価証券報告書に記載されるべき利益（任意的記載事項を含む。）の額に有価証券報告書に記載されるべき費用（任意的記載事項を含む。）の額を加算し、かつ、有価証券報告書に記載されるべき収益（任意的記載事項を含む。）の額を減算して得た額

　上記①は、任意的記載事項又はその額に所要の調整を加えた額であり、上記②は、利益の額に費用の額の加算と収益の額の減算の双方を含むも

156　第6章　業績連動給与

の（例えば、EBIT等）であり、これには、有価証券報告書に記載すべき事項を任意的記載事項に読み替えて計算するものも含まれる。

（注）ROCE（Return On Capital Employed）とは、投下資本（有利子負債＋自己資本）に対するリターンを計る指標であり（使用資本利益率）、次の算式で求められる。

$$ROCE = \frac{当期純利益}{（総資産 - 短期負債）} \times 100$$

ROIC（Return On Invested Capital）とは、投下資本に対するリターンを計る指標であり（投下資本利益率）、一般的に次の算式で求められる。

$$ROIC = \frac{（営業利益 \times （1 - 実効税率））}{（株主資本 + 有利子負債）}$$

EBIT（Earnings before Interests and Taxes）とは、他人資本を含む資本に対する（税引前）付加価値を計る指標であり（支払金利前税引前利益）、次の算式等で求められる。

EBIT＝税引前当期純利益＋支払利息－受取利息

(3) 株式の市場価格の状況を示す指標

　株式の市場価格の状況を示す指標は、職務執行期間開始日の属する事業年度開始の日以後の所定の期間若しくは職務執行期間開始日以後の所定の日における法人又はその法人との間に完全支配関係がある法人の株式の市場価格又はその平均値その他の株式の市場価格に関する指標であることを要する。この職務執行期間開始日については、その役員がいつから就任するかなど個々の事情によるのであるが、例えば、定時株主総会において役員に選任された者で、その日に就任した者及び役員に再任された者にあっては、その定時株主総会の開催日となる（法基通9－2－17の5、9－2－16）。

　株式の市場価格に関する指標については、次のような法令の規定が設けられている（法令69⑪）。

3 業績連動給与の算定方法　*157*

（A）法第34条第1項第3号イに規定する所定の期間又は所定の日における株式（法人又はその法人との間に完全支配関係がある法人の株式に限る。）の市場価格又はその平均値（法令69⑪一）

（B）（A）の指標の数値が確定値（同号に規定する所定の期間以前の期間又は同号に規定する所定の日以前の日における次に掲げる指標の数値その他の目標とする指標の数値であって既に確定しているものをいう。以下この号において同じ。）を上回る数値又は前号に掲げる指標の数値の確定値に対する比率（法令69⑪二）

  a　（A）の指標に相当する指標の数値

  b　金融商品取引法第2条第16項（定義）に規定する金融商品取引所に上場されている株式について多数の銘柄の価格の水準を総合的に表した指標の数値

（C）（A）の指標の数値に（A）の所定の期間又は所定の日の属する事業年度における有価証券報告書に記載されるべき発行済株式の総数を乗じて得た額（法令69⑪三）

（D）法第34条第1項第3号イに規定する所定の期間又は所定の日における株式の市場価格又はその平均値が確定値（その所定の期間以前の期間又はその所定の日以前の日における当該株式の市場価格の数値で既に確定しているものをいう。）を上回る数値とその所定の期間開始の日又はその所定の日以後に終了する事業年度の有価証券報告書に記載されるべき支払配当の額を発行済株式の総数で除して得た数値とを合計した数値の当該確定値に対する比率（法令69⑪四）

（E）（A）～（D）の指標に準ずる指標（法令69⑪五）

　（A）の指標の市場価格又はその平均値に係る株式は、法人又はその法人との間に完全支配関係のある法人の株式に限られている。また、市場価格又はその平均値は「所定の期間又は所定の日」におけるものであるが、これは、「職務執行期間開始日の属する事業年度開始の日以後の所定の期間又は職務執行期間開始日以後の所定の日」である（法法34①三イ）。

　（B）の指標は、（A）の指標の数値が株価等の確定値を上回る数値又は

（A）の指標の数値の確定値に対する比率を指標とするものである。この株価等の確定値は、所定の期間以前の期間又は所定の日以前の日における次に掲げる指標の数値その他の目標とする指標の数値であって既に確定しているものである。

① （A）の指標に相当する指標の数値
② 金融商品取引所に上場されている株式について多数の銘柄の価格の水準を総合的に表した指標の数値

　このため、具体的には、株価増減額や騰落率（過年度比、計画比、他社比等）、株価インデックス（TOPIX、日経平均株価、JPX日経インデックス400等）と対比した騰落率等が、この指標となる。

　（C）の指標は、（A）の指標の数値に発行済株式の総数を乗じた額（時価総額）である。この発行済株式の総数は、（A）の所定の期間又は所定の日の属する事業年度における有価証券報告書に記載されるべきものにより、発行済株式からは自己が有する自己の株式は除かれる（法令69⑪三、69⑩三）。

　（D）の指標は、株式の市場価格又はその平均値が株価の確定値を上回る数値と支払配当の額を発行済株式の総数で除して得た数値とを合計した数値のその確定値に対する比率である。この株価の確定値は、その所定の期間以前の期間又はその所定の日以前の日における数値で既に確定しているものにより、支払配当の額は、その所定の期間開始の日又はその所定の日以後に終了する事業年度の有価証券報告書に記載されるべきものにより、また、発行済株式からは、自己が有する自己の株式は除かれる（法令69⑪四、69⑩三）。例えば、TSR（Total Shareholders Return、株主総利回り）は、これに該当する。

（注）TSR（Total Shareholders Return）とは、キャピタルゲインと配当を合わせた、株主にとっての総合投資利回り（株主総利回り）であり、次のように計算される。

$$TSR = \frac{一定期間に得られた投資利益（キャピタルゲイン＋配当）}{投資額（株価）} \times 100$$

　（E）の指標は、上記（A）から（D）までの指標を組み合わせて得た指標、これらの指標そのものではないがこれらに類似するもの等である。上記（C）及び（D）の有価証券報告書に記載されるべき事項を任意的記載事項とした場合のこれらの指標は、（A）〜（D）の指標に準ずる指標に含まれる（法基通9－2－17の4（注））。

(4)　売上高の状況を示す指標

　売上高の状況を示す指標は、職務執行期間開始日以後に終了する事業年度の売上高、売上高に有価証券報告書に記載されるべき事項による調整を加えた指標であり、利益の状況を示す指標又は株式の市場価格の状況を示す指標と同時に用いられるもので、有価証券報告書に記載されるものであることを要する。この職務執行期間開始日については、その役員がいつから就任するかなど個々の事情によるのであるが、例えば、定時株主総会において役員に選任された者で、その日に就任した者及び役員に再任された者にあっては、当該定時株主総会の開催日となる（法基通9－2－17の5、9－2－16）。

　売上高に関する指標については、次のような法令の規定が設けられている（法令69⑫）。

（A）　対象事業年度における有価証券報告書に記載されるべき売上高の額（法令69⑫一）

（B）（A）の指標の数値から対象事業年度における有価証券報告書に記載されるべき費用の額を減算して得た額（法令69⑫二）

（C）（A）・（B）の指標の数値が対象事業年度前の事業年度のその指標に相当する指標の数値その他の対象事業年度において目標とする指標の数値であって既に確定しているもの（確定値）を上回る数値又は（A）・（B）の指標の数値の確定値に対する比率（法令69⑫三）

160　第6章　業績連動給与

（D）（A）〜（C）の指標に準ずる指標（法令69⑫四）

　（A）の売上高の額については、対象事業年度における有価証券報告書に記載されるべきものであることが求められている。このため、売上高、商品売上高等といった売上のほか、セグメント別の売上（事業別・地域別等で区分した売上）によることが認められる。

　（B）の指標は、売上高の額から所定の費用の額を減算して得た額を指標とするものである。例えば、酒税抜売上高（売上高－租税公課）等がある。

　（C）の指標は、売上高の額若しくは売上高の額から所定の費用の額を減算して得た額が確定値を上回る数値又は売上高の額若しくは売上高の額から所定の費用の額を減算して得た額の確定値に対する比率を指標とするものである。この確定値は、対象事業年度前の事業年度のその指標に相当する指標の数値その他の対象事業年度において目標とする指標の数値であって既に確定しているものであり、増減額、騰落率、計画比、他社比等が考えられる。

　（D）の指標は、上記（A）〜（C）に準ずる指標である。（A）又は（B）の有価証券報告書に記載されるべき事項を任意的記載事項とした場合の（A）から（C）までに掲げる指標は、（A）〜（C）の指標に準ずる指標に含まれる（法基通9－2－17の4（注））。

(5) 指標の要件

i　概括

　損金算入が認められる業績連動給与の算定方法の基礎となる指標は、上記(1)のように分類されるが、この指標については、客観的なものであることが求められている。具体的には、次の要件を満たしていることが必要である（法法34①三イ・ロ）。

① 　金銭による給与については確定した額を、株式又は新株予約権によ

る給与については確定した数を、それぞれ限度としているものであり、かつ、他の業務執行役員に対して支給する業績連動給与に係る算定方法と同様のものであること（法法34①三イ(1)）

② 所定の日までに、報酬委員会（会社法404③）（その法人の業務執行役員又は当該業務執行役員と所定の特殊の関係のある者がその委員になっているものを除く。）が決定をしていることその他の所定の適正な手続きを経ていること（法法34①三イ(2)）

③ その内容が、適正な手続き（上記②）の終了の日以後遅滞なく、有価証券報告書に記載されていることその他所定の方法により開示されていること（法法34①三イ(3)）

④ その他政令で定める要件（法法34①三ロ）

ii 確定額等の限度

　上記 i の要件のうち①では、まず、金銭による給与につき確定額を限度とし、株式又は新株予約権による給与につき確定数を限度とすることとしている（法法34①三イ(1)）。これは、その支給する金銭の額又は適格株式若しくは適格新株予約権の数の上限が具体的な金額又は数をもって定められていることを求めるものである。このため、例えば、「○○円を限度とする」といった定め方はこれに該当するが、「経常利益の○○％に相当する金額を限度として支給する。」という定め方は、これに当たらない（法基通9－2－18）。また、平成29年度税制改正により、特定譲渡制限付株式等による給与で無償で取得される株式の数が役務提供期間以外の事由により変動するものは業績連動給与に該当することになっているが（法34⑤）、この譲渡渡制限付株式等による給与が業績連動給与として損金算入されるためには、確定した数を限度としている必要がある（法34①三イ）。そして、譲渡制限付株式等による給与で交付される株式の数のうち無償で取得される数が役務提供期間以外の事由により変動するものは、算定方法の内容の定めとならないため、無償で取得する株式の数

162　第6章　業績連動給与

が業績指標に応じて変動するものは、損金算入が認められる業績連動給
与に該当しない（法基通9−2−16の2）。

　次に、算定方法についてであるが、これは、他の業務執行役員に対し
て支給する業績連動給与に係る算定方法と同様のものであることが必要
となっている[29]。

ⅲ　適正な手続き

（ⅰ）適正な手続きの内容

　上記ⅰの要件のうち②では、報酬委員会（会社法404③）が決定をしてい
ること等所定の適正な手続きを経ていることを求めている（法法34①三イ
(2)）。

　平成29年度税制改正により、非同族法人による完全支配関係がある場
合の同族会社が支給する業績連動給与も損金算入が認められることに
なったため、この所定の適正な手続きは、法人が同族会社か否かに応じ
て定められ、令和元年度税制改正により、その内容が見直されている（法
令69⑯⑰）。

（法人が同族会社でない場合）

> ①　法人の報酬委員会（会社法404条③）の決定（法令69⑯一）
>
> 　A　報酬委員会の委員の過半数が独立社外取締役であること
>
> 　　（注）独立社外取締役とは、社外取締役（会社法2二十五）のうち職務の独立
> 　　　性が確保された者（独立職務執行者）である者をいう（法令69⑭）。
>
> 　B　法人の業務執行役員と特殊の関係のある者（特殊関係者）が報酬委
> 　　員会の委員でないこと

---

[29]　この要件については、例えば、営業部門担当役員については営業利益率を指標とし、財務部門
　担当役員についてはROEを指標とする等、役員の職務の内容等に応じて有価証券報告書に記載さ
　れている指標を用いて合理的に定められている場合には、役員ごとに指標が異なることを妨げる
　ものではないと解されています（「攻めの経営」を促す役員報酬〜企業の持続的成長のためのイン
　センティブプラン導入の手引〜79頁（2019年5月時点版）経済産業省）。

C　報酬委員会の委員である独立社外取締役の全員がその決議に賛成していること

②　法人（指名委員会等設置会社を除く。）の株主総会の決議による決定（法令69⑯二）。

③　法人（指名委員会等設置会社を除く。）の報酬諮問委員会に対する諮問その他の手続を経た取締役会の決議による決定（法令69⑯三）。

　　A　報酬諮問委員会の委員の過半数が独立社外取締役等であること
　　　（注）独立社外取締役等には、社外監査役（会社法2十六）である独立職務執行者を含む。
　　B　業務執行役員に係る特殊関係者が報酬諮問委員会の委員でないこと
　　C　報酬諮問委員会の委員である独立社外取締役等の全員が諮問に対する報酬諮問委員会の意見に係る決議に賛成していること
　　D　決定に係る給与の支給を受ける業務執行役員がCの決議に参加していないこと
　　　（注）報酬諮問委員会は、取締役会の諮問に応じ、法人の業務執行役員の個人別の給与の内容を調査審議し、及びこれに関し必要と認める意見を取締役会に述べることができる3人以上の委員から構成される合議体である。

④　上記①から③の手続に準ずる手続

（法人が同族会社である場合）

①　完全支配関係法人の報酬委員会（会社法404③）の決定に従ってするその法人の株主総会又は取締役会の決議による決定（法令69⑰一）
　　（注）完全支配関係法人とは、法人との間に完全支配関係がある法人であって、同族会社は除かれる（法令69⑰一）。
　　A　報酬委員会の委員の過半数が完全支配関係法人の独立社外取締役であること
　　B　次の者（完全支配関係法人の業務執行役員を除く。）が報酬委員会の委員でないこと
　　　a　法人の業務執行役員
　　　b　法人又は完全支配関係法人の業務執行役員に係る特殊関係者

C 報酬委員会の委員である完全支配関係法人の独立社外取締役の全員がその決議に賛成していること

② 完全支配関係法人（指名委員会等設置会社を除く。）の報酬諮問委員会に対する諮問その他の手続を経たその完全支配関係法人の取締役会の決議による決定に従ってするその内国法人の株主総会又は取締役会の決議による決定（法令69⑰二）。

A 報酬諮問委員会の委員の過半数が完全支配関係法人の独立社外取締役等であること

B 次の者（完全支配関係法人の業務執行役員を除く。）が報酬諮問委員会の委員でないこと

a 法人の業務執行役員

b 法人又は完全支配関係法人の業務執行役員に係る特殊関係者

C 報酬諮問委員会の委員である完全支配関係法人の独立社外取締役の全員が諮問に対する報酬諮問委員会の意見に係る決議に賛成していること

D 決定に係る給与の支給を受ける業務執行役員がCの決議に参加していないこと

③ 上記①・②の手続に準ずる手続

上記の「独立職務執行者」とは、報酬委員会又は報酬諮問委員会を置く法人（設置法人）の取締役又は監査役であって、次のいずれにも該当しない者である（法令69⑱）。

① 算定方法（法法34①二イ）についての手続の終了の日（法令69⑯各号、⑰各号）の属する法人の会計期間開始の日（法法34①三）の一年前の日からその手続の終了の日までの期間内のいずれかの時において次に掲げる者に該当する者（Dに該当する者にあっては同日において設置法人の監査役であるものに限る。）。

A 設置法人の主要な取引先である者又はその者の業務執行者（法規22の3③、会社法施行規則2③六）

B 設置法人を主要な取引先とする者又はその者の業務執行者

C　設置法人と設置法人以外の法人との間にその法人による支配関係が
　　ある場合の法人（親法人）の業務執行者又は業務執行者以外の取締役
　D　親法人の監査役
　E　設置法人との間に支配関係がある法人（親法人及び設置法人による
　　支配関係がある法人を除く。）の業務執行者
②　①に規定する期間内のいずれかの時において次に掲げる者に該当する
　者の配偶者又は二親等以内の親族（G、Ⅰ又はKに掲げる者に該当する
　者の配偶者又は二親等以内の親族にあっては、①に規定する終了の日に
　おいて設置法人の監査役であるものに限る。）
　F　AからCまで又はEに掲げる者（業務執行者にあっては、使用人（会
　　社法施行規則２③六ハ）のうち重要な使用人でない者（法規22の３④）
　　を除く。）
　G　Dに掲げる者
　H　設置法人の業務執行者（使用人（会社法施行規則２③六ハ）のうち
　　重要な使用人でない者を除く。）
　Ⅰ　設置法人の業務執行者以外の取締役又は会計参与（会計参与が法人
　　である場合には、その職務を行うべき社員）
　J　設置法人による支配関係がある法人の業務執行者（使用人（会社法
　　施行規則２③六ハ）のうち重要な使用人でない者を除く。）
　K　設置法人による支配関係がある法人の業務執行者以外の取締役又は
　　会計参与（会計参与が法人である場合には、その職務を行うべき社員）

　このように、業績連動給与の適正な手続きに関する要件の判定に当たっ
ては、独立社外取締役（法法34①三イ(2)）、独立社外取締役等（法令69⑯三
イ、⑰二イ）であるかどうかが問題とされている。これらの判定に当たっ
ては、その手続きの終了の日（法令69⑯各号、⑰各号）の現況による（法
令69⑳）。

（ⅱ）適正な手続きの決定期限
　所定の適正な手続きは、職務執行期間開始日の属する会計期間開始の

日から３月を経過する日までになされていることが必要である（法法34①三イ⑵)、法令69⑬)。ただし、この日は、確定申告書の提出期限の延長の特例（法75条の２①各号）の指定を受けている法人については、その指定に係る月数に２を加えた月数となる（法令69⑬)。

（ⅲ）適正な手続きの決定機関

　手続きの透明性、適正性の確保のために、前述ⅲ（ⅰ）の所定の手続きが求められている。この手続きについては、報酬委員会等の決定によりなされることが必要となっているが（法法34①三イ⑵)、法令69⑯⑰)、報酬委員会は、執行役等（執行役及び取締役をいい、会計参与設置会社にあっては、執行役、取締役及び会計参与をいう。）の個人別の報酬等の内容を決定する権限を有しており（会社法404③)、その手続きの透明性・適正性を確保するため、その法人の業務執行役員の特殊関係者（同族会社の場合には、その法人の業務執行役員、その法人又はその完全支配関係法人の業務執行役員に係る特殊関係者）は、この報酬委員会の委員となれない（法法34①三イ⑵)、法令69⑯⑰)。この特殊関係者は、次の者である（法令69⑮)。

　①　業務執行役員（法法34①三）の親族
　②　業務執行役員と婚姻の届出をしていないが事実上婚姻関係と同様の事情にある者
　③　業務執行役員（個人である業務執行役員に限る。）の使用人
　④　上記①〜③以外の者で業務執行役員から受ける金銭その他の資産によって生計を維持しているもの
　⑤　上記②〜④の者と生計を一にするこれらの者の親族

　また、報酬諮問委員会は、取締役会の諮問に応じ、法人の業務執行役員の個人別の給与の内容を調査審議し、及びこれに関し必要と認める意見を取締役会に述べることができる３人以上の委員から構成される合議体であるが、その決定においても、同様に、その法人の業務執行役員の特殊関係者（同族会社の場合には、その法人の業務執行役員、その法人又は

その完全支配関係法人の業務執行役員に係る特殊関係者）は、その報酬諮問委員会の委員となれない（法法34①三イ（2）、法令69⑮⑯⑰）。

（iv）適正な手続きの開示

上記iの要件のうち③では、適正な手続きの内容を適正な手続きの終了の日以後遅滞なく、有価証券報告書に記載されていることその他財務省令で定める方法により開示することを求めている（法法34①三イ(3)）。

開示の方法については、有価証券報告書に記載することのほか、次の方法がある（法規22の3⑤）。

① 四半期報告書（金融商品取引法24条の4の7①）に記載する方法

② 半期報告書（金融商品取引法24条の5①）に記載する方法

③ 臨時報告書（金融商品取引法24条の5④）に記載する方法

④ 金融商品取引所の業務規程又はその細則を委ねた規則（金融商品取引法2⑯、金融商品取引所等に関する内閣府令（平成19年内閣府令第54号）63②三）に規定する方法に基づいて行う当該事項に係る開示による方法

法人が同族会社である場合については、有価証券報告書（法法34①三イ）又は上記①から③までの報告書（法規22の3⑤一～三）は、その法人との間に完全支配関係がある法人であって同族会社でない法人（完全支配関係法人）が提出するこれらの報告書となり、また、上記④の開示（法規22の3⑤四）は、完全支配関係法人が行う開示となる（法規22の3⑥）。

算定方法の内容の開示は、業務執行役員のすべてについて、その業務執行役員ごとに次の事項を開示することが求められている（法基通9-2-19本文）。

① 業績連動給与の算定の基礎となる業績連動指標（法令69⑲一イ(1)）

② 支給の限度としている確定した額（適格株式又は適格新株予約権による給与については、確定した数）

③ 客観的な算定方法の内容

168　　第6章　業績連動給与

　ただし、算定方法の内容の開示は、個々の業務執行役員ごとに算定方法の内容が明らかになるものであれば、同様の算定方法を採る業績連動給与について包括的に開示することとしていても差し支えない（法基通9－2－19（注））。

　なお、業績連動給与の算定方法の内容が開示の対象であることから、業務執行役員の個人名の開示は必要なく、その肩書きごとに業績連動給与の算定方法の内容が明らかにされていれば足りる[30]。

　なお、適格株式と一に満たない端数の適格株式の価額に相当する金銭を併せて交付することを定めている業績連動給与についての開示は、交付する適格株式の数の算定方法の内容のみの開示で差し支えなく、端数株式の価額相当額の金銭支給の有無の開示を要しない（法基通9－2－19の2）。適格新株予約権を交付する場合の開示も同様である（法基通9－2－19の2（注））。

30　九訂版法人税基本通達逐条解説849頁

第7章

過大役員給与

170　第 7 章　過大役員給与

① 概論

　内国法人がその役員に対して支給する給与の額のうち「不相当に高額な部分の金額」は、その内国法人の各事業年度の所得の金額の計算上、損金の額に算入しないこととされている（法法34②）。ただし、定期同額給与、事前確定届出給与及び損金算入要件を満たす業績連動給与とならない給与（法法34①）の金額並びに仮想隠蔽により支給した役員給与（法法34③）の金額は、その全額が損金不算入とされており、不相当に高額な部分の金額があるかどうかを問題としない。

　役員に対して支給する給与のうち「不相当に高額な部分の金額」を規定する法人税法施行令の規定は、役員に対して支給する給与を次のように区分している（法令70）。

---

①　退職給与以外のものの額（③を除く。）

②　退職給与

③　使用人兼務役員の使用人としての職務に対する賞与（他の使用人に対する賞与の支給時期と異なる支給時期に支給したもの）

　このように、役員に対して支給する退職給与や使用人兼務役員の使用人としての職務に対する賞与についても、「不相当に高額な部分の金額」が損金不算入となるが（法法34②）、その具体的な判定基準は、別異のものとなっている。本章では、①の退職給与以外の役員給与につき論述する。②の退職給与及び③の使用人兼務役員の使用人としての職務に対する賞与については、章を改めて論述する（第9章・11章）。

　なお、使用人に対して支給する給与ではあるが、法人が役員と特殊の関係のある使用人に対して支給する給与の額のうち不相当に高額な部分の金額は損金不算入となる（法法36）。これについても、章を改めて論述する（第10章）。

② 不相当に高額な部分の金額の判定基準

　退職給与以外の役員給与につき損金不算入となる「不相当に高額な部分の金額」は、次の①実質基準及び②形式基準により判定する。このうちの形式基準は、「定款の規定又は株主総会、社員総会若しくはこれらに準ずるものの決議により役員に対する給与として支給することができる金銭の額の限度額若しくは算定方法又は金銭以外の資産の内容を定めている内国法人」に適用する。形式基準を適用する法人につき下記①及び②ともに高額部分が判定される場合には、いずれか多い金額が「不相当に高額な部分の金額」となる。

① 実質基準（法令70一イ）

> 　内国法人が各事業年度においてその役員に対して支給した給与の額（使用人兼務役員の使用人としての職務に対する賞与で、他の使用人に対する賞与の支給時期と異なる時期に支給したものの額に相当する金額を除く。）が、役員の職務の内容、その内国法人の収益及びその使用人に対する給与の支給の状況、その内国法人と同種の事業を営む法人でその事業規模が類似するものの役員に対する給与の支給の状況等に照らし、当該役員の職務に対する対価として相当であると認められる金額を超える場合のその超える部分の金額（その役員の数が2以上である場合には、これらの役員に係る当該超える部分の金額の合計額）

② 形式基準（法令70一ロ）

> 　定款の規定又は株主総会、社員総会若しくはこれらに準ずるものの決議により役員に対する給与として支給することができる金銭の額の限度額若しくは算定方法又は金銭以外の資産（支給対象資産）の内容（限度額等）を定めている内国法人が、各事業年度においてその役員（当該限度額等が定められた給与の支給の対象となるものに限る。）に対して支給した給与の額（使用人兼務役員に対して支給する給与のうちその使用人としての職務

172　第7章　過大役員給与

に対するものを含めないで当該限度額等を定めている内国法人については、当該事業年度において当該職務に対する給与として支給した金額（使用人兼務役員の使用人としての職務に対する賞与で、他の使用人に対する賞与の支給時期と異なる時期に支給したものの額に相当する金額を除く。）のうち、その内国法人の他の使用人に対する給与の支給の状況等に照らし、当該職務に対する給与として相当であると認められる金額を除く。）の合計額が当該事業年度に係る当該限度額及び当該算定方法により算定された金額並びに当該支給対象資産（当該事業年度に支給されたものに限る。）の支給の時における価額（第71条の3第1項（確定した数の株式を交付する旨の定めに基づいて支給する給与に係る費用の額等）に規定する確定数給与にあつては、同項に規定する交付決議時価額）に相当する金額の合計額を超える場合におけるその超える部分の金額（同号に掲げる金額がある場合には、当該超える部分の金額から同号に掲げる金額に相当する金額を控除した金額）

③　実質基準

(1)　意義等

　実質基準は、内国法人が各事業年度においてその役員に対して支給した給与の額が、役員の職務の内容、その内国法人の収益及びその使用人に対する給与の支給の状況、その内国法人と同種の事業を営む法人でその事業規模が類似するものの役員に対する給与の支給の状況等に照らし、当該役員の職務に対する対価として相当であるかどうかを判定する（法令70一イ）。

　実質基準は、「その役員の数が2以上である場合には、これらの役員に係る当該超える部分の金額の合計額」を不相当に高額な部分の金額と規定していることからもわかるように、役員ごとにこの金額を求めることになる（図表7-1）。このため、適正報酬額に満たない役員給与の支給

があっても、その不足額は超過額と通算されない。

図表7-1　実質基準の計算例

役職	役員	支給額 （定期同額給与）	適正報酬額	不相当に高額 な部分の金額
代表取締役社長	A	22,000,000円	16,000,000円	6,000,000円
専務取締役	B	8,000,000円	10,000,000円	0円
常務取締役	C	12,000,000円	9,000,000円	3,000,000円
合　計		42,000,000円	35,000,000円	9,000,000円

　なお、実質基準が適用されることになる役員であるが、実質基準（法令90一イ）の「役員」は、法人税法で定義される役員であることから（法令1、法法2十五）、みなし役員がこれに含まれる。

　また、実質基準の適用により高額判定の要素となる金額が算定されることになるが、形式基準によってもこの金額が算定されることになる場合には、このうちのいずれか多い金額が「不相当に高額な部分の金額」となる（法令70一）。

(2) 判定要素

　実質基準は、個々具体的なケースごとに諸要素による総合判断を行い、役員に対して支給した給与の額が役員の職務に対する対価として相当であるかどうかを判定する。実質基準での判定要素は、①役員の職務の内容、②内国法人の収益の状況、③使用人に対する給与の支給の状況、④内国法人と同種の事業を営む法人でその事業規模が類似するものの役員に対する給与の支給の状況が例示されている。

（ⅰ）役員の職務の内容

　　個々の役員の職務の内容から生じる責任に見合ったものであるかどうかを検討することになるが、それと同時に、代表取締役、専務取締役、常務取締役、その他の取締役等といった役員間での支給額の比較

を行うことが求められる。

（ii）法人の収益の状況

　売上金額、売上総利益、経常利益等の収益の諸要素の比較を行うことが求められる。

（iii）使用人に対する給与の支給の状況

　使用人1人当たりの平均給与額や使用人給与の最高額等の給与の支給状況の諸要素の比較を行うことが求められる。

（iv）法人と同種の事業を営む法人でその事業規模が類似するものの役員に対する給与の支給の状況

　類似法人との比較をする場合、この類似法人をどのようにして選定するのかといったことについて、いくつかの問題がある。類似法人の選定範囲（各国税局管内、全国等といった選定範囲）、類似法人の事業規模の判定基準（売上等の事業規模に係る各比準要素をどのようにウエイト付けするか）、比較することになる類似法人の役員給与の支給額のとり方（平均値か，最高値か）等といった問題である。

　なお、課税庁による課税処分や判例の判示では、法人と同種の事業を営む法人でその事業規模が類似する法人（類似法人）を抽出し、その類似法人の売上金額等を参酌して比準報酬月額を算出し、これと法人の支給した役員給与の額とを比較するといった手法が使用されることがある。この比準報酬月額の具体的な算出方法は、類似法人の売上金額、売上総利益率、使用人最高給与額及び個人換算所得金額の4項目（比準4項目）のそれぞれについて平均額を算出した上で、法人の比準4項目のそれぞれを類似法人の当該項目の平均額で除したものを加重平均し、これにより算出した割合に、類似法人の代表取締役報酬額の平均額を乗じた上、これを12か月で除して計算するといった方法である[31]。

31　名古屋地裁平成11年5月17日、大分地裁平成20年12月1日判決等

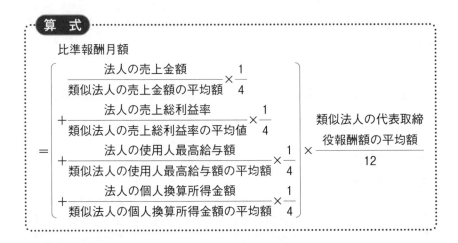

(3) 使用人兼務役員に対して支給する使用人分の給料、手当等

実質基準の判定上の「その役員に対して支給した給与の額」には、使用人兼務役員に対して支給する使用人分の給料、手当等の額が含まれる（法基通9－2－21）。このことから、使用人兼務役員に支給した役員給与についての実質基準の判定では、その使用人分の給料、手当を含めた合計額で、次のように行うことになる。

図表7－2　使用人兼務役員へ支給した役員給与の過大判定

役職・役員	支給額 （定期同額給与）	適正報酬額	不相当に高額 な部分の金額
取締役営業部長D	9,000,000円 （内、使用人分 4,000,000円）	8,000,000円 （内、使用人分 2,000,000円）	1,000,000円

なお、使用人兼務役員の使用人としての職務に対する賞与で他の使用人に対する賞与の支給時期と異なる時期に支給したものは、不相当に高額な部分の金額として損金不算入となることから（法令70三）、実質基準での判定対象となる役員給与の額からこれが除かれている（法令70一イ）。このため、使用人兼務役員に支給する役員給与の実質基準の判定におい

176 第7章 過大役員給与

ては、他の使用人に対して支給する賞与の支給時期が同一である賞与を含めることになる。

図表7-3 使用人兼務役員に支給した役員給与の実質基準の適用

役員に対して支給した給与の額	役員給与相当額	職務に対する対価として相当であると認められる金額	職務に対する対価として相当であると認められる金額を超える金額（損金不算入）
	使用人給与相当額		
	費用処理額	税務上の判定	

(4) 争訟事例

実質基準では、①役員の職務の内容、②内国法人の収益の状況、③使用人に対する給与の支給の状況、④内国法人と同種の事業を営む法人でその事業規模が類似するものの役員に対する給与の支給の状況等を考慮することになる。しかし、この実質基準の判定基準が画一的とはいえないものであることから、適正な役員報酬等の額につき、しばしば課税当局の判断と異なることになる事例が生じている。

実質基準による具体的な判定に当たり、類似法人を抽出して、その支給額との比較検討を行うことがあるが、この類似法人の抽出に関しても、争訟事例は少なくない。

3　実質基準　　*177*

（実質基準に関する争訟事例）

○　（類似法人の役員報酬額の平均値を基準とし、法人にこれを増減すべき固有の特別事情があるか否かを検討すべきとの主張に対して、）類似法人間で報酬額に多少の差異があるのが通常であり、その場合に原則として平均値が相当な報酬額であり、特殊事情がなければ、平均値を超える額は常に不相当に高額な部分になるとすることはできないから、平均値が原則として相当な報酬額の上限であるとすべき合理的根拠はない（TAINS 法人税　高裁　Z208-7492）。

○　類似法人の抽出において、法人〔外衣製造業（和式を除く）〕と同種の営業を営み、規模の類似する（売上金額の倍半基準）一定地区内の法人を抽出したことは合理的である（TAINS 法人税　高裁　Z208-7492）。

○　（類似法人の抽出基準について、業種、規模、地区を限定することはそれらの法人の役員報酬の平均レベルが低い場合には公平に反するとの主張に対して、）一般的に見て同業種・類似規模で同地域にあれば、当該法人も同様の経済状況にあり、また、その役員の役務に対する報酬として通常支払われる額も類似するといえる（TAINS 法人税　高裁　Z208-7492）。

○　類似法人との役員報酬の検討において、法人の期末資産合計額が類似法人の平均の1.2倍、役員報酬を除外しない営業利益は1.4倍であるにもかかわらず、その役員報酬額は、類似法人の平均の2.56倍又は2.93倍であり、類似法人の役員最高報酬額と比較しても、1.26倍又は2.14倍であるから、類似法人と比較して法人における役員報酬額は著しく高額である（TAINS 法人税　高裁　Z208-7492）。

○　法人の売上金額は、類似法人の売上金額の平均額とほぼ一致しており、法人の役員の報酬が類似法人の役員の平均報酬額を下回ることは相当でなく、また、法人の売上金額の増加及び売上総利益の増加を加味して考慮し、前年の報酬の1.5倍までは、相当な報酬の範囲であるから、いずれか高い金額を超える金額が不相当に高額な役員報酬となる（TAINS 法人税　高裁　Z208-7492）。

178　第7章　過大役員給与

○　法人の売上金額の対前年度増加比率及び使用人給与総額は類似法人の平均値に近似しているが、個人換算所得は類似法人の1.4倍、使用人給与最高額は同1.3倍、役員報酬の額は類似法人の平均値の2.53倍であり、類似法人最高額の2倍であるから、類似法人と比較して著しく高額である（TAINS 法人税　地裁　Z215-7696）。

○　代表者に対する適正役員報酬額は、法人の収益の伸び率及び類似法人における役員報酬の支給状況等に照らして、前年度報酬額の1.53倍（売上金額の伸び率）を超えることはない（TAINS 法人税　地裁　Z215-7696）。

○　（自動車部品製造業を営む法人の代表取締役社長が代表取締役会長となってからの役員報酬につき、職務内容が代表取締役社長当時に比べて大きな相違があり、また、法人の事務所には甲の執務場所もないところから、非常勤の代表取締役としての類似法人を選定したことに対して、代表取締役の日常的な業務は相当程度軽減していると認めた上で、）代表取締役の日常の活動は極めて広範なものであり甲が代表権を有することは主要取引先との関係上影響力が大きく、また、金融機関における甲の知名度が高く信用が大きいこともあって、代表取締役は後見役として請求人の経営上重要な事項について代表権を行使する地位に留まって常勤役員の職責を果たしており、原処分庁が非常勤役員の勤務する5社を類似法人として選定したことは不相当である（TAINS 法人税　裁決　F0-2-039）。

○　（法人の営業種目は、靴小売業であって、不動産賃貸による収入は、単なる営業外の家賃収入とみるのが相当と認められること、また、不動産賃貸に係る主たる取引には従事しておらず、経常的管理事務は不動産業者に委託しているなどのことから、）請求人の代表者の妻は、この事務には殆ど関与しておらず、同人は専ら請求人の靴小売業にたずさわっているものと認められる。したがって、同人の職務の対価としての役員報酬の額を検討するために、靴小売業者を類似法人として選定することは適

法なものと認められる（TAINS 法人税 裁決 F0-2-180）。

○　（類似法人の抽出において、比準4項目（類似法人の売上金額、売上総利
益率、使用人最高給与額及び個人換算所得金額）を用いること、これらを
同等に扱うこと及び申告所得金額を重視しないこと並びに類似法人が
原告会社より規模が小さいことの合理性について疑問があるとの主張
に対して、）「事業規模」に関する指標として売上金額を、「収益」に関
する指標として売上総利益率を、「使用人に対する給料の支給の状況」
に関する指標として使用人最高給与額を、役員との金銭の出入りに関
する要素等を排除した実質的な所得金額に関する指標として個人換算
所得金額をそれぞれ比準項目としたのであるから、その内容に照らせ
ば、これらの項目を用いるとともに、これらを同等に扱うことは合理
的であるということができ、申告所得金額の内容は事業規模に関する
指標であるところ、同指標は売上金額でもって評価されているととも
に、個人換算所得金額においても評価されているし、比準4項目を用
いれば、類似法人が法人より規模が小さいことによる影響は捨象され
る（TAINS 法人税 裁決 Z258-11096）。

○　（類似法人の抽出において、倍半基準を申告所得金額、総資産価額、純資
産価額及び売上総利益率等の各項目についても適用して適正に抽出すべき
であるとの主張について）類似法人の抽出は、適正役員報酬額を算定す
る一つの資料、指標を得るための手段にすぎないことに鑑みれば、類
似法人の範囲を事業規模の点から一定の範囲内に絞るために使用され
る倍半基準の適用においては、比準4項目中の事業規模に関する指標
である売上金額のみに適用することで十分である（TAINS 法人税 裁
決 Z258-11096）。

○　（適正役員報酬月額を算定するに際しては、単年度の数値のみを調査の対
象とするのではなく、複数年度の数値を用いる方が単年度の特殊事情が希
釈化される結果、比準法人としての適格性を有する法人を抽出することが
可能になるとの法人の主張について）、複数の類似法人を抽出した上でそ

180　第7章　過大役員給与

の平均値を算出し、比準4項目を用いることにより、類似法人の間に通常存在する諸要素の差異やその個々の特殊性が捨象されるから、単年度の数値のみを用いて算定しても十分であるし、適正役員報酬月額は、平成15年3月期のものについて算出するのであるから、法人の数値は同期のものを使用すべきであり、そうであれば、類似法人の数値についても同期の数値を使用するのが相当というべきである（TAINS 法人税　裁決　Z258-11096）。

○　（代表取締役及び取締役の適正給与額の算定に当たり、法人と同業種で売上金額が倍半基準内にある同業類似法人の代表取締役及び取締役に対して支給した役員給与の最高額を適正給与額とすることに関して、）当該最高額をもって適正給与額とすることは、当該役員給与を支給した法人の特殊事情が反映されるから相当とはいえず、また、同業類似法人の中に、たまたま不相当に高額な部分の金額が含まれた役員給与を支給しているものがあったときは明らかに不合理な結論となる。したがって、代表取締役及び取締役に対して支給した役員給与の最高額の平均額をもって適正給与額とすることが、これら同業類似法人に通常存在する差異やその個々の特殊事情等が可及的に捨象されるので、合理的かつ客観的である（TAINS 法人税　裁決　F0-2-506）。

○　（類似法人について、税務署管内等の狭い地域から、少ない数社だけのサンプルを選ぶのは妥当ではない旨の主張について、）一般的に、同業種、類似規模で同地域にあれば、当該法人も同様の経済状況にあり、また、その役員の役務に対する報酬として通常支払われる額も類似すると認められることから、本件類似法人の選定に当たって採用した要素、基準自体には合理性に問題はない（TAINS 法人税　裁決　F0-2-331）。

○　（監査役に対する給与支給額の最高額をもって適正役員給与額としているが、）類似法人の給与支給額の最高額をもって適正役員給与額とすることは、当該最高額の役員給与を支給する法人の特殊事情がそのまま反映され相当とはいえず、また、類似法人の中にたまたま不相当に高額

な部分の金額が含まれた役員給与を支給しているものがあったときには不合理な結論となる。一方、類似法人における役員に対する給与支給額の平均額をもって適正役員給与額とすることは、仮に抽出された類似法人に諸要素の差異や特殊事情が存在したとしても、これらの差異や個々の特殊事情が捨象され、より平準化された数値が得られるものとなることから、類似法人の抽出が合理的に行われる限り、客観的かつ合理的である（TAINS 法人税 裁決 F0-2-605）。

④ 形式基準

(1) 概要

　形式基準は、定款の規定又は株主総会、社員総会若しくはこれらに準ずるものの決議により役員に対する給与として支給することができる金銭の額の限度額若しくは算定方法又は金銭以外の資産（支給対象資産）の内容（限度額等）を定めている法人が、各事業年度においてその役員に対して支給した給与の額の合計額が当該事業年度に係る当該限度額及び当該算定方法により算定された金額並びに当該支給対象資産の支給の時における価額等に相当する金額の合計額を超える場合におけるその超える部分の金額を不相当に高額な部分の金額とするものである（法令70一ロ）。

　取締役の報酬等は、確定金額、不確定金額の具体的な算定方法、金銭以外の資産で支給する場合のその具体的な内容を定款又は株主総会の決議で定めることとされているところ（会社法361①）、法人が「金銭の額の限度額若しくは算定方法又は金銭以外の資産の内容」を定めた場合に、その法人に形式基準を適用するといった規定となっている（法令70一ロ）。

　なお、形式基準の適用により高額判定の要素となる金額が算定されることになった場合で、実質基準によってもこの金額が算定されることになるときには、このうちのいずれか多い金額が「不相当に高額な部分の

182　第7章　過大役員給与

金額」となる（法令70一）。

(2)　対象法人

　形式基準は、役員に対して支給した給与の額が、「定款の規定又は株主総会、社員総会若しくはこれらに準ずるものの決議により役員に対する給与として支給することができる金銭の額の限度額及び算定方法により算定された金額並びに支給対象資産の支給時の価額に相当する金額の合計額」を超えるかどうかを判断するものである。このため、形式基準の適用対象となる法人は、定款の規定又は株主総会、社員総会若しくはこれらに準ずるものの決議により役員に対する給与として支給する支給対象資産の限度額等を定めている法人となる。

　中小企業等においては、株主総会等で役員報酬の限度額等を定めていない例が見受けられる。この場合には、法人税法での過大役員給与の判定にあたっては、形式基準の適用はなく、実質基準のみで行うことになる。

(3)　支給限度額

　監査役の報酬は、その独立性の確保のため、取締役の報酬とは区別して定めることが求められており（会社法387①）、株主総会等で各監査役への配分の定めがない場合には、監査役の協議によって定めることとされている（会社法387②）。このため、形式基準の適用については、取締役報酬と監査役報酬とを区分して判定を行うことになるものと考える。

　また、株主総会で取締役に支給する報酬の総枠を定め、各人ごとの支給限度額の決定を取締役会に一任する旨を決議する場合がある。この場合には、株主総会で各人ごとの支給限度額を定めたものと解されるので、各人ごとの支給限度額を基準として形式基準により判定することになる[32]。この結果、役員全員の支給総額が株主総会自身で決定された金額を超えていなくても、役員の一人の支給額が取締役会での決定額を超えている

ときは、「不相当に高額な部分の金額」が生じうる。

図表 7-4　形式基準による計算例

役職・役員	支給額	支給限度額[注]	不相当に高額な部分の金額
代表取締役E	18,000,000円	15,000,000円	3,000,000円
取締役F	10,000,000円	12,000,000円	0円
取締役G	10,000,000円	12,000,000円	0円
合　計	38,000,000円	－	3,000,000円
株主総会で定めた支給額の総枠	70,000,000円		

（注）各人の支給限度額は、株主総会の委任を受け取締役会で決定されたものである。

　なお、取締役会において役員ごとに定められた役員報酬の支給限度額の総額が、株主総会の決議で定められた役員報酬の総額を上回っている場合について、各人ごとに定められた役員報酬の支給限度額ではなく、総額で定められた役員報酬の支給限度額として判定することになるとした事例がある[33]。

32　国税庁質疑応答事例（過大役員給与の判定基準）
　　創立総会で役員給与の年額（総額）を定め、その各人別の内訳を役員会で決定することとした場合の事例。
33　「取締役会は、株主総会の決議で定められた役員報酬の総額を上回る報酬の総額を定めることはできないのであるから、取締役会において役員ごとに定められた役員報酬の支給限度額の総額が上回っている場合には」、支給限度額を役員ごとに定めている場合には当たらず、「支給限度額が総額で定められている場合として判定することが相当である」（TAINS 法人税 裁決 F0-2-327）。

(4) 対象となる役員給与

i 使用人兼務役員に支給する給与

（i）支給限度額等の定め方

　形式基準は、定款の規定又は株主総会等の決議により役員に対する給与の支給限度額等を定めた場合、この支給限度額等を超える金額を不相当に高額な部分の金額とするものである。使用人兼務役員がいる場合、この支給限度額の定め方として、①使用人給与を除外しないで支給限度額等を定める場合と②使用人給与を除外して支給限度額等を定める場合の2つの方法がある。

　法人税法では、これらの方法のうち②の使用人給与を除外して支給限度額等を定める場合には、その職務に対する給与として支給した金額から、その使用人の職務に対する給与として相当な金額を除くこととしている（法令70一ロ）。この場合の「使用人としての職務に対するものを含めないで当該限度額等を定めている法人」であるが、これは、定款又は株主総会、社員総会若しくはこれらに準ずるものにおいて役員給与の限度額等に使用人兼務役員の使用人分の給与を含めない旨を定め又は決議している法人をいうこととされている（法基通9－2－22）[34]。

（ii）使用人給与を除外しないで支給限度額等を定める場合

　使用人兼務役員に対して支給する給与のうちその使用人給与を除外しないで支給限度額等を定めている場合、その形式基準による判定は、図表7-5のように行う。ここでは、使用人分給与相当額を考慮せずに、役員に対して支給した給与の額の合計額がその事業年度に係る限度額等を超えるかどうかにより判定する。

34　支給限度額等に使用人としての職務に対する給与を含めない旨が「取締役会において決議されているだけでは、その旨を定めていることにはならない」（九訂版法人税基本通達逐条解説853頁）

図表 7-5　使用人兼務役員に支給した役員給与の形式基準の適用

(使用人給与を除外しないで支給限度額等を定めている場合)

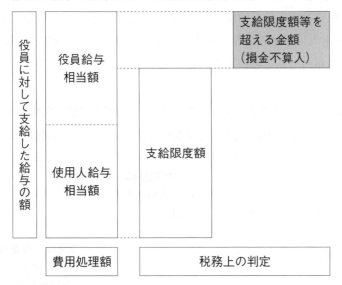

(ⅲ) 使用人給与を除外して支給限度額等を定める場合

　形式基準の対象となる役員給与からは、使用人兼務役員に対して支給する給与のうちその使用人としての職務に対するものを含めないで限度額等を定めている内国法人のその職務に対する給与として支給した金額のうち、その内国法人の他の使用人に対する給与の支給の状況等に照らし、その職務に対する給与として相当であると認められる金額が除かれる（法令70一ロ）。ただし、使用人兼務役員の使用人としての職務に対する賞与で他の使用人に対する賞与の支給時期と異なる時期に支給したものの額（法令70三）に相当する金額は、損金不算入となるため（法法34②）、形式基準の判定上、その職務に対する給与として支給した金額から除外される（法令70一ロ）。

　使用人兼務役員に対して支給する給与のうちその使用人としての職務に対するものを含めないで限度額等を定めている場合、その形式基準に

よる判定は、図表7-6のように行う。この判定においては、その事業年度においてその職務に対する給与として支給した金額からは、その使用人の職務に対する給与が除かれるが、この除外されることになる金額は、「他の使用人に対する給与の支給の状況等に照らし、その職務に対する給与として相当であると認められる金額」である。

図表7-6　使用人兼務役員に支給した役員給与の形式基準の適用

（使用人給与を除外して支給限度額等を定めている場合）

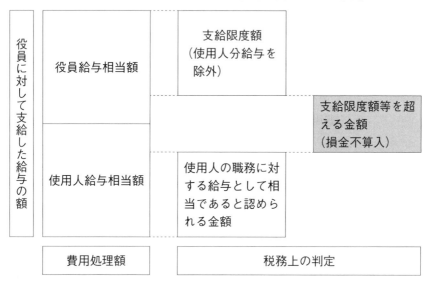

このように、形式基準の対象となる役員給与から除かれる使用人兼務役員に対して支給する給与は、その使用人としての職務に対する給与として支給した金額のうち、その内国法人の他の使用人に対する給与の支給の状況等に照らし、その職務に対する給与として相当であると認められる金額となる。この「職務に対する給与として相当であると認められる金額」をどのように把握するかについては、次のような一般的な取扱いが示されている（法基通9-2-23）。

① 使用人分の給与の額のうちその使用人兼務役員が現に従事している使用人の職務とおおむね類似する職務に従事する使用人（比準使用人）に対して支給した給与の額に相当する金額を、原則として、使用人分の給与として相当な金額とみる（法基通9－2－23前段）。

② ①の場合に、比準使用人に対して支給した給与の額が特別の事情により他の使用人に比して著しく多額なものである場合には、その特別の事情がないものと仮定したときにおいて通常支給される額に相当する金額を使用人分の給与として相当な金額とみる（法基通9－2－23前段かっこ書き）。

③ 比準使用人とする適当な者がいないときは、その使用人兼務役員が役員となる直前に受けていた給与の額、その後のベースアップ等の状況、使用人のうち最上位にある者に対して支給した給与の額等を参酌して適正に見積った金額によることができる（法基通9－2－23後段）。

　上記①では、比準使用人は使用人兼務役員が現に従事している使用人の職務とおおむね類似する職務に従事する使用人であることから、これに支給する使用人給与の額相当額が判定対象である使用人兼務役員の使用人分給与として相当な金額と考えるものである。これによれば、例えば、判定対象である使用人兼務役員が営業部長である場合、部長職にある使用人に支給する給与相当額が判定対象である使用人兼務役員の使用人分給与として相当な金額であると判定することになる。

　上記②は、上記①の判定において、比準使用人に対して支給した給与の額が特別の事情により他の使用人に比して著しく多額なものであるときに、この特別の事情を斟酌して判定対象である使用人兼務役員の使用人分給与として相当な金額と考えるものである。これによれば、例えば、比準使用人が税理士、社会保険労務士といった資格を有していることを理由に特別な手当が支給されているような場合には、この特別な手当の支給がないものとしたものとして計算される給与相当額が判定対象である使用人兼務役員の使用人分給与として相当な金額であると判定するこ

とになる。

　上記③は、上記①及び②と異なり、適当な比準使用人がいない場合に、判定対象者である使用人兼務役員が役員となる直前に受けていた使用人給与の額を基本としてその使用人分給与として相当な金額を見積もるものである。この場合、使用人兼務役員が役員となった時と判定時期との給与水準を調整することが適当であることから、例えば、使用人兼務役員が役員となった時と判定時期との間でのベースアップ率等を使用人兼務役員が役員となる直前に受けていた使用人給与の額に乗じて計算される金額を判定対象である使用人兼務役員の使用人分給与として相当な金額であると判定することになる。また、上記③では、使用人分給与として相当な金額の見積りにつき、使用人のうち最上位にある者に対して支給した給与の額等も参酌することを示している。判定対象である使用人兼務役員がその法人の使用人であったことがない場合で、比準使用人とする適当な者がいないときには、「使用人兼務役員が役員となる直前に受けていた給与の額」を基礎にした判定を行うことができないといった場面では、この基準は有用である。例えば、判定対象である使用人兼務役員が統括部長である場合に、他の部長を比準使用人とすることが適切でないと判断されるときに、課長のうち最上位にある使用人に支給した給与を基礎として適正に見積もるといったケースである。ただし、この場合においても、上記②と同様、使用人のうち最上位にある者の特別の事情がないものと仮定したときにおいて通常支給される額に相当する金額を斟酌する、両者の勤続年数等の相違を考慮するといったことは、これが合理的なものである限り、適切な見積りとして許容されるべきものと考える。

　なお、判定時点では比準使用人として適当な者がいないが、過去においては比準使用人として適当な者がいるといった場合には、その者を比準使用人として上記①による判定を行うといった方法も考えられる。この場合には、上記③のように、その者に支給した最終給与の支給時期と

判定時期との間のベースアップ率等の調整が必要であろうし、上記③による判定により見積もられる金額との検証も必要であろう。

図表7-7　使用人兼務役員に対して支給する給与がある場合の計算

役職	役員	支　給　額 （定期同額給与）	使用人の職務に対する給与として相当な金額	差　引
代表取締役社長	H	17,000,000円	－	17,000,000円
専務取締役	I	13,000,000円	－	13,000,000円
常務取締役	J	12,000,000円	－	12,000,000円
取締役人事部長	K	10,000,000円 内、使用人分 3,500,000円	3,000,000円	7,000,000円
取締役営業部長	L	10,000,000円 内、使用人分 4,000,000円	4,000,000円	6,000,000円
合　　計		62,000,000円	7,000,000円	55,000,000円

株主総会の決議等で決定した支給限度額		50,000,000円
不相当に高額な部分の金額	使用人給与を除外しない場合	12,000,000円
	使用人給与を除外する場合	5,000,000円

ⅱ　使用人兼務役員に対する経済的な利益

　役員給与の損金不算入（法法34①）、過大な給与の損金不算入（法法34②）で損金算入が制限される「給与」には、実質的な経済的効果に着目して「債務の免除による利益その他の経済的な利益」を供与することも含まれる（法法34④、第2章**4**(1)）。このため、法人が使用人兼務役員に対して経済的な利益を供与する場合、その供与は、役員としての給与としてのものなのか、使用人としての給与としてのものなのかといったことが問題となる。

　この問題については、供与された経済的な利益が他の使用人に対して

190 第7章 過大役員給与

供与されている程度のものである場合には、住宅等の貸与をした場合の経済的な利益を除いて、その経済的な利益は使用人としての職務に係るものと取り扱うことができるものとされている（法基通9−2−24）。このため、法人が使用人兼務役員に対して住宅等の貸与以外の経済的な利益を供与する場合、これが他の使用人に対して供与されている程度のものであれば、この経済的な利益の額と法人が使用人分の給与として支給する金銭の額等の合計額が形式基準の判定上の使用人としての職務に係るものとなる。

iii　みなし役員に支給する報酬

　取締役の報酬、賞与その他の職務執行の対価として株式会社から受ける財産上の利益（報酬等）のうち額が確定しているものについては、その額を定款又は株主総会の決議によって定めることとされている（会社法361①）。みなし役員は会社法上の役員ではなく、この規定の適用がない。法人税法では、「限度額等が定められた給与の支給の対象となる」役員に対して支給した給与の額を形式基準の対象となる役員給与としており（法令70一ロ）、会社法上の役員ではないみなし役員は、この形式基準の対象から除外される。

iv　滞在手当等

　法人が海外にある支店、出張所等に勤務する役員に対して支給する滞在手当等の金額を役員給与の限度額等に含めていない場合には、その滞在手当等の金額のうち相当と認められる金額をその役員に対する給与の額に含めないものとして、形式基準を適用することができる（法基通9−2−25）。

　なお、国外で勤務する居住者の受ける給与のうち、その勤務により国内で勤務した場合に受けるべき通常の給与に加算して受ける在勤手当（これに類する特別の手当を含む。）で、国外で勤務する者がその勤務により国

内で勤務した場合に受けるべき通常の給与に加算して支給を受ける給与のうち、その勤務地における物価、生活水準及び生活環境並びに勤務地と国内との間の為替相場等の状況に照らし、加算して支給を受けることにより国内で勤務した場合に比して利益を受けると認められない部分の金額は、所得税法上も非課税とされている（所法9①七、所令22）。

v 監査役に支給する報酬等

　形式基準では、役員に対して支給した給与の額の合計額がその事業年度に係るその限度額等を超えるかどうかといった規定となっており（法法34①一ロ）、取締役の報酬等と監査役の報酬等を区別することなく、形式基準を適用するようにも見えなくはない。

　しかし、監査役の報酬等は、定款又は株主総会の決議によって定めることとされており（会社法387①）、取締役の報酬等とは別に独立して承認を受けることになっている。このため、取締役の報酬等と監査役の報酬等のそれぞれの限度額ごとに形式基準を適用することになるものと考える（上記(3)）。

　また、複数の監査役がいる場合に、各監査役の報酬等について定款の定め又は株主総会の決議がないときは、定款又は株主総会の決議によって定められた監査役の報酬等の範囲内で監査役の協議によって定めることとされている（会社法387②）。

　このように、複数の監査役に支給する報酬総額を株主総会で定めて、その配分を監査役の協議で定めている場合に、特定の監査役に対する報酬支給額が監査役間で協議した額を超えているとき、その超える部分の金額はどのように取り扱わるかといった問題がある。定款又は株主総会の決議によって定められた監査役の報酬等の範囲内で監査役の協議によって定めることとしているのは、取締役会の介入を排除し監査の独立性を担保する趣旨によるもので、各監査役への配分額の決定は、株主総会等で決議した報酬総額の配分手続の一環とも考えられる。この場合に

は、法人税法上、役員に対して支給した給与の額の合計額と比較する限
度額等（法法34①一ロ）を、株主総会で定めた監査役に支給する報酬合計
額と解し、監査役間で協議した金額を問題としないといった考え方もあ
ろう。

第**8**章

仮想隠蔽により
支給した役員給与の
損金不算入

① 措置の概要

　事実を隠蔽し、又は仮装して経理をすることによりその役員に対して支給する給与の額は、その内国法人の各事業年度の所得の金額の計算上、損金の額に算入しないこととなっている（法法34③）。これは、退職給与等以外の役員給与の損金算入を定期同額給与（法法34①一）、事前確定届出給与（法法34①二）及び損金算入要件を満たす業績連動給与（法法34①三）に限定する措置（法法34①）並びに過大役員給与の損金不算入措置（法法34②）とは別に設けられた損金算入を制限する措置であり、事実を隠蔽し、又は仮装して経理をすることによりその役員に対して支給する給与の全額を損金不算入とするものである。

　下記②のように、事実を隠蔽し、又は仮装といった不正事実の態様にはいろいろなものがあるが、例えば、売上除外や架空人件費計上といった不正事実により得た簿外資金から役員給与を支給するといったケースもあるが、この支給した役員給与は損金不算入となる（法法34③）。このような不正な取引によって支給する役員給与の支払いが帳簿に記載されていない場合には、通常、これを損金算入するといった問題は生じないが、税務調査等において不正事実が発覚した場合に、簿外で支給した役員給与の損金算入をすることの主張がなされることがある。しかし、この役員給与は、事実を隠蔽し又は仮装して経理することにより支給したものであるため、法人税法34条第3項の規定により損金不算入となり、売上除外や架空人件費の計上といった不正事実に関する税務調整により法人税の課税所得が増加することになる。

② 仮装・隠蔽の意義

　「事実を隠蔽し、又は仮装して経理」することの意義については、法人税法関係の法令では明らかになっていないが、国税通則法での重加算税

の規定に「事実の全部又は一部を隠蔽し、又は仮装し、その隠蔽し、又は仮装したところに基づき」とあり、これを受けて発遣された「法人税の重加算税の取扱いについて（事務運営指針）」[35]では、次のように定義されている。

1　通則法第68条第1項又は第2項に規定する「国税の課税標準等又は税額等の計算の基礎となるべき事実の全部又は一部を隠蔽し、又は仮装し」とは、例えば、次に掲げるような事実（以下「不正事実」という。）がある場合をいう。

(1)　いわゆる二重帳簿を作成していること。

(2)　次に掲げる事実（以下「帳簿書類の隠匿、虚偽記載等」という。）があること。

①　帳簿、原始記録、証ひょう書類、貸借対照表、損益計算書、勘定科目内訳明細書、棚卸表その他決算に関係のある書類（以下「帳簿書類」という。）を、破棄又は隠匿していること。

②　帳簿書類の改ざん（偽造及び変造を含む。以下同じ。）、帳簿書類への虚偽記載、相手方との通謀による虚偽の証ひょう書類の作成、帳簿書類の意図的な集計違算その他の方法により仮装の経理を行っていること。

③　帳簿書類の作成又は帳簿書類への記録をせず、売上げその他の収入（営業外の収入を含む。）の脱ろう又は棚卸資産の除外をしていること。

(3)　特定の損金算入又は税額控除の要件とされる証明書その他の書類を改ざんし、又は虚偽の申請に基づき当該書類の交付を受けていること。

(4)　簿外資産（確定した決算の基礎となった帳簿の資産勘定に計上されていない資産をいう。）に係る利息収入、賃貸料収入等の果実を計上していないこと。

(5)　簿外資金（確定した決算の基礎となった帳簿に計上していない収入

35　法人税の重加算税の取扱いについて（事務運営指針）課法2-8課料3-13査調4-10査察1-29
平成12年7月3日

196 第8章 仮想隠蔽により支給した役員給与の損金不算入

金又は当該帳簿に費用を過大若しくは架空に計上することにより当該
帳簿から除外した資金をいう。）をもって役員賞与その他の費用を支出
していること。

(6) 同族会社であるにもかかわらず、その判定の基礎となる株主等の所
有株式等を架空の者又は単なる名義人に分割する等により非同族会社
としていること。

（重加算税）

第68条　第65条第1項（過少申告加算税）の規定に該当する場合（修正申
告書の提出が、その申告に係る国税についての調査があったことにより
当該国税について更正があるべきことを予知してされたものでない場合
を除く。）において、納税者がその国税の課税標準等又は税額等の計算の
基礎となるべき事実の全部又は一部を隠蔽し、又は仮装し、その隠蔽し、
又は仮装したところに基づき納税申告書を提出していたときは、当該納
税者に対し、政令で定めるところにより、過少申告加算税の額の計算の
基礎となるべき税額（その税額の計算の基礎となるべき事実で隠蔽し、
又は仮装されていないものに基づくことが明らかであるものがあるとき
は、当該隠蔽し、又は仮装されていない事実に基づく税額として政令で
定めるところにより計算した金額を控除した税額）に係る過少申告加算
税に代え、当該基礎となるべき税額に100分の35の割合を乗じて計算した
金額に相当する重加算税を課する。

2　第66条第1項（無申告加算税）の規定に該当する場合（同項ただし書
若しくは同条第七項の規定の適用がある場合又は納税申告書の提出が、
その申告に係る国税についての調査があったことにより当該国税につい
て更正又は決定があるべきことを予知してされたものでない場合を除く。）
において、納税者がその国税の課税標準等又は税額等の計算の基礎とな
るべき事実の全部又は一部を隠蔽し、又は仮装し、その隠蔽し、又は仮
装したところに基づき法定申告期限までに納税申告書を提出せず、又は
法定申告期限後に納税申告書を提出していたときは、当該納税者に対し、
政令で定めるところにより、無申告加算税の額の計算の基礎となるべき

税額（その税額の計算の基礎となるべき事実で隠蔽し、又は仮装されて
いないものに基づくことが明らかであるものがあるときは、当該隠蔽し、
又は仮装されていない事実に基づく税額として政令で定めるところによ
り計算した金額を控除した税額）に係る無申告加算税に代え、当該基礎
となるべき税額に100分の40の割合を乗じて計算した金額に相当する重加
算税を課する。

③ 他の役員給与の損金不算入規定との関係

　事実を隠蔽し、又は仮装して経理をすることにより支給した役員給与
の損金不算入の措置（法法34③）は、法人税法第34条第1項、第2項で
の措置とは別に設けられた損金算入を制限する規定である。

　このことから、例えば、事実を隠蔽し、又は仮装して経理をすること
により支給した役員給与の支給形態が定期同額であっても損金不算入と
なる（法法34①）。また、その役員に支給した役員給与の「不相当に高額
な部分の金額」があるかどうかの判定に当たっては、事実を隠蔽し、又
は仮装して経理をすることにより支給した役員給与の支給額を含めない
で判定する（法法34②かっこ書き）。

第9章

使用人兼務役員に支給する給与

使用人兼務役員の意義等

(1) 会社法上の意義等

　取締役には、部長等の職名を有して使用人としての職務を行っている者がいる。このような使用人兼務取締役と会社との間には、雇用契約に基づいた労働者としての地位と、委任契約に基づいた取締役としての地位とが併存していることになる。また、使用人兼務取締役への給与の支給については、このような地位の併存といった関係から、取締役としての報酬のほか、使用人としての職務に対する給与が支払われることになる。使用人兼務役員も会社法上の役員ではあるが、これが同時に使用人としての職務を行うことから、その使用人としての職務に対して支給する給与は、本来的に一般の使用人に対する給与と同様に取り扱うべきであろう。

　しかし、使用人の職務に対する給与と取締役分の給与を同一人に支給する場合には、使用人の職務に対する給与と取締役分の給与が恣意的に算出されることもあり、この場合には、使用人の職務に対する給与は、取締役の報酬等に関する所定の事項を定款又は株主総会の決議によって定めるといった規定（会社法361）を脱法することになりかねないといった問題がある。このため、使用人兼務役員の使用人の職務に対する給与につき、使用人として受ける給与の体系が明確に確立しており、かつ、これに基づき給与の支給がなされていることを条件として、会社法上、使用人兼務役員の使用人の職務に対する給与を取締役の報酬等に関する規制（会社法361）の範囲から除外することが認められる[36]。また、使用人の職務に対する給与の支払いは、会社と取締役との間の利益相反行為

---

[36] 使用人として受ける給与の体系が明確に確立されている場合においては、使用人兼務取締役について、別に使用人として給与を受けることを予定しつつ、取締役として受ける報酬額のみを株主総会で決議することとしても、取締役としての実質的な意味における報酬が過多でないかどうかについて株主総会がその監視機能を十分に果たせなくなるとは考えられない（最判昭和60・3・26）。

（会社法356①二、365①）として株主総会（取締役会）の決議を要することにならないかといった問題がある。これについては、使用人の職務に対する給与が取締役会の承認を得て一般的に定められた給与体系に基づいて支給されている場合には、改めて取締役会の承認を受ける必要はないとされている[37]。

　これらの手続きを満たして取締役へ支給される使用人の職務に対する給与については、会社法上その支給が認められることになり、使用人の職務を行う取締役という実態が容認される。

(2) 法人税法上の意義等

　法人税法上、使用人としての職務を有する役員（使用人兼務役員）とは、役員（社長、理事長その他政令で定めるものを除く。）のうち、部長、課長その他法人の使用人としての職制上の地位を有し、かつ、常時使用人としての職務に従事するものをいう（法法34⑥、法令71）。使用人兼務役員になれる役員からは、「社長、理事長その他政令で定めるもの」が除かれている。このため、使用人兼務役員の要件は、図表9-1のようになる。

図表9-1　使用人兼務役員の要件

1	役員であること
2	社長、理事長その他政令で定めるもの（使用人兼務役員になれない者）でないこと
3	部長、課長、その他法人の使用人としての職制上の地位を有していること
4	常時使用人としての職務に従事する者であること

　使用人兼務役員は、「役員」であるが、その使用人としての職務に従事

37　株式会社の取締役が会社の使用人たる地位を兼ね、取締役としてではなく使用人としての給料を受ける場合においては、その給料の支払は、「取締役と会社との間の取引にあたり、これについて取締役会の承認を受けることを要するものと解すべきである。」もっとも、「使用人としての特定の職務を担当する取締役が、あらかじめ取締役会の承認を得て一般的に定められた給与体系に基づいて給料を受ける場合には、その都度あらためて取締役会の承認を受けることは必ずしも必要でないものと解することができる。」（最高判昭和43・9・3）。

202　第9章　使用人兼務役員に支給する給与

しているといった一般の取締役と異なる側面があるため、使用人としての職務に対する賞与を損金算入できる等、一般の役員と異なる措置が認められている。

(3) 使用人兼務役員になれない者

i　法令の規定

　法人税法では、課税の公平性の確保のため、使用人兼務役員からは、「社長、理事長その他政令で定めるもの」を除くとして（法法34⑥）、使用人兼務役員となれる者の範囲を明確に定めている。このため、役員が部長、課長、その他法人の使用人としての職制上の地位を有し、かつ、常時使用人としての職務に従事していても、次のような役員は、使用人兼務役員とならない（法令71①）。いずれも、その地位等を有することで使用人兼務役員とならないとする形式的な基準である。

---

①　社長、理事長
②　代表取締役、代表執行役、代表理事及び清算人
③　副社長、専務、常務その他これらに準ずる職制上の地位を有する役員
④　合名会社、合資会社及び合同会社の業務執行社員
⑤　取締役（指名委員会等設置会社の取締役及び監査等委員である取締役に限る。）、会計参与及び監査役並びに監事
⑥　同族会社の役員のうち所有割合によって判定した結果、次の要件を満たす役員
　イ　その会社の株主グループをその所有割合の大きいものから順に並べた場合に、その役員が所有割合50％を超える第1順位の株主グループに属しているか、又は第1順位と第2順位の株主グループの所有割合を合計したときに初めて50％を超える場合のこれらの株主グループに属しているか、あるいは第1順位から第3順位までの株主グループの所有割合を合計したときに初めて50％を超える場合のこれらの株主グループに属していること。

ロ　その役員の属する株主グループの所有割合が10％を超えていること。

ハ　その役員（その配偶者及びこれらの者の所有割合が50％を超える場合における他の会社を含む。）の所有割合が５％を超えていること。

　上記①〜⑤は、法人での役職、地位により使用人兼務役員とならないとするものである。これらの者は、その役職、地位がいずれも使用人の立場と相容れないものであるが、これらの中には、使用人との兼任に関する会社法の規定と関連して法人税法でも規定されたものがある。例えば、監査役については、その業務の公平性、実効性を確保するため、使用人との兼任を禁止する規定（会社法335②）が置かれているため、監査役は使用人兼務役員となれないこととなっている。

　上記⑥は、株式等の所有割合により同族会社の役員のその会社への支配力を図る所定の要件を満たす役員使用人兼務役員とならないとするものである。ここでの「所有割合」とは、次の区分に応じてそれぞれ次に掲げる割合である（法令71③）。

区　　分	所　有　割　合
①　その会社がその株主等の有する株式又は出資の数又は金額による判定により同族会社に該当する場合	その株主グループの有する株式の数又は出資の金額の合計額がその会社の発行済株式又は出資（その会社が有する自己の株式又は出資を除く。）の総数又は総額のうちに占める割合〔持株割合〕
②　その会社が一定の議決権による判定により同族会社に該当することとなる場合	その株主グループの有する議決権の数がその会社の議決権の総数（議決権を行使することができない株主等が有するその議決権を除く。）のうちに占める割合〔議決権割合〕
③　その会社が社員又は業務執行社員の数による判定により同族会社に該当する場合	その株主グループに属する社員又は業務執行社員の数がその会社の社員又は業務執行社員の総数のうちに占める割合〔社員数割合〕

　この判定基準は、みなし役員の判定基準（法法２十五、法令７二）と同様のものであり、会社の一の株主等及びその株主等と親族関係など特殊な関係のある個人や法人を「株主グループ」として、株主グループ単位でその役員の会社への支配力を図るといった判定を行うことになっている。

ii 代表取締役等

　代表取締役、代表執行役、代表理事及び清算人は、いずれも会社の代表権を有している者である。取締役が業務の執行権限を持たず、取締役会が業務執行の決定と監督を行う指名委員会等設置会社（会社法415、416）では、執行役が、取締役会の決議によって委任を受けたその業務の執行の決定と業務の執行を行うため（会社法418）、執行役の中から代表権を有する者として代表執行役が選定される（会社法420）。また、清算人は、他に代表清算人その他清算株式会社を代表する者を定めた場合を除き、清算人は清算法人を代表することとなっている（会社法483）。

　これらは、いずれも代表権を有しており、本来、法人の使用人を指揮監督する立場にある者であって使用人としての立場と両立しえない職制上の地位にあるといえることから、使用人兼務役員になれない者としたものと考える。

iii 社長等

　社長、副社長、専務、常務その他これらに準ずる職制上の地位を有する役員は、いずれも代表権を有するか、これがない場合でも表見代表取締役等となる地位を有する者である。これらの役員は、通常、法人の主要な役職であって代表権を有する場合もあることから、代表取締役等に準ずる地位があるものとして、使用人兼務役員になれない者としたものである[38]。

　「副社長、専務、常務その他これらに準ずる職制上の地位」については、「定款の規定又は総会若しくは取締役会の決議等により」副社長等としての地位が付与されることとし（法基通9－2－4）、法人の内部組織上明確に地位が付与されている者に範囲を限定して明確にしている。このため、その地位が単に通称、自称等である場合には、その実質により

---

[38] 「これらの役員は、一般に法人内部で主要な地位を占め、対外的にはいわゆる「表見代表者」として代表権を有する役員とみなされることが多い」ことから、このような取扱いがされるに至ったものであると説明されている（九訂版法人税基本通達逐条解説814頁）。

判断される。

「その他これらに準ずる職制上の地位を有する役員」が具体的にどのような者を指すのかについてであるが、最高経営責任者（CEO）や最高執行責任者（COO）は、これに該当するものとされている[39]。

iv　持分会社の業務執行社員

合名会社、合資会社及び合同会社（持分会社）の社員は、定款に別段の定めがある場合を除きその業務を執行し、業務を執行する社員は、原則として持分会社を代表することとされている（会社法590①、599①）。このため、前記 ii と同様、これが代表権を有している者であることから、使用人兼務役員になれない者としたものである。

v　指名委員会等設置会社の取締役等

指名委員会等設置会社の取締役は、取締役会の構成員として、重要事項その他指名委員会等設置会社の業務執行の決定や執行役等の職務の執行の監督を行う（会社法416①）。また、指名委員会等設置会社の取締役は、その指名委員会等設置会社の支配人その他の使用人を兼ねることができないこととされている（会社法331④）。このような地位及び権限から指名委員会等設置会社の取締役は使用人兼務役員になれない。

監査等委員会設置会社は、監査役会に代わって監査等委員会が取締役の職務執行の監査を担うものである（会社法327④、399の2）。監査等委員会設置会社においては、監査等委員会を設置しなければならず、この監査等委員である取締役は3人以上で、その過半数が社外取締役でなければならないとされている（会社法331⑥）。取締役は、株主総会の決議によって選任されるが（会社法329①）、その選任は、監査等委員である取締

---

[39]　最近「最高経営責任者」や「最高執行責任者」などという職制上の地位を設ける法人がありますが、これらも「これらに準ずる職制上の地位」に該当するものと考えられます（財務省　平成18年度税制改正の解説　330頁）。

役とそれ以外の取締役とを区別してしなければならず（会社法329②）、このうちの監査等委員である取締役は、監査等委員会設置会社の支配人その他の使用人を兼ねることができない（会社法331③）。このような地位から、監査等委員である取締役は使用人兼務役員になれない。

　株式会社の使用人は、会計参与となることができず（会社法333③一）、監査役は、株式会社の使用人を兼ねることができない（会社法335②）ことから、会計参与及び監査役は使用人兼務役員とならない。監事についても、各根拠法で使用人との兼任禁止規定があることから（一般社団法人及び一般財団法人に関する法律65②等）、監事も使用人兼務役員とならない。

vi　株式等の所有割合等に係る要件を満たす同族会社の役員

　同族会社は、会社の株主等の3人以下並びにこれらと政令で定める特殊の関係のある個人及び法人がその会社の発行済株式等の総数等の50％を超える数等の株式等を有する場合等におけるその会社であり（法法2十）、一部の株主や経営者の恣意的な判断、経営が行われやすい。このような同族会社の役員であって、株式等の所有割合等に係る所定の要件を満たす者は、会社に対して強い支配力を有しており、使用人兼務役員とならないこととされている。

　この判定は、同族会社のみなし役員の判定と同様のものである。実際、同族会社のみなし役員の判定については、使用人兼務役員とならない役員の判定要件に係る規定（法令71①五）中の「役員」を「使用人」と読み替えて判定することとされている（法法2十五、法令7二）。この判定では、所有割合により判定した結果、次の要件を満たすかどうかをみることになる。

イ　その会社の株主グループをその所有割合の大きいものから順に並べた場合に、その役員が所有割合50％を超える第1順位の株主グループに属しているか、又は第1順位と第2順位の株主グループの所有割合を合計したときに初めて50％を超える場合のこれらの株主グループに属してい

るか、あるいは第1順位から第3順位までの株主グループの所有割合を合計したときに初めて50％を超える場合のこれらの株主グループに属していること。
ロ　その役員の属する株主グループの所有割合が10％を超えていること。
ハ　その役員（その配偶者及びこれらの者の所有割合が50％を超える場合における他の会社を含む。）の所有割合が5％を超えていること。

このように、この判定を示す規定は若干複雑だが、使用人兼務役員となれない役員の判定手順は、図表9-2のように整理できる。

図表9-2　使用人兼務役員とされない役員の判定

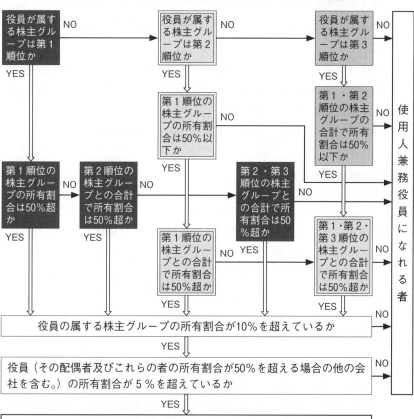

208　第9章　使用人兼務役員に支給する給与

　この使用人兼務役員とされない役員の判定では、「株主グループ」の「所有割合」による部分がある（法令71①五）。この「株主グループ」は、その会社の一の株主等（その会社が自己の株式又は出資を有する場合のその会社を除く。）並びに当該株主等と特殊の関係のある個人及び法人での範囲と同一であるとなっているが（法令71②）、この特殊の関係のある個人及び法人の範囲は、同族会社の判定での範囲と同一である。この具体的な範囲は次のようなものである（法令4①②）。

（特殊の関係のある個人）

①　株主等の親族
②　株主等と婚姻の届出をしていないが事実上婚姻関係と同様の事情にある者
③　株主等（個人である株主等に限る。④において同じ。）の使用人
④　①～③に掲げる者以外の者で株主等から受ける金銭その他の資産によって生計を維持しているもの
⑤　②～④に掲げる者と生計を一にするこれらの者の親族

（特殊の関係のある法人）

①　同族会社であるかどうかを判定しようとする会社（投資法人を含む。）の株主等（当該会社が自己の株式（投資信託及び投資法人に関する法律（昭和26年法律第198号）第2条第14項（定義）に規定する投資口を含む。）又は出資を有する場合の当該会社を除く。「判定会社株主等」）の一人（個人である判定会社株主等については、その一人及びこれと前項に規定する特殊の関係のある個人）が他の会社を支配している場合における当該他の会社
②　判定会社株主等の一人及びこれと①の特殊の関係のある会社が他の会社を支配している場合における当該他の会社
③　判定会社株主等の一人及びこれと①又は②の特殊の関係のある会社が他の会社を支配している場合における当該他の会社

また、「所有割合」は、その会社の同族会社の判定上用いられた割合である。すなわち、会社がその株主等の有する株式又は出資の数又は金額による判定により同族会社に該当する場合にはその株主グループの有する株式の数又は出資の金額の合計額がその会社の発行済株式又は出資の総数又は総額のうちに占める割合〔持株割合〕となり、会社が議決権による判定により同族会社に該当することとなる場合にはその株主グループの有する議決権の数が会社のその議決権の総数のうちに占める割合〔議決権割合〕となり、会社が社員又は業務を執行する社員の数による判定により同族会社に該当する場合にはその株主グループに属する社員又は業務を執行する社員の数が会社の社員又は業務を執行する社員の総数のうちに占める割合〔社員数割合〕となる（法令71③）。これらの判定のうち、会社が持株割合による判定により同族会社に該当する場合の会社の発行済株式又は出資からは、その会社が有する自己の株式又は出資が除かれ、また、会社が議決権割合による判定により同族会社に該当することとなる場合の会社の議決権の総数からは、その議決権を行使することができない株主等が有する当該議決権の数が除かれる（法令71③）。

(4) 部長、課長その他法人の使用人としての職制上の地位

使用人兼務役員であるためには、その役員が部長、課長、「その他法人の使用人としての職制上の地位」を有していることが必要である（法法34⑥）。この「その他法人の使用人としての職制上の地位」とは、支店長、工場長、営業所長、支配人、主任等法人の機構上定められている使用人たる職務上の地位をいい（法基通9－2－5）、取締役等で法人の特定の部門の職務を統括している者が、例えば、総務担当取締役、経理担当取締役等と称していても、これらは使用人としての職制上の地位を有している者ではなく、使用人兼務役員には該当しない（法基通9－2－5）。

しかし、事業内容が単純で使用人が少数である等の事情により、機構としてその職務上の地位を定める必要がないことから、「使用人について

特に機構としてその職務上の地位を定めていない」ことがある。このような場合でも、「常時従事している職務が他の使用人の職務の内容と同質であると認められる」といった実態であるものについては、使用人兼務役員として取り扱うことができる（法基通9－2－6）。

(5) 常時使用人としての職務に従事

使用人兼務役員には「常時使用人としての職務に従事」することが求められている。このため、非常勤役員は使用人兼務役員とならない。

② 使用人兼務役員の判定事例

(1) 代表権を有しない取締役

会社代表権を有している代表取締役等は使用人兼務役員とされない役員であるが（法令71①一）、取締役会設置会社（会社法2七）以外の株式会社の取締役が定款、定款の定めに基づく取締役の互選又は株主総会の決議によって、取締役の中から代表取締役を定めたことにより（会社法349③）取締役が代表権を有しないこととなることがある。

本来、取締役は株式会社を代表する者であるが（会社法349①）、このように他の取締役が代表権を有しないこととなる場合には、法人税法施行令第71条第1項第1号に掲げる「代表取締役」には該当しないことになる（法基通9－2－3）。

(2) 副社長、専務、常務等

「副社長、専務、常務その他これらに準ずる職制上の地位を有する役員」は、使用人兼務役員とされない役員である（法令71①二）。しかし、副社長、専務、常務等といった呼称は会社内部のものであり、通称、自称として称される場合もある。このことから、使用人兼務役員とされな

い役員は、法人の内部組織上明確に地位が付与されたものに限定し、定款等の規定又は総会若しくは取締役会の決議等によりその職制上の地位が付与された役員とすることとしている（法基通9－2－4）。

(3) 総務担当取締役等

「その他法人の使用人としての職制上の地位」とは、支店長、工場長、営業所長、支配人、主任等法人の機構上定められている使用人たる職務上の地位をいい（法基通9－2－5）。取締役等で総務担当、経理担当というように法人の特定の部門の職務を統括している者は、使用人としての職制上の地位を有している者（法法34⑥）ではなく、使用人兼務役員には該当しない（法基通9－2－5）。これは、前記**1**(4)でも、述べたところである。

(4) 職制の定められていない法人の役員

事業内容が単純で使用人が少数である等の事情により、機構としてその職務上の地位を定める必要がなく、「使用人について特に機構としてその職務上の地位を定めていない」場合でも、「常時従事している職務が他の使用人の職務の内容と同質であると認められる」といった実態であるものについては、使用人兼務役員として取り扱うことができる（法基通9－2－6）。これは、前記**1**(4)でも、述べたところである。

(5) 株式等を有していない法人の役員

同族会社の役員で所定の所有割合要件を満たす者は、使用人兼務役員とされない役員とされている（法法34⑥、法令71①五）。この要件のうち、上位株主グループによる持株割合が50％を超えるかどうかの判定は、会社の一の株主等並びにその株主等と特殊の関係のある個人及び法人といった株主グループ（法法2十）により行うこととされている（法令71①五、②）。

このため、会社の役員は株式又は出資を有しないが、その役員と特殊

の関係のある個人又は法人（同族関係者）がその会社の株式又は出資を有しているといった場合には、その役員は、使用人兼務役員とされない「同族会社の役員」に該当することになる（法基通9－2－7）。このことは、所有割合を議決権割合又は社員数割合で判定する場合も同様である（法基通9－2－7）。

(6) 相続人が未分割株式を有する場合

複数の相続人がいる場合には、相続財産はその共有に属することとなり（民法898）、相続の放棄、限定承認等がされない限り、法定又は指定相続分に応じて持分を有することになる。

このため、相続財産の中に含まれる株式が未分割の状態である場合に、その相続人に役員がいるとき、この役員の使用人兼務役員の判定（法令71①五）に当たり、その相続分に応じた持分に基づいてその所有割合要件を計算することになる[40]。

(7) 税理士法人の社員

税理士法上、合名会社の社員の場合（会社法590、591）と異なり、業務を執行する権限を定款で制限できないこととされている（税理士法48の11）。このため、税理士法人の社員はすべて、使用人兼務役員になれない役員である合名会社の業務を執行する社員（法71①三）と同様に、税理士法人の業務を執行する権限を有し義務を負うこととなる。

したがって、税理士法人が任意に理事長及び理事を選任し、これら以外の社員を所長、部長等の法人の機構上の地位に就かせたとしても、税理士法人の社員は、「法人の使用人としての職制上の地位を有し、かつ、常時使用人としての職務に従事するもの（法法34⑥）」に該当せず、使用人兼務役員になることはできない[41]。

40　相続財産に含まれる株式が未分割である場合の使用人兼務役員の判定（国税庁質疑応答事例）
41　税理士法人の社員に係る使用人兼務役員への該当性（国税庁質疑応答事例）

(8) 同順位の株主グループ

　使用人兼務役員とされない同族会社の役員の判定を行う場合、会社の株主グループにつき所有割合が最も大きいものから順次その順位を付し、第1順位の株主グループの所有割合を算定し、又はこれに順次第2順位及び第3順位の株主グループの所有割合を加算して、判定対象である役員が次の株主グループのいずれかに属するかといったように判定を行う。

> ①　第1順位の株主グループの所有割合が50%を超える場合における当該株主グループ
> ②　第1順位及び第2順位の株主グループの所有割合を合計した場合にその所有割合がはじめて50%を超えるときにおけるこれらの株主グループ
> ③　第1順位から第3順位までの株主グループの所有割合を合計した場合にその所有割合がはじめて50%を超えるときにおけるこれらの株主グループ

　この点に関して、「同順位の株主グループが2以上ある場合には、そのすべての株主グループ」が第1順位の株主グループとなるものとされている（法令71①五イ）。さらに、法人税基本通達では、このことに関して留意的に、「第1順位の株主グループと同順位の株主グループがあるときは当該同順位の株主グループを含めたものが第1順位の株主グループに該当し、これに続く株主グループが第2順位の株主グループに該当する」と示されている（法基通9-2-8）[42]。

株主グループ	株式の所有割合		株主グループ順位
A株主グループ	20%	40%	第1順位
B株主グループ	20%		第1順位
C株主グループ	15%	30%	第2順位
D株主グループ	15%		第2順位

42　法人税基本通達9-2-8（注）に関する事例（九訂版法人税基本通達逐条解説818頁）

214　第9章　使用人兼務役員に支給する給与

③ 使用人兼務役員に支給する役員給与に係る措置

(1) 措置の概要

　使用人兼務役員については、次のように、一般の役員とは異なる措置が認められている。

> ①　使用人としての職務に対するものの損金算入（法法34①）
> ②　他の使用人に対する賞与の支給時期と異なる時期に支給した賞与の損金不算入（法令70三）
> ③　不相当に高額な部分の判定の実質基準の適用に関して、他の使用人に対する賞与の支給時期と異なる時期に支給したものの額に相当する金額を除外（法令70一イ）。
> ④　不相当に高額な部分の判定の形式基準の適用に関して、使用人兼務役員に対して支給する給与のうちその使用人としての職務に対するものを含めないで限度額等を定める場合にその適正額を判定対象から除外等（法令70一ロ）。

(2) 使用人としての職務に対するものの損金算入

　使用人兼務役員も会社法上の役員ではあるが、これが同時に使用人としての職務を有するものであって、その使用人としての職務に対して支給する給与は、本来的に一般の使用人に対する給与と同様に取り扱うべきであろう。会社法上、使用人兼務役員の使用人分の給与につき、使用人として受ける給与の体系が明確に確立しており、かつ、これに基づき給与の支給がなされている場合には、株主総会の決議（会社法361①）を要せず、また、使用人としての賃金が取締役会の承認を得て一般的に定められた給与体系に基づいて支給されている場合には、会社と取締役との間の利益相反行為に係る株主総会（取締役会）の決議（会社法356①二、365①）を要しないとされている（前述①(1)）。

法人税法上も、使用人兼務役員に支給するその職務に対する給与は、役員給与の損金不算入（法法34①）となる給与から除外されて、その給与の損金算入が認められる。

なお、使用人兼務役員であった者が使用人兼務役員とされない役員（法令71①各号）となった場合に、その直後にその者に対してその使用人兼務役員であった期間に係る賞与が支払われることがある。このうちその額として相当であると認められる部分の金額は、使用人兼務役員に対して支給した賞与の額として認められる（法基通9－2－27）。すなわち、使用人兼務役員であった者が使用人兼務役員とされない役員となった場合に、その直後にその者に対して支払われた賞与はその使用人兼務役員であった期間に対応するものであることから、使用人兼務役員に対して支給した賞与として取り扱われる。このことは、使用人であった者が役員となった場合にその直後にその使用人であった期間に係る賞与が支払われる場合も同様である。

(3) 異なる支給時期に支給した賞与の損金不算入措置

本来、使用人兼務役員分以外の役員給与として支給すべき金額を使用人兼務役員分の賞与として支給（使用人兼務役員分賞与を恣意的に算出）すれば、結果的にその使用人分賞与としての損金算入を認めることになり、定期同額給与、事前確定届出給与及び業績連動給与のいずれにも該当しない役員給与を損金不算入とする現行の措置（法法34①）を無意味にすることになる。このため、課税の公平の観点からの法人税法での対応として、まず、使用人兼務役員の使用人としての職務に対する賞与は、他の使用人に対する賞与の支給時期と同一時期に支給することを求め、これと異なる時期に支給した額を「不相当に高額な部分の金額」となるものとして損金不算入としている（法法34②、法令70①三）。

従来（平成18年度税制改正前）は、役員に支給する賞与は損金不算入とする原則（旧法法35①）の下、例外的に使用人兼務役員の使用人分賞与を

損金算入するためには、損金経理のほか「他の使用人に対する賞与の支給時期に支給する」ことを要することとされていた（旧法法35②）[43]。しかし、現行法ではこれを廃止して、「他の使用人に対する賞与の支給時期と異なる時期に支給したもの」を「不相当に高額な部分の金額」として整理することにより損金不算入としており、使用人兼務役員の使用人分賞与を損金算入するためには、「他の使用人に対する賞与の支給時期に支給」することが求められている。

なお、法令の規定では、他の使用人に対する賞与の支給時期と異なる時期に「支給」したものの額は「不相当に高額な部分の金額」としているため（法法34②、法令70三）、使用人兼務役員の使用人としての職務に対する賞与を、他の使用人に対する賞与の支給時期に未払金として経理し、他の役員への給与の支給時期に支払う場合、その賞与は、「他の使用人に対する賞与の支給時期と異なる時期に支給したもの」に該当する（法基通9－2－26）。

(4) 実質基準の適用に関する措置

(3)のように、他の使用人に対する賞与の支給時期と異なる時期に支給した使用人兼務役員分の賞与は、「不相当に高額な部分の金額」として損金不算入となる。この関係で、同様に、「不相当に高額な部分の金額」を判定する実質基準では、その判定対象となる役員給与の額から、「使用人

43　内国法人がその役員に対して支給する賞与の額は、その内国法人の各事業年度の所得の金額の計算上、損金の額に算入しない（旧法法35①）。
　　内国法人が、各事業年度においてその使用人としての職務を有する役員に対し、当該職務に対する賞与を他の使用人に対する賞与の支給時期に支給する場合において、当該職務に対する賞与の額につき当該事業年度において損金経理をしたときは、その損金経理をした金額のうち当該職務に対する相当な賞与の額として政令で定める金額に達するまでの金額は、前項の規定にかかわらず、当該事業年度の所得の金額の計算上、損金の額に算入する（旧法法35②）。
　　法第35条第2項（使用人兼務役員の賞与の損金算入）に規定する政令で定める金額は、その内国法人の他の使用人に対する賞与の支給状況等に照らし同項に規定する使用人としての職務に対する賞与として相当であると認められる金額とする（旧法令70）。

兼務役員の使用人としての職務に対する賞与で、他の使用人に対する賞与の支給時期と異なる時期に支給したものの額に相当する金額」を除くこととしている（法法34②、法令70一イ）。

実質基準の詳細は、第7章**3**にて述べている。

(5) 形式基準の適用に関する措置

形式基準の適用に関しては、まず、使用人としての職務に対する給与を含めないで限度額等を定めている法人が支給する役員給与から、使用人兼務役員のその使用人としての職務に対する給与として支給した金額を除外する必要がある。ただし、役員給与分を使用人給与分として支給するといったことが考えられるため、形式基準の適用に当たり対象となる役員給与から除外されるその職務に対する給与として支給した金額は、法人の他の使用人に対する給与の支給の状況等に照らし、その職務に対する給与として相当であると認められる金額である（法令70一ロ）。

次に、上記(4)の実質基準の適用と同様、その判定対象となる役員給与の額から「使用人兼務役員の使用人としての職場に対する賞与で、他の使用人に対する賞与の支給時期と異なる時期に支給したものの額に相当する金額」が除かれる（法法34②、法令70二）。

形式基準の詳細は、第7章**4**にて述べている。

第10章

使用人給与の損金算入

過大な使用人給与の損金不算入

(1) 制度の概要

　使用人に支給する給与は、会計上は一般管理費又は原価として経費処理されるものであり、法人税法上も、これが定期的に支給されるものか、臨時的に支給されるものかを問わず、原則として、損金算入される（法法22③④）。

　ただし、法人がその役員と特殊の関係のある使用人に対して支給する給与の額のうち不相当に高額な部分の金額は、その法人の各事業年度の所得の金額の計算上、損金の額に算入しないこととされている（法法36）。この措置の対象となる給与には、債務の免除による利益その他の経済的な利益を含むこととされている（法法36括弧書き）。

　この措置は、法人がその役員と特殊の関係がある使用人に対して給与を支給する場合は、その役務の提供に対する対価として適正な金額を超えて支給されることがあり、容易に役員給与に関する法人税の措置を脱法できるといった実態に対応するものである[44]。

(2) 特殊の関係のある使用人

i　特殊の関係のある使用人の範囲

　本制度の対象となる給与に係る使用人は役員と特殊の関係のある使用人（特殊関係使用人）となっている（法法36）。

　この特殊関係使用人は、次に掲げる者となっている（法令72）。

① 役員の親族
② 役員と事実上婚姻関係と同様の関係にある者

---

[44] 企業経営者が配偶者や子供に多額の給与を支払い、法人税の負担軽減を図っているといった問題の指摘があることから、使用人であっても、役員の親族等に対して支給する過大な給与については、損金の額に算入しないこととするのが適当と考えられたものです（平成10年改正税法のすべて）。

③ ①及び②に掲げる者以外の者で役員から生計の支援を受けているもの

④ ②及び③に掲げる者と生計を一にするこれらの者の親族

ii 生計の支援を受けているもの

上記ⅰ③の「役員から生計の支援を受けているもの」については、役員から給付を受ける金銭その他の財産又は給付を受けた金銭その他の財産の運用によって生ずる収入を生活費に充てている者をいうこととされている（法基通9－2－40）。

なお、同族関係者の範囲での特殊の関係のある個人（法令4①四）である「株主等から受ける金銭その他の資産によって生計を維持しているもの」については、株主等から給付を受ける金銭その他の財産又は給付を受けた金銭その他の財産の運用によって生ずる収入を日常生活の資の主要部分としている者をいうこととされている（法基通1－3－3）。したがって、特殊関係使用人の範囲の方が持株の関係のある個人の範囲よりも広く、給付を受けた金銭等の収入を日常生活の資の主要部分としていなくても、これを生活費に充てていれば、「生計の支援を受けているもの」として特殊関係使用人に該当することになる。

iii 生計を一にすること

上記ⅰ④の「生計を一にする」については、同族関係者の範囲（法令4①五）の「生計を一にする」と同一の意義を有している。このことから、特殊関係使用人の範囲でも、持株の関係のある個人（法令4①五）の範囲での「生計を一にする」に係る取扱い（法基通1－3－4）と同様に取り扱うものとし、これを準用している（法基通9－2－41）。すなわち、特殊関係使用人での「生計を一にする」とは、有無相助けて日常生活の資を共通にしていることをいうものであって、必ずしも同居していることを必要とせず、仕送り等により日常生活の資を共通にしている場合も、これに含まれる。

222　第10章　使用人給与の損金算入

(3)　不相当に高額な部分の金額

　本制度により損金不算入となる「不相当に高額な部分の金額」は、退職給与とこれ以外の給与とに区分して、特殊の関係のある使用人に支給する給与の金額が次の金額を超える場合のその超える部分の金額とされている（法令72の2）。

> ①　退職給与以外の給与
> 　使用人の職務の内容、その内国法人の収益及び他の使用人に対する給与の支給の状況、その内国法人と同種の事業を営む法人でその事業規模が類似するものの使用人に対する給与の支給の状況等に照らし、当該使用人の職務に対する対価として相当であると認められる金額
> ②　退職給与
> 　使用人のその内国法人の業務に従事した期間、その退職の事情、その内国法人と同種の事業を営む法人でその事業規模が類似するものの使用人に対する退職給与の支給の状況等に照らし、その退職した使用人に対する退職給与として相当であると認められる金額

　①については、役員に支給した退職給与以外の給与の判定基準（実質基準）と、②については、役員に支給した退職給与の判定基準と同様のものとなっている（第7章、第11章）。

　なお、退職した特殊関係使用人が、その退職した法人から退職給与の支給を受けるほか、退職を基因とする給付であって法人が支給すべき退職給与に代えて支給される下記のようなものを受ける場合がある。これらのような給付を受ける場合には、その給付額も勘案して、その特殊関係使用人に対して支給する退職給与の額のうち不相当に高額な部分の金額（上記②）による判定を行うことになる（法基通9-2-42）。

> ①　厚生年金基金からの給付（旧効力厚生年金保険法第132条第2項《年金給付の基準》に掲げる額を超える部分の金額に限る。）

② 確定給付企業年金規約に基づく給付

③ 確定拠出企業型年金規約に基づく給付

④ 適格退職年金契約に基づく給付

⑤ 独立行政法人勤労者退職金共済機構が行う退職金共済契約に基づく給付

⑥ 特定退職金共済団体（所令74⑤）が行う退職金共済契約に基づく給付

このような取扱いは、過大な役員退職給与を判定する場合の取扱い（法基通9‐2‐31）と同様のものである。

② 使用人賞与の損金算入時期

(1) 制度の概要

法人がその使用人に対して賞与を支給する場合には、これらの賞与の額は、下記の賞与の区分に応じ定める事業年度で支給されたものとして、その内国法人の各事業年度の所得の金額を計算することとなっている（法令72の3）。

賞与の区分	損金算入する事業年度
① 労働協約又は就業規則により定められる支給予定日が到来している賞与（使用人にその支給額の通知がされているもので、かつ、当該支給予定日又は当該通知をした日の属する事業年度においてその支給額につき損金経理をしているものに限る。）	支給予定日又は通知をした日のいずれか遅い日の属する事業年度
② 次に掲げる要件のすべてを満たす賞与 イ その支給額を、各人別に、かつ、同時期に支給を受けるすべての使用人に対して通知をしていること。 ロ イの通知をした金額を当該通知をしたすべての使用人に対し当該通知をした日の属する事業年度終了の日の翌日から1月以内に支払っていること。 ハ その支給額につきイの通知をした日の属する事業年度において損金経理をしていること。	使用人にその支給額の通知をした日の属する事業年度
③ 上記①及び②の賞与以外の賞与	その賞与が支払われた日の属する事業年度

(2) 賞与引当金の廃止

　本制度は、平成10年度税制改正で、賞与引当金を廃止したことに伴い、使用人に対して支給する賞与の損金算入時期を明らかにしたものである。廃止された賞与引当金は、当期中の勤務に対応する賞与は当期の収益に負担させるべきであるとの考え方から、債務確定基準の例外として、措置されてきたものである（旧法法54）。

　賞与については、賃金の後払いとしての性格があるといった見方があるが、一般的に賞与の支給金額が事前に定まっているとは限らず、また、支給された賞与の支給対象期間が明確でない場合もある。さらに、決算賞与に代表されるように、賞与には、利益分配としての性格が有るといった見方もできる。このような視点から、当時の法人課税小委員会報告（税制調査会　平成8年11月）では、法人税法で賞与引当金を措置することに関して、問題点が指摘された[45]。

　このことを踏まえて、課税の公平性と明確性を期するため、賞与引当金を廃止し、原則として、実際に支払った日の属する事業年度で支給額を損金算入するものとした。その上で、賞与についてのみ未払費用の計上を認めないとすることは適当でないことから、所定の要件を満たす賞与について、例外的に「支給予定日又は通知をした日のいずれか遅い日の属する事業年度」や「使用人にその支給額の通知をした日の属する事業年度」での損金算入を認める措置が設けられた（法令72の3一・二）。

45　①　賞与の支給規程がなく、その時々の状況に応じて、一定額の賞与を支給するような場合には、支給する賞与の額とそれを負担すべき期間との関係が極めて曖昧であること。

　　②　支給対象期間が定められている場合であっても、賞与は、通常、賞与支給日等に在職を条件として支払われ、また、賞与の額は、法人の財務状態や将来の業績見通し、他社の支給状況等を総合的に勘案し、多くは労使交渉等を経て決定されており、賞与の支給額と支給対象期間とは、不可分の関係にあるとは言い難いこと。

　　③　同一決算期で同一支給時期であっても、賞与の支給対象期間をどう定めるかによって引当金の計上額に差が生じること。

(3) 使用人賞与

使用人賞与の損金算入時期の措置の対象となる賞与は、使用人に対して支給する賞与（使用人賞与）であり、これは、使用人に対して支給する給与のうち臨時的なものをいう（法令72の3）。この給与には、「債務の免除による利益その他の経済的な利益」が含まれる。一方で、この措置の対象となる賞与からは、次のものが除かれる（法令72の3）。

---

① 退職給与
② 他に定期の給与を受けていない者に対し継続して毎年所定の時期に定額を支給する旨の定めに基づいて支給されるもの
③ 特定譲渡制限付株式又は承継譲渡制限付株式（法法54①）によるもの
④ 特定新株予約権又は承継新株予約権（法法54の2①）によるもの

なお、使用人としての職務を有する役員に対してその職務に対する賞与を支給する場合があるが（法法34⑥）、これも、この措置の対象となる使用人賞与となる（法令72の3）。

(4) 労働協約等により支給予定日が定められている賞与（第1号賞与）

i 第1号賞与の要件

労働協約又は就業規則により定められる支給予定日が到来している賞与のうち、その使用人にその支給額の通知がされているもので、かつ、支給予定日又は通知をした日の属する事業年度でその支給額につき損金経理をしているものは、その支給予定日又は通知をした日のいずれか遅い日の属する事業年度での損金算入が認められる（法令72の3一）。

この規定の適用を受ける賞与に該当するためには、次の要件を満たす賞与であることが必要である。

① 労働協約又は就業規則により定められる支給予定日が到来している賞与であること
② 使用人にその支給額の通知がされているものであること
③ 支給予定日又は通知をした日の属する事業年度でその支給額につき損金経理をしていること

このうち①では、労働協約又は就業規則により定められる支給予定日が到来していることが必要となっているため、これらに決算賞与についての定めがない場合や具体的な決算賞与の支給予定日を定めていない場合には、この規定の適用を受ける賞与に該当しないものと考えられる。

ii　損金算入時期

　第1号賞与は、支給予定日又は通知をした日のいずれか遅い日の属する事業年度で損金算入する。

(5) 支給額の通知等の要件を満たす賞与（第2号賞与）

i　第2号賞与の要件

　次の要件を満たす賞与については、使用人にその支給額の通知をした日の属する事業年度でのその損金算入が認められる（法令72の3二）。

① その支給額を、各人別に、かつ、同時期に支給を受けるすべての使用人に対して通知をしていること（法令72の3二イ）
② ①の通知をした金額を当該通知をしたすべての使用人に対し当該通知をした日の属する事業年度終了の日の翌日から1月以内に支払っていること（法令72の3二ロ）
③ その支給額につき①の通知をした日の属する事業年度において損金経理をしていること（法令72の3二ハ）

ii 支給額の通知

(i) 退職使用人に対する通知

使用人賞与の損金算入時期は、その賞与が支払われた日の属する事業年度に損金算入することを原則とし、債務確定しているか、実際に賞与を支払ったと同視し得るような状況である場合に限って、例外的に損金算入を認める考え方によっている。この考え方に従い、決算賞与等を想定している第2号賞与では、法人が支給日に在職する使用人のみに賞与を支給することとしている場合、その支給額の通知は、上記 i ①の「支給額の通知」には該当しないとされている（法基通9－2－43）。

このため、支給額の通知を行った使用人が支給日前に退職したためにこの者に賞与を支給しなかったとき、また、支給日に在職する使用人に対して賞与を支給することとした場合で退職者がいなかったため支給額の通知を行った使用人全員に賞与を支給したとき、これらの通知は、法令の定める「支給額の通知」に該当せず、これらの賞与は第2号賞与の要件を満たさない。

(ii) 同時期に支給を受けるすべての使用人

法人が、その使用人に対する賞与の支給について、いわゆるパートタイマー又は臨時雇い等の身分で雇用している者とその他の使用人を区分している場合には、その区分ごとに上記 i ①の「支給額の通知」を行ったかどうかを判定することができる（法基通9－2－44）。これは、「パートタイマー又は臨時雇い等の身分で雇用している者」と「その他の使用人」とでは、その支給基準、支給形態が異なっているといった実態に応じて、これらを区分して「支給額の通知」を行ったかどうかを判定することを認めるものである[46]。

---

[46] パートタイマー又は臨時雇い等の身分で雇用している者には、「賞与を支給しない場合や支給額が僅少である等のために直前までその支給金額が確定しない場合も少なくない」といったように、一般の使用人との間に相違がある（九訂版法人税基本通達逐条解説875頁）。

228 第10章　使用人給与の損金算入

この趣旨からは、パートタイマー又は臨時雇い等の身分で雇用している者であっても、「雇用関係が継続的なものであって、他の使用人と同様に賞与の支給の対象としている者」については、このような取扱いをすることはできず（法基通9－2－44）、「支給額の通知」を行ったかどうかを判定することになる。

(ⅲ)　通知額の支払い

第2号賞与となるためには、通知をした金額をその通知をしたすべての使用人に対しその通知をした日の属する事業年度終了の日の翌日から1月以内に支払うことが必要である（法令72の3二ロ）。

このため、支給額の通知を行った使用人が支給日前に退職したため賞与を支給しなかった場合には、「通知をしたすべての使用人に対し」支払うことにならず、その支給しなかった賞与の金額だけでなく、支給額の通知を行った使用人が支給日前に退職したためにこの者の賞与を不支給とした場合、未払計上した賞与の総額が損金不算入となるとされている（法基通9－2－43）[47]。

③ 使用人退職給与の損金算入時期

(1)　退職給与の打切支給

中小企業退職金共済制度又は確定拠出年金制度への移行、定年の延長等に伴い退職給与規程を制定又は改正し、使用人に対して退職給与を打切支給した場合、その支給をしたことにつき相当の理由があり、かつ、その後は既往の在職年数を加味しないこととしているときは、その支給した退職給与の額は、その支給した日の属する事業年度の損金の額に算

47　九訂版法人税基本通達逐条解説874頁

入する（法基通9－2－35）。ただし、未払金等に計上する経理方法による場合には、この取扱いは認められない（法基通9－2－35（注））。

この取扱いでは、まず、中小企業退職金共済制度又は確定拠出年金制度への移行に伴い退職給与規程を制定又は改正して退職給与を打切支給する例が挙げられている。定年延長の場合にもこの取扱いが認められているが、この場合は、旧定年に到達した使用人に対して退職給与を打切支給し、その後新たな定年までの期間について別の支給基準に基づき支給するといった例である。

これらのような場合には、退職の事実がなく、退職に起因した支給でないが、中小企業退職金共済制度又は確定拠出年金制度への移行、定年の延長等については、使用人との間で所定の手続きが必要であって法人の恣意的な判断で行うものではなく、移行等を機に打切り支給することには相当の理由が認められる。このため、その後の退職金の支給では既往の在職年数を加味しないことを条件として、他の打切り支給と同様、退職給与として損金算入を認めるものである。

なお、従来の勤続年数を打ち切って改訂時から起算して勤続年数を計算することとした場合で、既往分の全部を打切支給するときには上記の取扱いが認められるが、既往分の一部を打切支給するときは、税負担の恣意的な調整が可能となることから、上記の取扱いは認められないものとされている[48]。

(2) 個人事業当時からの使用人

個人事業を引き継いで設立された法人が個人事業当時から引き続き在職する使用人の退職により退職給与を支給した場合に、その退職が設立後相当期間経過後に行われたものであるときは、その支給した退職給与の額を損金の額に算入することとされている（法基通9－2－39）。

48　勤続年数の打切りに伴う退職給与の一部打切支給（国税庁 質疑応答事例（報酬、給料、賞与及び退職給与等）

230　第10章　使用人給与の損金算入

　法人成りした個人事業主がその使用人に対しその在職期間分の退職給
与を支払わず、個人経営時の在職期間に対応する分もまとめて法人がそ
の退職時に退職給与を支給するといった事例が多く見受けられる中、更
正期間との関係で、法人成りから長期間を経て退職するときに個人経営
時の在職期間に対応する退職給与を、個人事業主の事業所得の必要経費
とすることができないといった問題がある。このことから、個人事業主
と法人とは別個の独立した人格を有することを前提とし、法人成りがあっ
た場合には、個人事業期間に係る退職給与は個人で必要経費に（所法63、
所基通63-1）、法人期間に係る退職給与は法人で損金算入するという原
則に反して、その「退職が法人設立後相当期間経過後に行われたもの」[49]
であるときは、その支給した退職給与の額を法人での損金算入を許容す
るものである。

(3) 確定給付企業年金等

　退職した使用人を受給者として年金給付を行うため、事業主が支出し
た次の掛金の額は、その事業主の法人税の課税所得の計算上、損金の額に
算入される[50]。使用人の退職により給付を受けた退職一時金は退職所得
となり、事業主が掛金を支出した時点では、使用人に給与課税をしない。

> ①　独立行政法人勤労者退職金共済機構又は所得税法施行令第74条第5項
> 　に規定する特定退職金共済団体が行う退職金共済制度に係る掛金
> ②　確定給付企業年金法第3条第1項に規定する確定給付企業年金に係る
> 　規約に基づいて支出した掛金

---

[49]　この取扱いでの「相当期間経過後」とは、「課税上の弊害がない限り、一般的には個人所得税の
　最終年分の減額更正との関連において理解しても差し支えない」と解説されている（九訂版法人
　税基本通達逐条解説871頁）。

[50]　使用人が退職に伴って受け取る退職年金等の給付のために信託銀行等に積み立てられている退
　職年金等積立金に対しては、原則として、毎年1％の税率で法人税が課税される。ただし、平成
　11年4月1日から令和2年3月31日までの間に開始する事業年度の退職年金等積立金に対しては、
　法人税を課さないこととしている（法法8、83、84、87、法令135、法規27の20、措法68の4）。

③　確定拠出年金法に規定する企業型年金規約に基づいて企業型年金加入者のために支出した事業主掛金

（注）使用人に対する退職年金の支給を目的とした信託、生命保険又は生命共済の契約で、所定の要件を満たすものとして国税庁長官の承認を受けた契約（適格退職年金契約）に係る掛金についても、同様の措置が認められていたが、適格退職年金制度は、平成14年3月31日において廃止され、平成14年4月1日以後は、原則として新たな契約の締結は適格退職年金契約として認められないことになっている。

第11章

役員退職金

1 役員退職金の意義

(1) 会社法上の意義

　会社法では、取締役に支給する「報酬、賞与その他の職務執行の対価として株式会社から受ける財産上の利益」を「報酬等」と定義しており（会社法361①）、報酬、賞与といった名称を問わず、「職務執行の対価として株式会社から受ける財産上の利益」の一切が報酬等に含まれることになる。会計参与、監査役に支給する報酬等の意義も同様である（会社法361①、379、387）。

　これらの定義規定では、役員退職金を例示していない。しかし、役員退職金には、取締役等の在職中の職務執行の対価として支給するといった性格があり、これは、「職務執行の対価として株式会社から受ける財産上の利益」として「報酬等（会社法361）」に該当することになると解されている（第1章参照）。

(2) 法人税法上の意義

i　所得税法との関係

　所得税法では、「退職手当、一時恩給その他の退職により一時に受ける給与及びこれらの性質を有する給与（退職手当等）」に係る所得を退職所得としている（所法30①）。また、所得税基本通達では、退職手当等を「退職したことに基因して一時に支払われることとなった給与」としている（所基通30-1）。

　一方、法人税法では、退職給与に関する定義規定を設けていない。このため、所得税法上の退職所得、退職手当等を借用してその範囲を画すると、法人税法での退職給与は、原則として、「退職手当、一時恩給その他の退職により一時に受ける給与及びこれらの性質を有する給与」と解することになる。退職手当、一時恩給のほか、「退職により一時に受ける

給与及びこれらの性質を有する給与」の一切が退職給与となり、その名義は問われない。

　また、所得税法では、退職の事実がなく支払われる給与であっても、所定の事実により打切り支給されるものを退職手当等とすることとしている（所基通30－2）。打切り支給については、法人税基本通達でも、実質的に退職したと同様の事情にあると認められることによるものとして、所得税の場合と同様の取扱いを設けている（法基通9－2－32、9－2－35等）。

ii　相続税法との関係

　被相続人の死亡により相続人その他の者がその被相続人に支給されるべきであった退職手当金、功労金その他これらに準ずる給与（又は給付）で被相続人の死亡後3年以内に支給が確定したものの支給を受けた場合には、その給与の支給を受けた者が、その給与を相続又は遺贈により取得したものとみなすこととされている（相法3①二）。この退職手当金等は、その名義のいかんにかかわらず実質上被相続人の退職手当金等として支給される金品をいい（相基通3-18）、この給与には、現物で支給されるものも含まれる（相基通3-24）。

　このみなし相続財産となる退職給与等は、被相続人に支給されるべきであった退職手当金等の額が被相続人の死亡後3年以内に確定したものであるから、実際に支給される時期が被相続人の死亡後3年以内であるかどうかを問わないが、支給されることが確定していてもその額が確定していないものは、これに含まれない（相基通3-30）。また、被相続人の生前退職による退職手当金等であっても、その支給されるべき額が被相続人の死亡前に確定しておらず、被相続人の死亡後3年以内に確定したものは、このみなし相続財産となる退職手当金等に該当する（相基通3-31）。

　このように、相続人その他の者が被相続人に支給されるべきであった退職手当金等の支給を受けた場合には、その給与の支給を受けた者につき相続税が課税されることになる（相法1の3）。

236　第11章　役員退職金

② 役員退職金の損金算入

(1) 役員退職金の損金算入

　役員に支給する退職給与には、近年、業績に連動した指標を基礎として支給されるものが見受けられることから、平成29年度税制改正で、このような退職給与の損金算入についても業績連動給与の損金算入要件を求めることになった。すなわち、役員給与の損金不算入を定める法人税法第34条第1項の規定では、「退職給与で業績連動給与に該当しないもの」がその適用対象である「役員に対して支給する給与」から除外され、「退職給与で業績連動給与に該当するもの」は、法人税法第34条第1項の適用を受けて、その損金算入要件を満たさないものは、損金不算入となる（法法34①）[50]。なお、退職給与の支給額が最終報酬月額に勤務期間月数を乗じてこれに功績倍率を乗ずる方法により算定されることがあるが、これは、業績連動給与に該当しないため、この規定の適用を受けない。

　また、過大役員給与の損金不算入を定める法人税法第34条第2項の規定では、その適用対象である「役員に対して支給する給与」から法人税法第34条第1項の規定の適用があるものが除外されており、「退職給与で業績連動給与に該当しないもの」と「退職給与で損金算入要件（法法34①三）を満たす業績連動給与」は、法人税法第34条第2項の規定の適用を受けることになる。

---

[50]　退職給与で業績連動給与に該当するものについては、条文上、法人税法第34条第1項各号のいずれかに該当すれば、他の損金不算入規定に抵触しない範囲で損金算入されることになりますが、定期同額給与や事前確定届出給与として損金算入されるものは想定されていない（財務省　平成29年度税制改正の解説307頁）。

(2) 損金算入の判定基準

i 役員給与の不相当に高額な部分の金額

　上記(1)のように、役員退職給与で法人税法第34条第1項の適用を受けて損金不算入となるもの以外の役員退職給与のうち、その支給額で「不相当に高額な部分の金額」は損金不算入となる（法法34②）。この規定では、その判定対象となる給与を「役員に対して支給する給与」としているが、「不相当に高額な部分の金額」を具体的に規定する法人税法施行令の現行規定は、この「役員に対して支給する給与」を次のように区分している（法令70）。

---

①　退職給与以外のものの額（③を除く。）

②　退職給与

③　使用人兼務役員の使用人としての職務に対する賞与（他の使用人に対する賞与の支給時期と異なる支給時期に支給したもの）

　このように、役員に対して支給する退職給与以外の給与や使用人兼務役員の使用人としての職務に対する賞与についても、「不相当に高額な部分の金額」が損金不算入となるが（法法34②）、その具体的な判定基準は、各々別異のものとなっている。退職給与以外の給与や使用人兼務役員の使用人としての職務に対する賞与についての「不相当に高額な部分の金額」については、既述したところであり（第7章・第9章）、本章では、役員に対して支給する退職給与の「不相当に高額な部分の金額」につき論述する。

ii 退職給与の不相当に高額な部分の金額

（i）意義等

　退職給与につき損金不算入となる「不相当に高額な部分の金額」は、退職した役員に対して支給した退職給与の額が、その役員のその内国法

238　第11章　役員退職金

人の業務に従事した期間、その退職の事情、その内国法人と同種の事業を営む法人でその事業規模が類似するものの役員に対する退職給与の支給の状況等に照らし、その退職した役員に対する退職給与として相当であると認められる金額を超える場合におけるその超える部分の金額である（法令70①二）。

　これは、個々のケースごとに、諸要素によって総合判断を行い、役員に対して支給した給与の額が役員の職務に対する対価として相当であるかどうかを判定するものであり、退職給与以外の役員給与の判定基準の実質基準に類するものである。

　なお、退職した役員が、その退職した法人から退職給与の支給を受けるほか、退職を基因とする給付であって法人が支給すべき退職給与に代えて支給される下記の給付を受ける場合がある。これらの給付を受ける場合には、その使用人兼務役員又は役員であった期間に係るものの給付額も勘案して、その役員に対して支給する退職給与の額のうち不相当に高額な部分の金額の判定を行うことになる（法基通9－2－31）。

---

① 　厚生年金基金からの給付（旧効力厚生年金保険法第132条第2項《年金給付の基準》に掲げる額を超える部分の金額に限る。）
② 　確定給付企業年金規約に基づく給付
③ 　確定拠出企業型年金規約に基づく給付
④ 　適格退職年金契約に基づく給付

（注）旧効力厚生年金保険法とは、公的年金制度の健全性及び信頼性の確保のための厚生年金保険法等の一部を改正する法律（平成25年法律第63号）附則第5条第1項《存続厚生年金基金に係る改正前厚生年金保険法等の効力等》の規定によりなおその効力を有するものとされる同法第1条《厚生年金保険法の一部改正》の規定による改正前の厚生年金保険法をいう。

　このような取扱いは、過大な使用人退職給与を判定する場合の取扱い（法基通9－2－42）と同趣旨のものである（第10章）。

（ⅱ）判定要素

　退職給与の不相当に高額な部分の金額の判定基準では、総合判断するための要素として次の3項目を明示している。

① 法人の業務に従事した期間

　　例示された判定要素として、まず、退職した役員が法人の業務に従事した期間がある。業務に従事した期間が長ければ、一般的には、その法人に対する貢献度が高いということができ、法人の業務に従事した期間の長短は、退職給与の不相当に高額な部分の金額の判定における一要素となっている。

② 退職の事情

　　次に、例示された判定要素として、退職した役員の退職の事情がある。ここでは、役員定年による退任、自己都合による退任、死亡による退任、不祥事による退任等といった退職の事情を参酌することになる。予定されていた就任期間を通じての貢献があったかどうかといったこと、予定されていた就任期間の中途で退任する場合のその理由が参酌され、また、不祥事の責任をとり退任する場合には、不祥事が今後の法人の事業活動に対しても影響を与えることから、この程度も参酌されることになるものと考える。

③ 類似法人の退職給与の支給の状況

　　次に、例示された判定要素として、「内国法人と同種の事業を営む法人でその事業規模が類似するものの役員に対する退職給与の支給の状況」がある。「同種の事業」で「事業規模が類似」する法人がその役員に対して支給した退職給与の支給状況を比較、参酌するものである。

　　「同種の事業」に関しては、できるだけ細分化した事業分類において同種であることが望ましいが、法人が細分化した事業分類でのデータを収集することは、一般的には困難である。また、「事業規模が類似」に関しては、支給する退職給与の額がその役員の就任期間中の功績と対応するものであることから、純資産額等は、この事業規模が類似す

るかどうかの判断要素となると考える。また、退職給与以外の役員給与での判定基準と異なり「法人の収益状況」が明示されていないが、売上金額等の収益の諸要素は事業規模を図る尺度として一般的なものであり、これらも考慮すべきものと考える。

この類似法人との比較においては、この類似法人をどのようにして選定するのかといったことにつき、退職給与以外の役員給与の場合と同様の問題がある。類似法人をどの範囲（各国税局管内、全国かといった地域性）から選定するのかといった問題、類似法人の規模の判定基準（規模の判定に係る比準要素をどのようにウエイト付けするか）、比較することになる類似法人の役員給与の支給額（平均値か，最高値か）等といった問題である。退職給与の判定基準での判定要素は、必ずしも具体的なものではないことから、課税当局の判断と異なることになる事例も生じている。

なお、この判定基準では、法人税法施行令で明示された判断要素のほか、他の有用な要素を併せて不相当に高額な部分の金額の判定を行うことは可能である[52]。

(3) 使用人兼務役員に支給する退職給与

退職給与につき損金不算入となる「不相当に高額な部分の金額」を規定する法令規定は「退職した役員に対して支給した退職給与」の額としている（法令70二）。このため、法人が退職した使用人兼務役員に対して支給すべき退職給与を役員分と使用人分とに区分して支給した場合においても、その合計額によりその支給額が不相当に高額であるかどうかを判定することになる（法基通9－2－30）。このことは、使用人兼務役員

52　役員退職給与が当該役員の長年の功績に報いる趣旨であるので、上記の明示事項以外の「等」には、退職役員の功績の証ともいえる当該法人の内部留保金額（純資産価額）が重視されるべきであろう（税研190号　p.99　品川芳宣）。

通常の役員給与の場合と異なって、当該法人の収益状況や使用人に対する支給状況が明示されていないが、それらのことが全く無視されてよいわけではないであろう（税研190号　p.99　品川芳宣）。

2　役員退職金の損金算入　　*241*

に対して支給する使用人分の給料手当等に係る実質基準の判定（第7章）
と同様である。

図表11-1　使用人兼務役員に支給した退職給与の不相当に高額な部分（計算例）

役職	役員	支給額	相当な部分の金額	不相当に高額な部分の金額
取締役人事部長	M	20,000,000円 （内、使用人分 12,000,000円）	18,000,000円 （内、使用人分 8,000,000円）	2,000,000円

(4) 支給額の算定基準

　役員退職給与の支給額は、支給法人において定められた支給基準により決定されることになるが、その支給基準には多くのものがある。このうち、主要な支給基準を挙げると、次のようなものがあろう。このような支給基準には、従来、大法人において採用されてきたものもあるが、近年では、中小法人においても多く採用されているように思われる。

① 退職時の最終報酬月額を基礎とする方法

　　この方法は、役員退任のときの最終役位の報酬（月額）に役員在任中の通算年数等を乗じて役員退職給与の支給額を求める方法である。

> **算　式**
>
> 役員退職給与の支給額＝退任時の最終報酬月額×役員通算年数等

　　なお、上記算式に最終役位別係数を乗ずる方法もこれに含まれる。

② 役位別定額を基礎とする方法

　　この方法は、役位別に1年又1期等を単位とした定額を設け、その額にそれぞれの役位に在任した年数や期数等を乗じた額を合計して支給額を求める方法である。

242　第11章　役員退職金

> **算　式**
>
> 取締役社長　　●●●円×在位年数＝●●●円
>
> 専務取締役　　●●●円×在位年数＝●●●円
>
> 常務取締役　　●●●円×在位年数＝●●●円
>
> 役員退職給与の支給額　　　　　　●●●円

③　役位別最終報酬月額を基礎とする方法

　この方法は、在任した役位ごとに、その役位での最終報酬（月額）を基礎に役位別在任年数などを乗じた額を合計して支給額を求める方法である。

> **算　式**
>
> 取締役社長時の最終報酬月額×役位別在任年数＝●●●円
>
> 専務取締役時の最終報酬月額×役位別在任年数＝●●●円
>
> 役員退職給与の支給額　　　　　　　　　　　●●●円

(5)　適正額の判定基準

　役員退職給与の適正額の判定については、過去の裁判例等において、「平均功績倍率法」が用いられることが多い。

　この平均功績倍率法は、判定法人と同業種であって事業規模等が類似する法人（比準法人）の役員退職給与の支給対象者である役員から、判定法人の役員退職給与の支給対象者である役員の地位及び役職などが類似するものを抽出して、その比準法人の役員へ支給された役員退職給与を最終報酬月額に勤続年数を乗じた金額で除して算出された倍率（功績倍率）の平均値をもとに役員退職給与の適正額を算出する方法である。

2 役員退職金の損金算入 243

(平均功績倍率法)

> **算 式**
>
> 役員退職給与の適正額＝最終報酬月額×勤続年数×平均功績倍率
> (注) 平均功績倍率は比率法人の役員退職給与の額に基づき算出された功績倍率
> の平均値である。
>
> 功績倍率＝役員退職給与÷(最終報酬月額×勤続年数)

　平均功績倍率法は、最終月額報酬、勤続年数及び功績倍率をその計算要素としている。このうち、最終月額報酬は、通常、退職役員の在職期間中における報酬の最高額を示すものであるとともに、退職の直前に大幅に引き下げられたなどの特段の事情がある場合を除き、退職役員の在職期間中における法人に対する功績の程度を表す数値である。また、勤続年数は、役員の法人の業務に従事した期間（法令70二）に相当するものである。さらに、功績倍率は、役員退職給与額が退職役員の最終月額報酬に勤続年数を乗じた金額に対し、いかなる倍率になっているかを示す数値であって、退職役員の法人に対する功績や法人の退職給与支払能力等、最終月額報酬及び勤続年数以外の役員退職給与の額に影響を及ぼす一切の事情を総合評価した係数である。

　なお、役員退職給与の支給対象者である役員の法人への貢献度を加味して役員退職給与の支給額が決定されるといったことを踏まえて、適正額判定の安全性のため、複数の比準法人の功績倍率のうち最も高いものをもとに役員退職給与の適正額を算出する方法（最高功績倍率法）もある。しかし、比準法人の抽出が合理的に行われる限り、平均功績倍率法は適正なものと考えられる。

　このように、平均功績倍率法は、役員退職給与の適正額を算出するための一般的な基準となっているが、比準法人の採り方、その情報収集が困難であるといった事情、役員の法人への貢献度の加味等といった特殊事情を原因として、過去の裁判例等で平均功績倍率法により算出される役員退職給与の額が適正かどうか争点となった例もある。

244　第11章　役員退職金

　これらのほか、役員退職給与の適正額の判定方法として１年当たり平均額法がある。これは、比較法人の退職役員の１年当たりの平均退職給与の額にその退職役員の勤続年数を乗じてその役員退職給与の適正額を算出する方法である。近年ではその退職直前の事業年度でその事業成績等を考慮して役員報酬を減額するといった事例も多くあり、役員退職給与の適正額の判定につき「１年当たり平均額法」を用いることには理由がある。

（１年当たり平均額法）

> **算　式**
>
> 　役員退職給与の適正額
> ＝比較法人の退職役員の１年当たりの平均退職給与の額
> ×退職役員の勤続年数
> (注) 比較法人の退職役員の１年当たりの平均退職給与の額は、１年当たりの平均退職給与の額の平均額である。
> 　　　　１年当たりの平均退職給与の額
> 　　　＝比較法人の退職役員の退職給与の額÷その退職役員の勤続年数

　このように、過大役員給与の判定に当たり、平均功績倍率法、最高功績倍率法、１年当たり平均額法があるが、これらのいずれの方法を採用するかといった問題がある。

　まず、役員報酬の引下げ等により退職役員の最終報酬月額が適正でない場合等も見受けられる状況に鑑みて、最終報酬月額を基礎とする功績倍率法によっては、適正な算定ができない例があることから、１年当たり平均額法によるべきとの主張がある。しかし、この方法では、最終月額報酬が全く考慮されておらず、これが退職役員の在職期間中における報酬の最高額を示すものであって、通常、その退職役員の在職期間中における法人に対する功績の程度を最もよく反映しているものといえることから、普遍的にこの方法を採用することには問題があろう。このことから、過大役員退職給与の判定においては、多くの例で功績倍率法が用

いられており、最終報酬月額を基礎とする功績倍率法によっては、適正な算定ができない例等について補完的に1年当たり平均額法を採用することが適当ではなかろうか。功績倍率法の採用と1年当たり平均額法の採用のいずれが適正かといった点が問題となった争訟事例には次のようなものがある。

○　請求人は、元取締役に対し、平成24年6月から同年12月までの間、役員報酬として月額25万円を支給していたところ、その退任後である平成25年1月11日に平成24年6月から同年12月までの間の役員報酬として525万円を追加支給した。これにより、請求人は、元取締役の平成24年6月から同年12月までの役員報酬を月額100万円としたものであるが、株主総会及び取締役会の決議を経ずに追加支給されたものであり、退任後の追加支給であることを踏まえると、これを直ちに最終報酬月額としてみることは相当でない。他方で、元取締役に対して当初支給されていた月額25万円の報酬は、請求人の他の役員の報酬に比べ少額であると認められることからすれば、これが、元取締役の在職期間中における請求人に対する功績の程度を最もよく反映しているものということもできない。そうすると、役員退職給与の適正額の算定方法として平均功績倍率法を用いることが不合理であると認められる特段の事情があるというべきであるから、原処分庁が役員退職給与相当額の算定方法として1年当たり平均額法を用いたことは合理的であるというべきである（法人税 裁決 F0-2-638）。

○　役員退職給与の適正額の具体的な判定基準については「平均功績倍率法」と「1年当たり平均額法」が税法の趣旨に沿ったものであるとされており、一般的には「平均功績倍率法」が多く採用されているが、退職役員の最終報酬月額が適正でない場合、又は適正額に修正することができない場合、例えば、長年代表取締役として会社の中枢にあった者が退職時には非常勤役員となっており、その最終報酬月額がその

246　第11章　役員退職金

役員の在職期間中の職務内容から見て、著しく低額であるような場合にまで平均功績倍率を適用すると、役員退職給与の適正額が著しく低額となることから、このような場合には、1年当たり平均額法を採用することも合理的でないとはいえない（法人税　裁決 F0-2-356）。

○　退職役員の最終報酬月額は、比較法人のそれに比較すれば、著しく低額であるとはいえないものの、その勤続期間に請求人の業績が伸展していることを考慮すれば、相応の上昇の余地があったところであり、最終役員報酬月額は、平均功績倍率法を採用する場合、その算定の要素として使用するについては、法人に対する功績を適正に反映していたものとは認め難いといわざるを得ず、原処分庁が採用した功績倍率法は適当ではなく、役員報酬月額を計算の基礎としない1年当たり平均額法を採用すべきであって、更正処分は、その一部を取り消すべきである（法人税　裁決 F0-2-027）。

○　請求人の退任役員に対する退職給与の額は、功績倍率法により算出した金額と1年当たり平均額法により算出した金額とのうち、いずれか高い金額を超える部分の金額を不相当に高額な部分の金額とすべきであるとの請求人の主張について、原処分庁は1年当たり平均額法は役員退職給与の額の算定の重要な要素である最終報酬月額が考慮されていないため、功績倍率法に比べて合理性を欠くので、採用できないとしたが、最終報酬月額が役員の在職期間を通じての会社に対する貢献を適正に反映したものでないなどの特段の事情があり低額であるときは、最終報酬月額を基礎とする功績倍率法により適正退職給与の額を算定する方法は妥当でなく、最終報酬月額を基礎としない1年当たり平均額法により算定する方法がより合理的である（法人税　裁決 J32-3-09）。

　次に、功績倍率を用いて過大役員退職給与の判定を行うこととする場合に、平均功績倍率法によるべきか、最高功績倍率法によるべきかといっ

2 役員退職金の損金算入 *247*

た問題がある。この点、最高額が必ずしも税務上過大役員給与との判定を受けていないといった事実を踏まえ、判定に係る安全性を考慮して、一義的に最高功績倍率法によるべきとする考え方がある。しかし、抽出された同業類似法人の功績倍率の平均値である平均功績倍率を用いることにより、同業類似法人間に通常存在する諸要素の差異やその個々の特殊性が捨象され、より平準化された数値を得られることから、平均功績倍率により計算することが主流となっている。ただし、同業類似法人の抽出基準が必ずしも十分ではない場合や、その抽出件数が僅少であり、かつ、法人と最高功績倍率を示す同業類似法人とが極めて類似していると認められる場合等には、平均功績倍率法では、同業類似法人間に通常存在する諸要素の差異やその個々の特殊性を捨象し、より平準化された数値を得ることができないことになる場合には、最高功績倍率法により判定を行うとした例もある。最高功績倍率法を採用すべきか、平均功績倍率法を採用すべきかについて判断をした争訟事例には次のようなものがある。

○　（控訴人の「平均功績倍率法、最高功績倍率法及び1年当たり平均額法があるけれども、これらの間に一般的抽象的な優劣関係はなく、いずれも合理的な算定方法であるから、その中でも納税者に有利な最高功績倍率法によるべき」との主張に対し、）平均功績倍率法は、その同業類似法人の抽出が合理的に行われる限り、法36条及び施行令72条の趣旨に最も合致する合理的な方法であって、同業類似法人の抽出基準が必ずしも十分ではない場合、あるいは、その抽出件数が僅少であり、かつ、当該法人と最高功績倍率を示す同業類似法人とが極めて類似していると認められる場合など、平均功績倍率法によるのが不相当である特段の事情がある場合に限って最高功績倍率法を適用すべき（法人税　高裁　Z263-12261）。

○　役員退職給与の適正額の算定にあたり、平均功績倍率法に基づくと、比較法人のうち約半数の法人の退職給与が否認されることとなり、逆に比較法人の役員退職給与が適正額として認められたものだとすると、

248　第11章　役員退職金

これらの平均値を超える部分を不正当とする理由はないから、平均功績倍率法は論理的に成り立ち得ないとの原告会社の主張が、平均功績倍率法は、比較法人の退職給与のうちに、本来否認すべきであったのに実際には否認しなかったものがあり得ることを前提とするものである（仮に、比較法人の退職給与がすべて適正な額の範囲内であることを前提とするならば、最高功績倍率法を用いるしかない）（法人税　地裁　Z245-8543）。

○　役員退職給与の相当額の算定に当たっては、類似法人は1社であるから、平均功績倍率を採用することはできず、また、Aの最終報酬月額が不相当に低額であるという特殊事情がないことから、1年当たり平均額法も採用することは相当でない。さらに当該類似法人の各指標からみると、請求人と事業規模が極めて類似しているとは認めがたく、最高功績倍率法を適用することも相当でない（法人税　裁決　F0-2-309）。

以上のように、平均功績倍率法による算定が主流となっているが、平均功績倍率法による計算では、例えば、退職役員がいかに多大な貢献をしたような者である場合に、このような個々の特別な事情を斟酌できていないことが、しばしば問題提起される。前述のとおり、平均功績倍率法では、業類似法人間に通常存在する諸要素の差異やその個々の特殊性が捨象して、より平準化された数値を得るものであるから、個々の特別な事情を斟酌することはないといった考え方であるが、これを一切斟酌しないために、その判定が適正でなくなっているといった疑念が生じる例もあることも現実である。これは、比較対象法人のとり方の問題にも関係する問題であるが、判定対象法人と極めて類似する法人のみを比較対象法人とすることは、一般的に困難であって、平均功績倍率法による算定上、比較の対象となる法人に、判定対象法人と同様の事情がない場合には、この特殊事情を別途評価する余地があるものと考える。平均功績倍率法による計算を原則とする取扱いの中で、このような特殊事情をどこまで考慮するかといったことが問題となった争訟事例として、次の

ようなものがある。

○ 創業者として好業績の法人である原告を維持発展させた乙の功績は極めて大きいものといえるところ、このような事情は、創業者であること等を比較法人の抽出条件とはしない平均功績倍率の算出過程では考慮されるものではないが、役員退職給与額に相当の影響を及ぼし得る事情と考えられる。また、処分行政庁においては、2法人のみを比較法人として平均功績倍率を3.094と算出し、原告の採用していた功績倍率3.5を近似値として相当としているところ、2法人を抽出する過程で、欠損金が多額であった1法人及び功績倍率のあまりの低さから本来あるはずの退職給与が支給されていないと思われる3法人を除外したことについては、原告と他の同業種・類似規模の法人との業績の差異及び創業者としての功績を踏まえれば、その判断に相応の合理性があるといえる。以上の点に加え原告及び乙の特有の諸事情も合わせ考慮すれば、3.5を超えない範囲による役員退職給与については、直ちに不相当と評価することはできないというべきであり、他に上記範囲の功績倍率による役員退職給与を不相当と評価すべき事情を認めることはできない（TAINS 法人税 地裁Z259-11147）。

○ 退職した役員が創業者であり、原告会社の事業の興隆に尽力したとの事情は、原告会社が右役員の退職給与の額を類似法人の役員退職給与の支給額より、著しく高額にするべき理由とはならない（法人税 地裁 Z165-6176）。

○ 功績倍率を定めるに当たっては、代表取締役か取締役か、また、創業以来の役員であるかどうかなどの名目だけではなく、会社への実際の貢献度等の実質も考慮されるべきであるところ、当審判所の調査によっても、上記の平均功績倍率を本件に当てはめることが相当性を欠くと認められるほどに、F及びHの請求人への貢献度が高かったこと

250 第11章 役員退職金

を裏付ける事情は認められない（法人税 裁決 J74-3-13）。

○ 請求人は、退職役員は創業者であり、請求人を一部上場企業にまで
した者であるという極めて特殊な事情が存在し、平均功績倍率法の前
提条件たる適切な同業類似法人の抽出は困難であるといえるから、平
均功績倍率法で求めた数値は有意なものではないと主張するが、同業
類似法人の抽出に当たっては、請求人と形態、業種、退職役員のその法
人における地位や退職に至る事情及び事業規模等の大まかな基準に
よって候補となる法人を抽出した上、さらに検討を加えて同業類似法
人を決定する方法も許されるものであるから、請求人主張の事情が抽
出基準とされていないことをもって、直ちに本件抽出法人が平均功績
倍率を算定する基礎とはなりえないということにはならない。原処分
庁が採用した抽出基準はこの意味において、なお、合理性を有するも
のということができる（法人税 裁決 F0-2-243）。

○ （「請求人における多大な功績及び退職に当たっての事情等を加味して本
件退職金を支給したことからすれば、一般退職金の額を更に３倍した金額ま
では役員退職給与の額として相当な金額である。）との請求人の主張に対
し、）請求人が主張する一般退職金の額は、甲の最終報酬月額に勤務年
数を乗じた額を３倍して計算しているところ、その３倍の根拠が甲の
在職中における功績を表すものであるとすれば、既に在職中の功績が
加味されていることになるから、請求人の主張する一般退職金の額が、
実質的に平均功績倍率法によって算出される役員退職給与相当額であ
ると認められ、請求人は功績倍率を二重に加味して計算したことにな
るので、合理的な算定方法とは認められない（法人税 裁決 F0-2-354）

○ 請求人の設立以来実質的に社長代理として請求人の業務発展に多大
な貢献をし、昭和36年１月以降は常務取締役と呼称され、それにふさ
わしい功績のあったＢ専務に対し、同人の請求人就職以来の全期間の

功績を評価して、この功績倍率を3倍としこれによって退職給与の額を計算したとしても不合理ではなくこれによって計算した30,000,000円のうちに不相当に高額な部分があるということはできない（法人税 裁決 J28-2-05）。

さらに、功績倍率法や1年当たり平均額法による場合、その比較対象とする法人の抽出基準をどのように考えるかといった問題がある。また、納税者側での情報収集には限界もあり、功績倍率法による適正額の算出にあたっての柔軟な取扱いが行われるといった要請もある。この法人の抽出基準についての争訟事例として、次のようなものがある。

○　創業者として好業績の法人である原告を維持発展させた乙の功績は極めて大きいものといえるところ、このような事情は、創業者であること等を比較法人の抽出条件とはしない平均功績倍率の算出過程では考慮されるものではないが、役員退職給与額に相当の影響を及ぼし得る事情と考えられる。また、処分行政庁においては、2法人のみを比較法人として平均功績倍率を3.094と算出し、原告の採用していた功績倍率3.5を近似値として相当としているところ、2法人を抽出する過程で、欠損金が多額であった1法人及び功績倍率のあまりの低さから本来あるはずの退職給与が支給されていないと思われる3法人を除外したことについては、原告と他の同業種・類似規模の法人との業績の差異及び創業者としての功績を踏まえれば、その判断に相応の合理性があるといえる。以上の点に加え原告及び乙の特有の諸事情も合わせ考慮すれば、3.5を超えない範囲による役員退職給与については、直ちに不相当と評価することはできないというべきであり、他に上記範囲の功績倍率による役員退職給与を不相当と評価すべき事情を認めることはできない（TAINS 法人税 地裁Z259-11147）。

○　役員退職給与の適正額の算定にあたり、本件事業年度における原告

会社の売上金額（約48億円）に照らすと、類似法人を抽出する基準として、課税庁の採用した売上金額が5億円以上200億円以下の基準は広きに失し、売上金額において原告会社の10分の1程度に過ぎない法人を原告会社と類似する法人ということはできないが、比較法人の候補となる法人を抽出する基準としては、売上金額が5億円以上200億円以下とすることも首肯できる（法人税 地裁 Z245-8543）。

○ 役員退職金の適正額の算定にあたり、比較法人の抽出基準として所得金額が事業規模判断の重要な要素であるとの納税者の主張が、一般に事業規模を比較する場合、資本金額、資産内容、従業員数などといった事業形態及び売上高、経常利益などといった事業の動態を含む多数の判断要素があるとともに、判断の仕方も多岐に分かれ得るのであるが、業種の差異にかかわらず、所得金額が常に比較の必要要素となり得べきものとまでは認められないのみならず、少なくとも納税者のような食品製造業における事業規模を比較する上で、所得金額を比較の要素から欠くことができないとしなければならない必然性は何ら認められない（法人税 高裁 Z248-8725）。

○ 相当な役員の退職給与の額の判断をする場合において、比較の対象となるべき法人を選定するための調査に当たり、1）資本金を5,000万円未満の法人としていること（原告の資本金は3,080万円）、2）調査対象地域を経済事情の比較的類似する地域としたこと、3）調査対象法人を「日本標準産業分類（行政管理庁編集）」の大分類に従い原告と同種の事業を営む法人に限定したこと、4）事業規模の類似性を判断する要素として資本金の額のほか、売上金額、総資産価額、及び所得金額を考慮していること、5）退職の事情を健康上の理由（原告役員の退職事由）によるものしか考慮せず、死亡によるものを除外していることはいずれも合理的である（法人税 地裁 Z130-5203）。

○　本件同業類似法人を個別に検討すると、経常利益金額の指数が請求人の100に対し、A社、B社、C社はほぼ倍半基準値内であるが、D社は△15、E社は△8と極端な開差となっていることからすれば、D社とE社の類似性は特に低いものと認められる。

　　原処分庁が採用した同業類似法人の抽出基準には、一応の類似性が認められるところであるが、合理的な基準により抽出された法人であったとしても、個別事情によりその類似性が極端に失われていると判断されるような場合には、そのような法人は除外することが相当である。本件同業類似法人のうち、D社及びE社は、業種、業態、退職者の地位及び退職の事情等において総合的に判断すると、その類似性は極端に低く、請求人の同業類似法人としては不適格であると認められることから、当該2社は除外するのが相当である（法人税　裁決　F0-2-243）。

○　原処分庁が功績倍率の算定基礎とした比較法人のうち、B社の売上金額は、請求人の退職事業年度を含む前3事業年度の平均売上金額の5倍を超えており、その事業規模が請求人と類似するものとは認められず、その他の本件比較法人も、その選定事由に退職の事情が考慮されていないことからすると、請求人との類似性を欠く不適切なものと認められ、原処分庁の主張は採用することはできない。

　　国税不服審判所において、請求人の所在地と経済事情の類似すると認められる■■県下の税務署及び請求人の所在地と経済事情の類似すると認められる県庁所在地を管轄する■■税務署、■■■税務署及び■■税務署において、日本標準産業分類の建設業の中分類、総合工事業に該当する同種の事業を行う法人のうち、退職事業年度を含む前3事業年度の売上金額及び総資産価額が請求人の0.5倍から2.0倍の範囲にある法人で、所得金額については請求人の欠損額を上回らない法人として認定比較法人を抽出した（法人税　裁決　F0-2-030）。

○　原処分庁が選定した類似法人10社と請求人との類似性について検討

したところ、①日本標準産業分類において請求人と同じ製造業に属し、②売上金額、従業員等事業規模はいずれも請求人と類似している、③役員の退職の事情も請求人における甲の退職の事情と同様であることが認められることから、原処分庁が選定した10社は功績倍率算定の基礎とする類似法人として相当と認められ、各社において適用された功績倍率は、最高が3.0最低が1.9で、その平均は2.5であることが認められる。適正退職給与額の算定に当たっては2.5の功績倍率を適用するのが相当と認められるところ、原処分庁は当該功績倍率によらず、10社の最高の功績倍率3.0を適用しているが、請求人に有利となることから、原処分庁が適用した功績倍率3.0は相当と認められる（法人税　裁決　F0-2-665）。

○　「平均功績倍率を少しでも超える功績倍率により算定された役員退職給与の額が直ちに不相当に高額な金額になると解することはあまりにも硬直的な考え方であって、実態に即した適正な課税を行うとする法人税法34条2項の趣旨に反することにもなりかねず、相当であるとはいえない。」とし、「法人税の納税者は、同令70条2号所定の考慮要素である「その内国法人と同種の事業を営む法人でその事業規模が類似するものの役員に対する退職給与の支給の状況」を考慮するに当たり、公刊物等を参酌することで上記の支給の状況を相当程度まで認識することが可能であるとは解されるものの、被告が行う通達回答方式のような厳密な調査は期待し得べくもないから、このような納税者側の一般的な認識可能性の程度にも十分に配慮する必要があり、役員退職給与として相当であると認められる金額は、事後的な課税庁側の調査による平均功績倍率を適用した金額からの相当程度の乖離を許容するものとして観念されるべきものと解される」としたうえで、「少なくとも課税庁側の調査による平均功績倍率の数にその半数を加えた数を超えない数の功績倍率により算定された役員退職給与の額は、当該法人における当該役員の具体的な功績等に照らしその額が明らかに過大であ

ると解すべき特段の事情がある場合でない限り、同号にいう「その退職した役員に対する退職給与として相当であると認められる金額」を超えるものではないと解するのが相当であるというべきである。」(法人税 地裁 Z888-2145)

③ 役員退職金の損金算入時期等

(1) 退職一時金

i 損金算入時期

法人が役員に支給する退職給与で適正な金額は、損金の額に算入される(法法34①②、法令70、法法22③二)。その退職金の損金算入時期は、原則として、株主総会の決議等によって退職金の額が具体的に確定した日の属する事業年度となる(法基通9-2-28)。このため、退職金の額が具体的に確定する事業年度前の事業年度で開催した取締役会で内定した金額を損金経理により未払金に計上する場合には、この事業年度での損金算入は原則として認められない。この「株主総会の決議等」とは、株主総会、社員総会その他これに準ずるものの決議のほか、これらの委任を受けた取締役会等の決議をいう。

この原則的な取扱いに対して、現実の実態に即して法人が退職金を実際に支払った事業年度において損金経理をした場合は、その支払った事業年度において損金の額に算入することも認められている(法基通9-2-28但書)。これは、病気、死亡等により期中退職する場合に株主総会の決議等を待たずあらかじめ定められた支給基準に従い支給したいといった要請や[53]、株主総会の決議等により退職給与の額を定めても、会社経

---

[53] 株主総会の決議等を待たずに役員退職給与を支給する場合に、「退職給与の支払い時に所得税の源泉徴収又はみなし相続財産としての相続税課税がされているにもかかわらず」支払時の損金算入を認めないことは実態に即していないとしている(九訂版法人税基本通達逐条解説859頁)。

営に責任を負っている等といった役員の立場から会社の資金繰り等に配慮しながら支給を行いたいといった要請に配慮した取扱いである。

役員退職給与も他の諸費用と同様、債務確定基準（法法22③二、法基通2－2－12）によりその債務の確定時に損金算入を認めるべきものと考えるが、上記の原則的な取扱いでは、この時が株主総会等の決議時であることを示したものであろう。ただし、株主総会の決議等があった事業年度で役員退職給与の支給をし難いといった現実もあり、このような場合には、例外的ではあるが、損金経理を要件として役員退職金を実際に支払った事業年度で損金算入することを容認する取扱いである。

ii 損金経理要件

従来、役員退職給与については，「損金経理」がその損金算入要件となっていたが、平成18年4月1日以後に開始する事業年度からこれが廃止されている。これは、役員退職給与は、会社法上、他の役員給与と同様、職務執行の対価として会社から受ける財産上の利益に該当し（会社法361①）、これが外部取引であるといったことも踏まえて、法人税法上、「損金経理」を求めないこととしたものである[54]。

このため、役員退職給与引当金を設けている法人が役員退職給与を支払った場合の処理や退職給与を現物支給した場合について、税務上、従来とは異なる取扱いとなる。

まず、役員退職給与引当金を設けている法人が役員退職給与の支払いを行う場合については、役員退職給与引当金を取崩して支給する経理処理（役員退職給与引当金・・・／現金預金・・・）を行い、法人税法申告書で申告調整（別表四・別表五（一）で減算処理）を行うといった方法を採用することができる。また、退職給与を現物支給した場合については、

---

54 役員の職務執行の対価としての性質を有する点で役員給与と同様であり、会社法において利益処分による支給ができないこととされたこと等も踏まえ、損金経理要件が廃止されています（平成18年版「改正税法のすべて」329頁）。

その現物に含み益があるときであっても、過大な役員退職金でない限り、その取引からは課税所得は生じない[55]。

iii 具体的な税務上の処理

（i）経理方法との関係

　法人が役員に支給する退職金の損金算入時期は、上記 i のように、原則として、株主総会の決議等によって退職金の額が具体的に確定した日の属する事業年度となっている。退職日が属する事業年度と株主総会の決議等によって退職金の額が具体的に確定した日の属する事業年度が一致している場合でその事業年度で役員退職金を支給するときに、会計上、「役員退職給与×××／現金預金×××」といった処理を行うと、これは、株主総会の決議等があった事業年度で損金算入を認めるとする税務上の原則処理に一致するため、税務調整を要しない。

　また、例えば、役員の退職日が属する事業年度と株主総会開催日が属する事業年度が異なることが往々にしてあるが、この場合であっても、株主総会で承認を受けその事業年度中に役員退職金を支給して、上記の会計処理を行えば、同様にその損金算入が認められる（図表11-2）。

　しかし、株主総会の決議等によって退職金の額が具体的に確定した日の属する事業年度と退職日の属する事業年度が異なる場合には、支給日がいづれの事業年度に属するか、また、退職日の属する事業年度でどのような経理処理を行ったかに応じて、各々の事業年度で要求される税務上の処理が異なることになる。

55　損金経理要件が要求されていた平成18年度改正前では、役員退職給与引当金を設けている法人が役員退職給与を支給するときには、役員退職給与引当金から直接退職給与を支出する経理をすると損金経理要件を満たさないため、退職給与引当金を取崩して益金算入し、別途、支給した役員退職給与の損金経理を行うといった会計処理を行っていた。また、退職給与の現物支給については、売却取引は時価相当額による一方、損金経理額が簿価相当額であるため、その差額が法人税法上の課税対象となっていた。

図表11-2 株主総会等の開催事業年度で損金経理

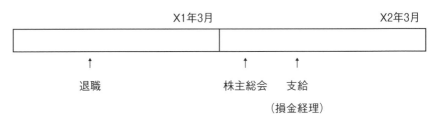

　下記図表11-3のように、役員が死亡退職したような場合には、役員退職金を早々に支給するために、あらかじめ定められた支給基準に従って取締役会で支給額を内定し、これをX1年3月期中に支給することがある。法人がこれを仮払金経理により処理する場合には、退職金の損金算入時期が株主総会の決議等により退職金の額が具体的に確定した日の属する事業年度であるX2年3月期であるため、X1年3月期での申告調整は要しない。また、X2年3月期にこの仮払金を消却（役員退職金として費用処理）する場合には、X2年3月期が退職金の損金算入時期となるため、ここでも申告調整は要しない。

図表11-3 内定した役員退職金を仮払金経理により支給

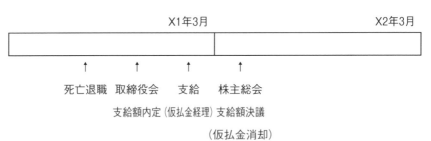

　ただし、下記図表11-4のように、法人がその退職給与の額を支払った日の属する事業年度で支給額を損金経理する場合には、その事業年度での損金算入が認められるから（法基通9-2-28但書）、法人が仮払金経理によらず、支給した役員退職金をX1年3月期で損金経理することで、

同期での損金算入が認められる。

図表11-4　内定した役員退職金を損金経理により支給

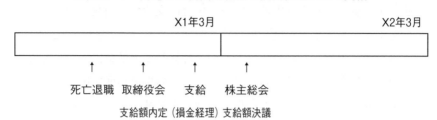

また、下記図表11-5のように、あらかじめ定められた支給基準に従って取締役会で支給額を内定し、これをX1年3月期中に未払金経理により損金算入したうえで、X2年3月期にその未払金を取り崩すことで役員退職給与を支給することがある。この場合、前記通達のただし書きによる損金算入に関してであるが、X1年3月期では役員退職金の支給がないため、この取扱いによる損金算入は認められない。この場合、前記通達本文の原則的な取扱いにより、株主総会の決議等により退職金の額が具体的に確定した日の属する事業年度であるX2年3月期に損金算入することになり、X1年3月期では、その損金不算入の税務調整（未払退職給与否認（加算・留保））を行い、また、X2年3月期では、その損金算入の税務調整（退職給与認容（減算・留保））を行うことになる。

図表11-5　内定した役員退職給与を未払金経理

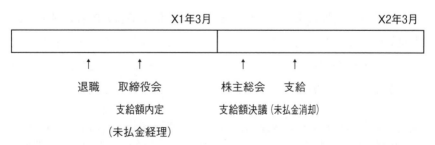

(2) 退職年金の損金算入時期

　法人が退職年金制度を実施している場合に支給する退職年金は、その年金を支給すべき事業年度が損金算入時期となる（法基通9−2−29）。

　このため、退職した時に年金の総額を計算して未払金に計上しても、その全額の損金算入は認められないため、この事業年度で申告加算し、未払金を取り崩して支払った各事業年度で申告減算するといった処理が必要となる[56]。

(3) 役員の分掌変更等があった場合

　現実の退職がなくても、分掌変更等によって役員としての地位や職務の内容が激変して、実質的に退職したと同様の事情にある場合に、支給したものは退職給与として取り扱うことができる（法基通9−2−32）。

　法人税法での退職給与の範囲は、所得税法上の退職所得に該当する退職手当等と関連し、原則として、「退職手当、一時恩給その他の退職により一時に受ける給与及びこれらの性質を有する給与」をいうことになる。この「退職により」支給されることが退職給与の本質であることから、退職給与は、本来、現実に退職を起因として支給されることが求められている。役員の分掌変更等があった場合に退職給与として取り扱うことは、役員退職給与の範囲の問題であるが、同時に役員退職給与の損金算入時期の問題でもある。

　この分掌変更等によって「役員としての地位や職務の内容が激変し、実質的に退職したと同様の事情にある」ことになりうる事実として、次のようなものが例示されている（法基通9−2−32）。ただし、これらの事実が認められる場合であっても、「実質的に退職したと同様の事情にあ

56　退職年金は長期間にわたって支給されるものであるため、費用の発生というよりは、むしろ費用の引当て的な面が他分にあるので、支給到来基準によることとされている（九訂版法人税基本通達逐条解説860頁）。

　　　　　　　　　　　　　3　役員退職金の損金算入時期等　*261*

る」と認められなければ、この取扱いは認められない[57]。

---

① 　常勤役員が非常勤役員になったこと。

　　ただし、常勤していなくても代表権を有する者、実質的にその法人の経営上主要な地位を占めていると認められる者は、この非常勤役員から除かれる。

② 　取締役が監査役になったこと。

　　ただし、監査役でありながら実質的にその法人の経営上主要な地位を占めていると認められる者や、株式等の所有割合により使用人兼務役員として認められない法人の株主等である者（法令71①五）は、この監査役から除かれる。

③ 　分掌変更等の後の役員の給与が激減（おおむね50％以上）減少したこと。

　　ただし、分掌変更等の後においても、その法人の経営上主要な地位を占めていると認められる者は、この役員から除かれる。

　「退職給与として支給した給与」には、原則として、法人が未払金等に計上した場合の当該未払金等の額は含まれないこととされており（法基通9－2－32（注））、この取扱いの適用を受けるためには、退職給与を実際に支給することが求められる。これは、現実の退職がない場合に退職給与として取り扱うといった特例的な取扱いであるためである。なお、この未払金等の計上による適用を認めないとする取扱いは、あくまでも原則として位置づけられており、法人の資金繰り等の理由による一時的な未払い等の場合は容認されることがある[58]。

57　本通達の(1)から(3)（本文①〜③）は、あくまでも例示であり、たとえ形式的に報酬が激減したという事実があったとしても実質的に退職したと同様の事情にない場合には、その支給した臨時的な給与を退職給与として損金算入できる余地がない（九訂版法人税基本通達逐条解説863頁）。
　　※傍線は筆者にて記載

58　役員退職給与という性格上、その法人の資金繰り等の理由による一時的な未払金等への計上までも排除することは適当でないことから、「原則として」という文言が付されているものである（このような場合であっても、その未払の期間が長期にわたったり、長期間の分割払となっているような場合には本通達の適用がない）。（九訂版法人税基本通達逐条解説863頁）。

262 第11章 役員退職金

(4) 被合併法人の役員等に対する退職給与

i 合併に際し退職した被合併法人の役員に支給する退職給与

　合併に際し退職したその被合併法人の役員に支給する退職給与の額が合併承認総会等において確定されない場合に、被合併法人が退職給与として支給すべき金額を合理的に計算し、合併の日の前日の属する事業年度において未払金として損金経理したときには、この損金算入が認められる（法基通 9 - 2 - 33）。

　被合併法人の最後事業年度の末日までに確定していない被合併法人の役員に支給する退職給与の損金算入は認められないことが原則であるが（法基通 9 - 2 - 28）、被合併法人の役員退職給与は、被合併法人にて負担することが適当であるところ、被合併法人での支給額の計算が合理的に計算されていることを条件として、被合併法人での退職給与の損金算入を認めるものである。

ii 合併法人の役員となった被合併法人の役員等に対する退職給与

　被合併法人の役員であると同時に合併法人の役員を兼ねている者又は被合併法人の役員から合併法人の役員となった者に対し、合併により退職給与を支給する場合に、被合併法人が退職給与として支給すべき金額を合理的に計算し、合併の日の前日の属する事業年度において未払金として損金経理したときには、この損金算入が認められる（法基通 9 - 2 - 34、9 - 2 - 33）。

　これも、上記 i と同様、被合併法人の最後事業年度の末日までに確定していない被合併法人の役員に支給する退職給与の損金算入は認められないという原則（法基通 9 - 2 - 28）に対する例外的な取扱いである。

(5) 清算人となった取締役に支給する退職給与

　清算人は、利害関係人若しくは法務大臣の申立てにより又は職権で選

任される場合もあるが（会社法478②〜④）、定款で定める者や株主総会の決議によって選任された者がいない場合には、解散会社の取締役が清算人となる（会社法478①一）。この場合でも、清算人は、取締役とは別の清算株式会社の機関であり（会社法477①、326①）、取締役を退任して清算人となって、専ら現務の結了、債権の取立て及び債務の弁済及び残余財産の分配といった取締役の職務と異なる職務を行うことになる。

　法人が解散し、その取締役が引き続き清算人となって清算事務に従事しているとき、この元取締役に対して退職手当等として一時金を支給することがあるが、この一時金が解散前の勤続期間に係るものとして支払われるものである場合には、所得税法上退職手当等として取り扱われている（所基通30−2(6)）。これは、清算人となった元取締役が引き続いて会社に対して役務提供を継続する関係にあることから、この清算人に一時に支払われる給与はいわゆる打切支給による退職手当等の例として整理されている。すなわち、法人が解散した場合に引き続き清算事務に従事する取締役に対し、その解散前の勤続期間に係る退職手当等として一時に支払われる給与は、その給与が支払われた後に支払われる退職手当等の計算上その給与の計算の基礎となった勤続期間を一切加味しない条件の下に支払われることを条件として、所得税法上は退職手当等と取り扱うこととしている。法人税法上も同様の考え方により、退職給与として取り扱われることとされている[59]。

(6) 使用人等が役員等になった場合に支給する給与

　使用人が役員となる場合、使用人兼務役員が専任役員となる場合、使用人が執行役員となる場合、執行役員が取締役となる場合等、従来の地位が変更となったことに伴って給与が支給されることがある。これらの損金算入時期については、**4**以下で述べる。

59　国税庁質疑応答事例「解散後引き続き役員として清算事務に従事する者に支給する退職給与」

264 第11章　役員退職金

④ 使用人又は使用人兼務役員であった期間に係る退職給与

(1) 使用人が役員に昇格した場合

　法人の使用人が役員に昇格した場合において、退職給与規程に基づき、使用人であった期間の退職給与として計算される金額を支給したときは、その支給した事業年度の損金の額に算入される（法基通9－2－36）。法人と使用人との間には雇用関係、法人と役員との間には委任関係があるが、使用人が役員に昇格する場合には、従来からの雇用契約を解消して新たに委任契約を締結することになり、また、原則として就業規則の適用関係がなくなって役員規定等の適用関係となる。使用人が役員に昇格した後も継続して法人に役務提供を行うことになるが、これらのことからすると、使用人が役員に昇格する場合に支給した使用人であった期間に係る退職給与をこの時に損金算入することには理由がある。なお、このことを規定する前述の通達では、「退職給与規程に基づき当該役員に対してその役員となった時に使用人であった期間に係る退職給与として計算される金額」を支給することを明示している[60]。

　また、この使用人が役員に昇格した場合に支給する退職給与の取扱いは、使用人が役員に昇格した後も継続して法人に役務提供を行っているといった実態を踏まえ、法人がこれを未払金等に計上した場合には認められないこととされており（法基通9－2－36（注）、9－2－35（注））、この取扱いの適用を受けるためには、退職給与を実際に支給することが求められる[61]。

---

[60]　この退職給与は役員となった者に支給するものであるため、計算の恣意性を排除するために、この条件が付されている（九訂版法人税基本通達逐条解説867頁）。

[61]　資金繰りの都合等でやむを得ず短期間その支給が遅れるといった個別事情がある場合はともかくとして、現実に支給するものでなければならない（九訂版法人税基本通達逐条解説867頁）。

(2) 使用人兼務役員が専任役員になった場合

　使用人兼務役員は役員であり、これが副社長や専務取締役など使用人兼務役員とされない役員となっても、役員の退職といった事実がないことから、使用人兼務役員であった期間の使用人の職務に対する退職給与として計算した金額を支給したときは、その役員に対する退職給与以外の給与となる（法基通9－2－37）。使用人兼務役員は、既に委任契約による取締役としての地位を有しており、これが専任役員になったとしても、原則としてこれを退職給与としないこととしたものである[62]。

　しかし、使用人兼務役員は、委任契約による取締役としての地位と雇用契約（労働契約）による使用人としての地位を併存的に有していると解され、使用人としての職務に対する退職給与の額として計算されているものについては、退職給与として損金性が認められ、使用人が役員に昇格する場合（上記(1)）と同様、使用人としての地位の解消を理由として、使用人としての職務に対する退職給与の額の損金算入を認めるといったことが不相当であると断定し難い。そこで、次の要件を満たす退職給与の支給については、解消された使用人としての職務に対する退職給与を清算するものとして、退職給与の打切支給が認められる（法基通9－2－37）。

> ①　過去において使用人から使用人兼務役員に昇格した者（使用人であった期間が相当の期間であるものに限る。）であり、その昇格をした時に使用人であった期間に係る退職給与金の支給をしていないこと。
> ②　支給した給与の金額が使用人としての退職給与規程に基づき、使用人であった期間及び使用人兼務役員であった期間を通算して、その使用人としての職務に対する退職給与として計算され、かつ、退職給与として相当な金額であると認められること。

62　役員でありながら、単にその役員としての地位の変動があったことだけであるから、退職というような事実は存しない（九訂版法人税基本通達逐条解説868頁）。

(3) 退職給与規程の制定等の前の使用人期間に係る退職給与の支給等

　法人が退職給与規程を制定又は改正して、使用人から役員に昇格した者に退職給与を支給することとした場合に、その制定等の時に既に使用人から役員に昇格している者の全員に使用人であった期間の退職給与をその制定時等に支給して損金算入したときは、そのうちの所定の要件を満たすものの損金算入が認められる（法基通9－2－38）。

　法人の使用人が役員に昇格した場合には、その退職給与規程に基づき使用人であった期間に係る退職給与をその事業年度で支給することもできるが（法基通9－2－36）、この取扱いによらず、これを役員の退職時に支給する場合がある。この場合に、法人が新たに退職給与規程を制定し又は従来の退職給与規程を改正して使用人から役員となった者に対してその役員となった時に退職給与を支給することとしたときに、その制定又は改正前に役員となったためにその使用人であった期間に係る退職給与を支給していない役員に退職給与を支給することがある。このような退職給与につき損金算入を認めるのがこの取扱いである。

　この損金算入を認める取扱いでの所定の要件は、次のようなものである。

---

① 　過去において、これらの者に対し使用人であった期間に係る退職給与の支給（9－2－35に該当するものを除く。）をしたことがないこと。

② 　支給した退職給与の額が、その役員が役員となった直前に受けていた給与の額を基礎とし、その後のベースアップの状況等を参酌して計算されるその退職給与の額として相当な額であること。

　上記②では、退職給与の額をベースアップの状況等を参酌して計算することを認めている。これは、退職給与規程の制定又は改正前に役員となった者にその使用人であった期間に係る退職給与を支給する場合には、

使用人が役員となった時から退職給与規程の制定又は改正に伴い退職給与を支給することとした時までに相当の期間が経過していることもありうる。このため、使用人が役員となった時の退職給与の額をその後のベースアップの状況等を参酌して修正する趣旨である。

なお、この取扱いでは、その制定等の時にすでに使用人から役員になっている者の全員に対して退職給与を支給することを求めている。

⑤ 執行役員に支給する退職給与

(1) 執行役員の意義

株式会社は、業務執行権がある取締役（会社法348①）が業務執行を監督することとし、取締役会から委任を受けて実際に事業執行を行う執行役員を設けることがある。この執行役員制度は、意思決定とその監督機能は取締役会に、業務執行は執行役員にというような役割分担を行うことで、少数の構成員による取締役会での迅速な意思決定と執行役員による機動的な業務執行を可能とするものである。

指名委員会等設置会社では、取締役会から委任を受けた事項につき業務の執行の決定と業務の執行を行う執行役を置き（会社法402①）、これに、取締役会の決議によって委任を受けた業務の執行の決定や業務の執行を行わせることで、業務執行の迅速化を図ることができる（会社法416④、418）。執行役員は、この執行役と異なり、会社法での機関ではなく、また、他の法令でもその根拠規定がなく、会社内部で任意に設置される役職名である。執行役員は、一般的には、「会社の重要な使用人」になると解されるため、取締役会がその選任及び解任を行うことになる（会社法362④三）。取締役が執行役員を兼ねることもあるが、取締役ではない幹部従業員に役員待遇として執行役員の地位を付与する例もある。執行役員制度を採用する会社では、任意に制度設計をすることができるため、

268　第11章　役員退職金

執行役員は、役員に準ずるものであったり、単なる使用人の最高位を意味するものであったりとその性格はいろいろである。

(2) 使用人が執行役員に昇格した場合

　使用人から執行役員への就任に伴って、その使用人に一時金を支給した場合、これが退職給与となるかどうかが問題となる。この問題については、下記のように、所得税基本通達で所得税の取扱いが明らかになっており、また、これに関する情報[63]が発遣されている。

《使用人から執行役員への就任に伴い退職手当等として支給される一時金》
30－2の2　使用人（職制上使用人としての地位のみを有する者に限る。）からいわゆる執行役員に就任した者に対しその就任前の勤続期間に係る退職手当等として一時に支払われる給与（当該給与が支払われた後に支払われる退職手当等の計算上当該給与の計算の基礎となった勤続期間を一切加味しない条件の下に支払われるものに限る。）のうち、例えば、次のいずれにも該当する執行役員制度の下で支払われるものは、退職手当等に該当する。

⑴　執行役員との契約は、委任契約又はこれに類するもの（雇用契約又はこれに類するものは含まない。）であり、かつ、執行役員退任後の使用人としての再雇用が保障されているものではないこと

⑵　執行役員に対する報酬、福利厚生、服務規律等は役員に準じたものであり、執行役員は、その任務に反する行為又は執行役員に関する規程に反する行為により使用者に生じた損害について賠償する責任を負うこと

(注)　上記例示以外の執行役員制度の下で支払われるものであっても、個々の事例の内容から判断して、使用人から執行役員への就任につき、勤務関係の性質、内容、労働条件等において重大な変動があって、形式的には継続してい

63　（所得税基本通達30－2の2《使用人から執行役員への就任に伴い退職手当等として支給される一時金》の取扱いについて（法人課税課情報　源泉所得税関係　第2号　平成19年12月5日　国税庁　法人課税課））

> る勤務関係が実質的には単なる従前の勤務関係の延長とはみられないなどの
> 特別の事実関係があると認められる場合には、退職手当等に該当することに
> 留意する。

　この取扱いは、使用人から執行役員への就任に伴い退職手当等として
支給される一時金が退職給与として取り扱うかといった問題に関して、
一時金が打切支給として退職手当等に該当することになるための基準を
示している。退職所得とは、「退職手当、一時恩給その他の退職により一
時に受ける給与及びこれらの性質を有する給与（退職手当等）に係る所
得」をいうが（所法30）、「勤務関係の性質、内容、労働条件等において
重大な変動があって、形式的には継続している勤務関係が実質的には単
なる従前の勤務関係の延長とはみられないなどの特別の事実関係」があ
る場合には、「これらの性質を有する給与」となるものと判事されている
（最高裁第三小法廷昭和58年12月6日判決）。

　前述(1)のように、執行役員の性格は千差万別であるため、結局は、個々
のケースごとにその使用人から執行役員への就任につき「特別の事実関
係」があるか否かの判断を行うことになる。上記の取扱いは、この観点
から「特別の事実関係」があると認められることになる所定の基準を明
らかにしたものと理解する。

　この取扱いの本文の内容は、次のように整理できる。

> ①　使用人は、職制上使用人としての地位のみを有する者であること
> ②　執行役員への就任に伴い支給される一時金が、その就任前の勤続期間
> 　に係る退職手当等として支払われるものであること
> ③　その後に支払われる退職手当等は、執行役員への就任に伴い支給され
> 　る退職手当等の計算の基礎となった勤続期間を一切加味しない条件の下
> 　に支払われるものであること
> ④　例えば、次のいずれにも該当する執行役員制度の下で支払われる給与
> 　で、上記①から③までの要件を満たすものは、退職給与等となること
> 　イ　執行役員との契約は、委任契約又はこれに類するもの（雇用契約又

はこれに類するものは含まない。）であり、かつ、執行役員退任後の使
用人としての再雇用が保障されているものではないこと
ロ　執行役員に対する報酬、福利厚生、服務規律等は役員に準じたもの
であり、執行役員は、その任務に反する行為又は執行役員に関する規
程に反する行為により使用者に生じた損害について賠償する責任を負
うこと

　上記④の基準は、使用人から執行役員への就任により、従前の勤務関
係が変容したことを示す事情を示しており、上記①から③までの要件を
満たす場合に支給する一時金が、この取扱いの注書きにある「形式的に
は継続している勤務関係が実質的には単なる従前の勤務関係の延長とは
みられないなどの特別の事実関係」を例示するものである。
　このうち上記イは、委任契約が締結されることで、雇用契約が失効す
ることとなり、また、使用人としての再雇用が保障されない場合には、
雇用関係の法律関係に立ち戻れず、法人との法律関係が変容したことを
示す事情である。この「執行役員退任後の使用人として再雇用が保障さ
れているものではないこと」に関しては、労使慣行や当事者間において
再雇用を前提としたものでなければ、この要件を満たすが、再雇用が予
定されていることが事実上明らかと認められるような場合に支払われる
一時金は退職手当等として取り扱われない[64]。
　また、上記ロは、報酬、福利厚生、服務規律等の内容や損害賠償責任
といった点に関して法人との関係が変容したことを示す事情である。こ
のうちの損害賠償責任については、使用人に対してもその債務不履行や
不法行為につき損害賠償責任が発生するが（民法415、416、709）、これは、
信義則を根拠としてその責任が制限されることもありうるのに対して、

---

[64]　労使慣行や当事者間の契約において再雇用を前提としていなければよく、結果的に再雇用する
　に至ったとしても、同通達に定める要件を満たす執行役員制度の下で支払われる退職手当は「退
　職所得」として取り扱われる（法人課税課情報　源泉所得税関係　第2号　平成19年12月5日　国
　税庁　法人課税課　2　所得税基本通達30−2の2に関するQ&A　問6）。

5　執行役員に支給する退職給与　　*271*

取締役の損害賠償責任は善管注意義務のほか忠実義務（会社法315）を前提として発生し（会社法423）、その責任が厳格に追及される。単なる労働者としての性格が変容したかどうかを示す指標として、損害賠償責任の程度を斟酌することにしたものと考えられる[65]。

(3)　執行役員が取締役に就任した場合等

執行役員から取締役への就任に伴って執行役員に一時金を支給した場合、これが退職給与となるかどうかといった問題がある。この問題については、執行役員が使用人であることに対して取締役が役員であるといった法的地位の相違を前提として、所得税基本通達30－2(2)の打切支給の取扱いにより、執行役員に支給された一時金は、原則として退職手当等として取り扱うことが示されている[66]。

また、これとは逆に、取締役から執行役員への就任に伴って取締役に一時金を支給する例がある。この場合も、上記(2)の情報で、執行役員と取締役の法的地位の相違に着目し、執行役員への就任に伴って取締役を退任することから、支給された一時金は、原則として退職手当等として取り扱うことが示されている[66]。

---

[65]　所得税基本通達30－2の2《使用人から執行役員への就任に伴い退職手当等として支給される一時金》の取扱いについて（法人課税課情報　源泉所得税関係　第2号　平成19年12月5日　国税庁　法人課税課　1　所得税基本通達30－2の2及びその解説【解説】。

[66]　執行役員は、会社法、法人税法及び所得税法上はあくまでも使用人であって役員ではないのに対し、取締役は会社法において各種の権限や義務が規定された純然たる役員であることから、取締役から執行役員への就任、あるいは、執行役員から取締役への就任については、いずれもその者の法令上の地位に明確な変動がある。
（法人課税課情報　源泉所得税関係　第2号　平成19年12月5日　国税庁　法人課税課　2　所得税基本通達30－2の2に関するQ&A　問2）

272　第11章　役員退職金

法人課税課情報　源泉所得税関係　第2号

（平成19年12月5日 国税庁　法人課税課）

> 使用人からいわゆる執行役員に就任した者に対して打切支給した退職金の所得税法上の取扱いについて定めた所得税基本通達30-2の2の制定の趣旨及びQ&Aを別紙のとおり取りまとめたので、執務の参考とされたい。

1　所得税基本通達30-2の2及びその解説

《使用人から執行役員への就任に伴い退職手当等として支給される一時金》

30-2の2　使用人（職制上使用人としての地位のみを有する者に限る。）からいわゆる執行役員に就任した者に対しその就任前の勤続期間に係る退職手当等として一時に支払われる給与（当該給与が支払われた後に支払われる退職手当等の計算上当該給与の計算の基礎となった勤続期間を一切加味しない条件の下に支払われるものに限る。）のうち、例えば、次のいずれにも該当する執行役員制度の下で支払われるものは、退職手当等に該当する。

(1)　執行役員との契約は、委任契約又はこれに類するもの（雇用契約又はこれに類するものは含まない。）であり、かつ、執行役員退任後の使用人としての再雇用が保障されているものではないこと

(2)　執行役員に対する報酬、福利厚生、服務規律等は役員に準じたものであり、執行役員は、その任務に反する行為又は執行役員に関する規程に反する行為により使用者に生じた損害について賠償する責任を負うこと

(注) 上記例示以外の執行役員制度の下で支払われるものであっても、個々の事例の内容から判断して、使用人から執行役員への就任につき、勤務関係の性質、内容、労働条件等において重大な変動があって、形式的には継続している勤務関係が実質的には単なる従前の勤務関係の延長とはみられないなどの特別の事実関係があると認められる場合には、退職手当等に該当することに留意する。

【解説】所得税法上、退職所得とは、「退職手当、一時恩給その他の退職に

より一時に受ける給与及びこれらの性質を有する給与に係る所得をいう。」
とされている（所法30①）。ここでいう「これらの性質を有する給与」について、判例は、「勤務関係の性質、内容、労働条件等において重大な変動があって、形式的には継続している勤務関係が実質的には単なる従前の勤務関係の延長とはみられないなどの特別の事実関係があることを要するものと解すべき」（最高裁第三小法廷昭和58年12月6日判決）としている。

　ところで、執行役員制度とは、取締役会の担う①業務執行の意思決定と②取締役の職務執行の監督、及び代表取締役等の担う③業務の執行のうち、この③業務の執行を「執行役員」が担当するというものである。導入の趣旨は、取締役会の活性化と意思決定の迅速化という経営の効率化、あるいは監督機能の強化を図るというもので、取締役会の改革の一環とされている。もっとも、この「執行役員制度」あるいは「執行役員」については、法令上にその設置の根拠がなく導入企業によって任意に制度設計ができることから、当該執行役員の位置付けは、役員に準じたものとされているものや使用人の最上級職とされるものなど区々となっている。

　そこで、使用人から執行役員への就任時に退職手当等として支給される一時金が退職所得に該当するか否かは、個々の執行役員制度に応じて、その使用人から執行役員への就任について、最高裁判決でいう「特別の事実関係」があるか否かによって判断することとなるが、所得税基本通達30-2の2に定める要件のいずれも満たす場合には、

① 　雇用契約を終了させ、新たに委任契約が締結される場合には、法律関係が明確に異なること

② 　執行役員の任期は通常1年ないし2年とされており、使用人としての再雇用が保障されていない場合には、任期満了時には執行役員等として再任されない限り、会社を去らざるを得ないこと

③ 　法律関係を委任契約とし、報酬、福利厚生、服務規律等を役員に準じたものとする場合には、使用人に対する就業規則等は適用されず、労働基準法等の適用も制限されること

④ 　損害賠償責任について、使用人は、労働法上、故意又は重過失の場合に限られているのに対し、取締役は、過失責任とされており、執行

274　第11章　役員退職金

　役員についても、役員と同様のレベルまでは求めないとしても、役員
に準ずる責任を有している場合には、地位の変動等が認められること
から、単なる従前の勤務関係の延長ではなく、その使用人から執行役員
への就任について「特別の事実関係」があると認められる。

　したがって、本項は、このような「特別の事実関係」があると認めら
れる場合に打切支給される退職給与については、税務上も退職所得とし
て取り扱う旨を明らかにしたものである。

2　所得税基本通達30−2の2に関するQ&A

（執行役員との契約関係が雇用契約の場合）

> 問1　当社の執行役員制度では、使用人から執行役員に就任する場合、
> 雇用契約をいったん解除し、新たに雇用契約を締結することとし、執
> 行役員に対する報酬、福利厚生、服務規律等は役員に準じたものとし
> ている。
>
> 　この場合、執行役員就任時に退職手当として打切支給する一時金は、
> 退職所得として取り扱われるか。

（答）原則として、給与所得（賞与）として取り扱われる。

　執行役員との契約関係が雇用契約の場合、会社との契約関係には変動
がない（雇用契約が継続している）こととなる。また、報酬、福利厚生、
服務規律等は役員に準じたものであるとしても、労働法上は労働者に該
当することに変わりはなく、労働者としての保護を受けることから、一
般的には勤務関係の性質、内容、労働条件等において重大な変動がある
とは認められない。

　したがって、その執行役員就任時に支払われる退職手当は、原則とし
て、給与所得（賞与）として取り扱われる。

（取締役から執行役員へ又は執行役員から取締役へ就任した場合）

> 問2　当社では、所得税基本通達30−2の2に定める要件を満たす執行
> 役員制度を採用している。今般、取締役Aを取締役から退任させ執行役
> 員に就任させることとし、Aに対して取締役就任期間に係る退職手当

5　執行役員に支給する退職給与　*275*

を打切支給した場合、その退職手当は退職所得として取り扱われるか。

　また、執行役員から取締役に就任させ、執行役員就任期間に係る退職手当を打切支給した場合はどうか。

（答）原則として、退職所得として取り扱われる。

　執行役員は、会社法、法人税法及び所得税法上はあくまでも使用人であって役員ではないのに対し、取締役は会社法において各種の権限や義務が規定された純然たる役員であることから、①取締役から執行役員への就任、あるいは、②執行役員から取締役への就任については、いずれもその者の法令上の地位に明確な変動がある。

　したがって、それぞれの就任時に退職手当等として支給される一時金の所得区分については、①取締役から執行役員へ就任する場合は役員を退任するという事実があることから、また、②執行役員から取締役へ就任する場合は所得税基本通達30－2(2)により、原則として、いずれも退職所得として取り扱うこととなる。

　ただし、執行役員と取締役との間の就任・退任を繰り返すような場合において、勤務関係の性質、内容、労働条件等において重大な変動があると認められない場合にあっては、たとえ打切支給するものであっても、退職所得ではなく給与所得（賞与）として取り扱うこととなる。

（使用人の最上級職との位置付けの執行役員制度から所得税基本通達30－2の2に定める要件を満たす執行役員制度に変更した場合）

問3　当社では、従来、執行役員は使用人の最上級職との位置付けであったため、使用人が執行役員に就任したときには退職手当は支給していなかった。

　しかし、今般、執行役員制度を所得税基本通達30－2の2に定める要件を満たすものに改め、併せて退職給与規程を改正し、執行役員全員に対して制度改変までの勤続期間に係る退職手当を打切支給することとした。

　この退職手当として打切支給する一時金は、退職所得と取り扱われるか。

276　第11章　役員退職金

（答）原則として、退職所得として取り扱われる。

　使用人の最上級職との位置付けである執行役員は、会社とは雇用契約の関係にあり、労働法上の労働者としての地位を有していることから、使用人から当該執行役員に就任したとしても、一般的には労働条件等に重大な変動があって「特別の事実関係」があるとは認められない。

　これに対して、所得税基本通達30－2の2に定める要件を満たす執行役員制度の下での執行役員は、会社とは委任契約の関係にあり、服務規律等も役員に準じたものとなっているため、労働基準法等の適用においても自ずと制限があり、使用人と当該執行役員とでは、労働条件等に重大な変動があって「特別の事実関係」があると認められる。

　したがって、使用人の最上級職との位置付けである執行役員から所得税基本通達30－2の2に定める要件を満たす執行役員制度の執行役員に就任させた場合には、勤務関係の性質、内容、労働条件等に重大な変動があって従前の勤務関係の延長とはみられないなどの特別の事実関係があるといえるので、打切支給する制度改変までの勤続期間に係る退職手当は、退職所得として取り扱って差し支えない。

　なお、執行役員が使用人としての最上級職との位置付けのため、執行役員就任時に退職金を支給していない場合において、取締役等の役員に就任した時に使用人期間及び執行役員期間を通算して打切支給する退職金については、所得税基本通達30－2(2)により退職所得として取り扱われる。

（退職給与規程を改正して既に執行役員に就任している者に対してその就任前の勤続期間に係る退職手当を打切支給した場合）

問4　当社では、従来、役員又は使用人が実際に退社する時に退職手当を支払うこととし、使用人が役員又は執行役員に就任した時には退職手当を支給していなかった。

　しかし、今般、退職金給付債務削減の観点から、退職給与規程を改正し、使用人から役員又は執行役員への就任時に、就任前の勤続期間に係る退職手当を打切支給することとし、役員又は執行役員について

5 執行役員に支給する退職給与　　*277*

は退職給与規定を設けないこととした。また、この改正に伴い、既に
使用人から役員又は執行役員になっている者の全員に対しても就任前
の勤続期間に係る退職手当を打切支給することとした。

　この退職手当として打切支給する一時金は、退職所得として取り扱
われるか。

　なお、当社の執行役員制度は、所得税基本通達30－2の2に定める
要件を満たしている。

（答）原則として、退職所得として取り扱って差し支えない。

　使用人から役員になった者に対しその使用人であった勤続期間に係る
退職手当等として支払われる給与で、その給与が支払われた後に支払わ
れる退職手当等の計算上その給与の計算の基礎となった勤続期間を一切
加味しない条件の下に支払われるものは、退職所得として取り扱うこと
とされている。この退職手当等とされる給与には、退職給与規程の制定
又は改正をして、使用人から役員になった者に対しその使用人であった
期間に係る退職手当等を支払うこととした場合において、その制定又は
改正の時に既に役員になっている者の全員に対し当該退職手当等として
支払われる給与で、その者が役員になった時までの期間の退職手当等と
して相当なものも含まれる（所基通30－2(2)）。

　また、所得税基本通達30－2の2の取扱いは、同通達に定める要件を
満たす執行役員制度の下では、その執行役員の労働条件等は一般の使用
人のそれとは異なるものと解されることからすると、退職給与規程を改
正して既に執行役員に就任している者に対して就任前の勤続期間に係る
退職手当を打切支給する場合においても、執行役員就任時までの期間の
退職手当等として相当なものであれば、退職所得として取り扱って差し
支えない。

（使用人としての職制上の地位を有する執行役員に就任させた場合）

問5　当社では、使用人Aとの雇用契約をいったん解除し、新たに委任
　契約を締結して執行役員に就任させるが、当社の執行役員制度では、
　執行役員の業務執行範囲を明確にするため、「執行役員営業部長」と

278　第11章　役員退職金

いった使用人としての職制上の地位も付与する。

　このような使用人としての職制上の地位を有する場合であっても、所得税基本通達30－2の2に定める要件を満たす執行役員制度の下での執行役員であれば、打切支給する執行役員就任前の勤続期間に係る退職手当は、退職所得として取り扱ってよいか。

（答）原則として、退職所得と取り扱って差し支えない。

　執行役員が使用人としての職制上の地位を有する場合であっても、所得税基本通達30－2の2に定める要件を満たす執行役員制度の下での執行役員であれば、会社との法律関係、労働条件等及び会社に対する責任の違いから、一般の使用人とは労働条件等に重大な変動があって特別の事実関係があるといえるので、打切支給される執行役員就任前の勤続期間に係る退職手当等は、原則として、退職所得として取り扱って差し支えない。

（執行役員の任期満了後、使用人として再雇用した場合）

問6　当社では所得税基本通達30－2の2に定める要件を満たす執行役員制度を導入し、使用人から執行役員に就任したAに対しては、その就任前の勤続期間に係る退職手当を打切支給していた（退職所得として課税済み）。

　今般、Aは任期満了により執行役員を退任することとなったが、Aは社内業務にも精通していることから、引き続き使用人として再雇用することとした。この場合、過去に支給した退職手当は給与所得として是正しなければならないのか。

（答）原則として、過去に支給した退職手当を給与所得として是正する必要はない。

　所得税基本通達30－2の2でいう「執行役員退任後の使用人として再雇用が保障されているものではないこと」とは、労使慣行や当事者間の契約において再雇用を前提としていなければよく、結果的に再雇用するに至ったとしても、同通達に定める要件を満たす執行役員制度の下で支

払われる退職手当は「退職所得」として取り扱われる。

　ただし、事実認定の問題として、再雇用が予定されていることが事実上明らかと認められるような場合についてまで同通達の要件を満たすものと取り扱うものではない。

（執行役員はみなし役員に該当するか）

問7　当社では所得税基本通達30－2の2に定める要件を満たす執行役員制度を採用している。この制度の下での執行役員は法人税法施行令第7条に規定するいわゆるみなし役員に該当することとなるのか。

（答）所得税基本通達30－2の2に定める要件を満たす執行役員制度の下での執行役員が、直ちにみなし役員に該当するとは限らない。

　法人の使用人（職制上使用人としての地位のみを有する者に限る。）以外の者でその法人の経営に従事しているものは、税務上役員とされる（法法2十五、法令7）。

　ところで、執行役員制度とは、取締役会の担う①業務執行の意思決定と②取締役の職務執行の監督、及び代表取締役等の担う③業務の執行のうち、この③業務の執行を「執行役員」が担当するというものである。

　この執行役員制度の下での執行役員は、一般に、代表取締役等の指揮・監督の下で業務執行を行い、会社の経営方針や業務執行の意思決定権限を有していないことから、「法人の経営に従事しているもの」には該当しないものと考えられる。

　したがって、所得税基本通達30－2の2に定める要件を満たす執行役員制度の下での執行役員が、直ちにみなし役員に該当するとは限らない。

　なお、個々の執行役員制度によっては、その執行役員が会社の経営方針や業務執行の意思決定に参画することも予想され、その場合にはみなし役員に該当することとなる。

第12章

役員等への
インセンティブ報酬

概要

　欧米各国では、従来から多く利用されてきたストック・オプションに加えて、パフォーマンス・シェアやリストリクテッド・ストックといった新しいタイプの株式報酬制度が発展してきている。日本でも、従来から株式報酬制度としてストック・オプションが利用されてきたが、近年、株式交付信託を用いてインセンティブ効果を実現する制度も見受けられるようになっている。今後も、中長期の企業価値向上に資するインセンティブとして株式報酬制度の導入が期待されており、持続的な成長に向けた健全なインセンティブとして機能する報酬制度の設計は、取締役会の役割・責務として、コーポレートガバナンス・コード（株式会社 東京証券取引所）でも要請されているところである[67]。

　株式報酬制度には、いろいろなものがあるが、そのうちの主なものの概要は、次のようなものである。

①　ストック・オプション（Stock Option）

　　ストック・オプションは、役員が予め決められた価格（有償又は無償）で自社株を買う権利である。

　　これには、株価の値上がり部分を役職員の報酬とする目的で発行されるもので、行使価格を発行時の時価相当額（以上）として無償発行するもの（通常型ストック・オプション）、行使条件を付けて発行時の価格で有償発行するもの（有償ストック・オプション）のほか、権利行使

67　コーポレートガバナンス・コード
　【原則４−２．取締役会の役割・責務(2)】
　　経営陣の報酬については、中長期的な会社の業績や潜在的リスクを反映させ、健全な企業家精神の発揮に資するようなインセンティブ付けを行うべきである。
　補充原則４−２①
　　取締役会は、経営陣の報酬が持続的な成長に向けた健全なインセンティブとして機能するよう、客観性・透明性ある手続に従い、報酬制度を設計し、具体的な報酬額を決定すべきである。その際、中長期的な業績と連動する報酬の割合や、現金報酬と自社株報酬との割合を適切に設定すべきである。

価格を極めて低額に設定して、株式自体を報酬とする目的で発行されるもの（株式報酬型ストック・オプション）がある。

② リストリクテッド・ストック（Restricted Stock）

リストリクテッド・ストックは、役員や従業員に一定期間の譲渡制限を付して株式を報酬として無償で付与する報酬である。一定期間（役員等の在職期間）その株式の処分や売却を制限（禁止）して、報酬等の取り逃げを防ぎ、設定された条件が達成できない場合に没収される。

③ パフォーマンス・シェア（Performance Share）

パフォーマンス・シェアは、一般的には、譲渡制限を付して現物の株式を支給し、その後に中長期の業績目標の達成度合いに応じ、譲渡制限を解除するものである。譲渡制限が解除されない株式については、役員から無償取得することになる。

④ ファントムストック（Phantom Stock）

ファントムストックは、役員や従業員に付与される実際には存在していない架空の株式である。役員や従業員には、実際の株式又は株式の購入権を与えられないが、株式を付与したものと仮装し、自社の株価の値動きに応じ、取得時点の株価と一定期間経過後の株価との評価差益部分が現金で付与される。

⑤ ストック・アプリシエーション・ライト（Stock Appreciation Rights（SAR））

ストック・アプリシエーション・ライトは、株式の市場価格が予め定められた価格を上回っている場合に、その上回っている金額相当額の交付を受ける権利である。主に株価に連動して金銭を支給する業績連動給与である。

⑥ 株式交付信託

株式交付信託は、法人（委託者）から信託された金銭を信託銀行（受託者）がこれを原資に市場から株式を取得して、役員等に株式を付与するものである。福利厚生目的で信託を通じて従業員に株式を付与す

るものは、「日本版ESOP」と称される。

② ストック・オプション

(1) ストック・オプションの意義

　ストック・オプション（Stock Option）とは、あらかじめ決められた価格（権利行使価格）で自社株を購入できる権利をいい、会社の役員、従業員等に対する報酬の一形態である。株価と権利行使価格の差額（又は株価）が利益となるため、自社株の時価が上昇するほどオプションを付与されている役員、従業員等の報酬が大きくなり、株価上昇時の売却を期待するといった役員、従業員等のモチベーションを向上させるといった効果を有する。

　このストック・オプション制度は、平成9年の商法改正により、取締役及び従業員を付与対象者として自己株式方式又は新株引受権方式で導入されたものである。平成13年の商法改正により、ストック・オプション付与対象者が会社の取引先や関連会社役員等にも拡充されるとともに、自己株式方式のストック・オプションが廃止されて新株予約権方式による制度となり、その新株予約権の内容は会社がその発行手続において定めるべき事項となった。その後、平成18年に制定された会社法では、新株予約権を発行する場合の多様化を踏まえて、新株予約権の内容に関する包括的な規定が設けられ、新株予約権の内容は発行手続において会社が定めるべき事項ではなくなっている。

　しかし、ストック・オプションは、前述のとおり、役員、従業員等の報酬としてこれらに付与するものであって、その職務執行に対する対価としての性格を有している。このため、ストック・オプションを取締役に付与するにあたっては、取締役の報酬等の決定に係る手続きを要する。

　なお、株式会社は、発行する新株引受権の引受者の募集をしようとす

る場合に、募集新株予約権と引換えに金銭の払込みを要しないこととする場合以外の場合には、募集新株予約権の払込金額又はその算定方法を定めなければならないとされている（会社法238①二・三）。この場合、新株予約権者は、所定の期日までに、所定の払込みの取扱いの場所において、募集新株予約権の払込金額の全額を払い込まなければならないが（会社法246①）、これに代えて、新株予約権者は、株式会社の承諾を得て、払込金額に相当する金銭以外の財産を給付し、又はその株式会社に対する債権をもって相殺することができることとされている（会社法246②）。

このことから、ストック・オプションは、役員等がその役務提供により取得する報酬債権と払込義務を相殺するといった考え方によることができる。

(2) 新株予約権の発行手続

ストック・オプションの付与については、これが新株予約権の発行取引に該当することから、会社法の新株予約権の発行手続を要し、また、これが取締役の職務執行等に対する対価（報酬等）としての性格を有していることから、会社法の取締役の報酬等決定に係る手続きが必要となる。

このうち、まず、前者の新株予約権の発行手続についてであるが、これを一般的な新株予約権の発行手続として述べると、次のようなものである。

① 募集事項の決定

株式会社が第三者割当て又は公募の方法によって新株予約権を発行する場合、原則として、株主総会の特別決議（会社法238①②、309②六）によって、イからトの募集事項を定める。

イ 募集新株予約権の内容及び数

ロ 募集新株予約権と引換えに金銭の払込みを要しないこととする場合には、その旨

ハ ロに規定する場合以外の場合には、募集新株予約権の払込金額（募集

新株予約権1個と引換えに払い込む金銭の額をいう。）又はその算定方法
ニ　募集新株予約権を割り当てる日（割当日）
ホ　募集新株予約権と引換えにする金銭の払込みの期日を定めるときは、
　　その期日
ヘ　募集新株予約権が新株予約権付社債に付されたものである場合には、
　　募集社債に関する事項
ト　募集新株予約権が新株予約権付社債に付されたものである場合におい
　　て、新株予約権付社債に付された募集新株予約権の買取請求等の方法に
　　つき別段の定めをするときは、その定め

　なお、公開会社は、新株予約権の有利発行（会社法238③）に該当す
る場合を除き、募集事項を取締役会の決議で定めることができる（会
社法240①）。この取締役会決議で新株予約権の募集事項を定めた会社
は、割当日の2週間前までに募集事項を株主に対して通知又は公告を
する（会社法240②③）。ただし、上場会社等が割当日の2週間前までに
有価証券届出書を出していること等により、株主の保護に欠けるおそ
れがない場合には、通知・公告を省略できる（会社法240④、会社法施
行規則53）。

　また、募集事項の決定を、株主総会の特別決議により、取締役（取
締役会設置会社である場合は、取締役会）に委任することができる（会社
法239①）。この場合、株主総会では、下記イからハの事項を定めるこ
とになる（会社法239①一〜三）。この場合、取締役会は、株主総会決議
日から1年以内に、付与対象者、数量、発行価額等を決定して、発行
手続を行うことを要する（会社法239③）。

イ　その委任に基づいて募集事項の決定をすることができる募集新株予約
　　権の内容及び数の上限
ロ　無償で募集新株予約権を発行する場合には、その旨
ハ　無償発行でない場合には、募集新株予約権の払込金額の下限

② 有利発行を必要とする理由の説明

新株予約権の有利発行に該当する場合、取締役は、株主総会におい
て、その有利発行を必要とする理由を説明しなければならない（会社
法238③、240①）。

③ 申込み

会社は、引受けの申込みをしようとする者に対して、募集事項等を
通知する（会社法242①）。募集に応じて募集新株予約権の引受けの申込
みをする者は、次に掲げる事項を記載した書面を株式会社に交付しな
ければならない（会社法242②）。

イ　申込みをする者の氏名又は名称及び住所

ロ　引き受けようとする募集新株予約権の数

（注）申込みの省略につき、下記⑤

④ 割当て

会社は、申込者の中から新株予約権の割当てを受ける者を定め、そ
の者に割り当てる募集新株予約権の数を定める（会社法243①）。

この場合、イ及びロのときには、定款に特段の定めがある場合を除
き、株主総会（取締役会設置会社である場合は、取締役会）の決議で、割
当て先の決定を要する（会社法243②）。

イ　募集新株予約権の目的である株式の全部又は一部が譲渡制限株
　　式である場合

ロ　募集新株予約権が譲渡制限新株予約権である場合

（注）割当ての省略につき、下記⑤

⑤ 引受契約の締結

募集新株予約権を引き受けようとする者がその総数の引受けを行う
契約を締結する場合には、上記④の申込みと上記⑤の割当ての手続き
は適用しない（会社法244①）。この場合で、次に該当するときは、会社
は、定款に別段の定めがある場合を除き、株主総会（取締役会設置会社
にあっては、取締役会）の決議によって、その契約の承認を受けなけれ

ばならない（会社法244③）。

イ　募集新株予約権の目的である株式の全部又は一部が譲渡制限株式であるとき。

ロ　募集新株予約権が譲渡制限新株予約権であるとき。

（注）ストック・オプションに係る新株予約権の付与対象者は、あらかじめ定まっており、また、その引受ける意思も確認されている。このため、通常、株主総会等の承認等を経た引受契約の締結により申込み及び割当ての手続きが省略できる。

⑥　新株予約権に関する登記

新株予約権に関する事項に変更が生じたときは、2週間以内に、本店所在地の管轄法務局でその登記を行う（会社法911、915）。

⑦　払込み

募集新株予約権の割当てを受けた者は、無償発行の場合を除き、払込期日までに、会社が定めた払込取扱金融機関において、払込金額の全額を払い込む（会社法246①）。払込みがなされないときは、新株予約権は行使できないものとなって（会社法246③）、新株予約権は消滅する（会社法287）。

なお、会社が新株予約権を発行する場合、所定の事項を新株予約権の内容とすることが求められる（会社法236①）。

この所定の事項は、次のようなものである。

①　新株予約権の目的である株式の数（種類株式発行会社にあっては、株式の種類及び種類ごとの数）又はその数の算定方法

②　新株予約権の行使に際して出資される財産の価額又はその算定方法

③　金銭以外の財産を当該新株予約権の行使に際してする出資の目的とするときは、その旨並びに当該財産の内容及び価額

④　新株予約権を行使することができる期間

⑤　新株予約権の行使により株式を発行する場合における増加する資本金及び資本準備金に関する事項

⑥　譲渡による当該新株予約権の取得についてその株式会社の承認を要することとするときは、その旨

⑦　新株予約権について、当該株式会社が一定の事由が生じたことを条件としてこれを取得することができることとするときは、次に掲げる事項

イ　一定の事由が生じた日にその株式会社がその新株予約権を取得する旨及びその事由

ロ　株式会社が別に定める日が到来することをもってイの事由とするときは、その旨

ハ　イの事由が生じた日にイの新株予約権の一部を取得することとするときは、その旨及び取得する新株予約権の一部の決定の方法

ニ　イの新株予約権を取得するのと引換えにその新株予約権の新株予約権者に対してその株式会社の株式を交付するときは、その株式の数（種類株式発行会社にあっては、株式の種類及び種類ごとの数）又はその算定方法

ホ　イの新株予約権を取得するのと引換えにその新株予約権の新株予約権者に対してその株式会社の社債（新株予約権付社債についてのものを除く。）を交付するときは、その社債の種類及び種類ごとの各社債の金額の合計額又はその算定方法

ヘ　イの新株予約権を取得するのと引換えにその新株予約権の新株予約権者に対してその株式会社の他の新株予約権（新株予約権付社債に付されたものを除く。）を交付するときは、他の新株予約権の内容及び数又はその算定方法

ト　イの新株予約権を取得するのと引換えにその新株予約権の新株予約権者に対してその株式会社の新株予約権付社債を交付するときは、その新株予約権付社債についてのホに規定する事項及びその新株予約権付社債に付された新株予約権についてのヘに規定する事項

チ　イの新株予約権を取得するのと引換えにその新株予約権の新株予約権者に対してその株式会社の株式等以外の財産を交付するときは、その財産の内容及び数若しくは額又はこれらの算定方法

⑧　株式会社が次のイからホまでに掲げる行為をする場合において、その

新株予約権の新株予約権者にそのイからホまでに定める株式会社の新株予約権を交付することとするときは、その旨及びその条件

イ　合併（合併によりその株式会社が消滅する場合に限る。）　合併後存続する株式会社又は合併により設立する株式会社

ロ　吸収分割　吸収分割をする株式会社がその事業に関して有する権利義務の全部又は一部を承継する株式会社

ハ　新設分割　新設分割により設立する株式会社

ニ　株式交換　株式交換をする株式会社の発行済株式の全部を取得する株式会社

ホ　株式移転　株式移転により設立する株式会社

⑨　新株予約権を行使した新株予約権者に交付する株式の数に一株に満たない端数がある場合において、これを切り捨てるものとするときは、その旨

⑩　新株予約権（新株予約権付社債に付されたものを除く。）に係る新株予約権証券を発行することとするときは、その旨

⑪　新株予約権証券を発行する場合（⑩の場合）において、新株予約権者が記名式と無記名式との間の転換（会社法290）に係る請求の全部又は一部をすることができないこととするときは、その旨

(3) 報酬等決定に係る手続き

　ストック・オプションは、役員、従業員等の職務執行等に対する対価（報酬等）としての性格を有するため、取締役に対して付与するストック・オプションについては、取締役の報酬等決定に係る手続き（会社法361①）が必要となる。このため、ストック・オプションの付与にあたっては、定款に定めがないときには、株主総会において報酬等の内容を決議しなければならない。ただし、この手続きは、株主総会での報酬決議により報酬の上限を定めてお手盛り等を防止する趣旨のものであることから、付与する新株予約権のすべての内容の決議を要するものではないと解されている。

会社法が求めている決議の内容は、報酬等の内容に応じて、次のようになっている。

①　報酬等のうち額が確定しているものについては、その額
②　報酬等のうち額が確定していないものについては、その具体的な算定方法
③　報酬等のうち金銭でないものについては、その具体的な内容

　このため、ストック・オプションの公正な評価額の算定が可能な場合には、「報酬等のうち額が確定しているもの」として「その額」につき（会社法361①一）、その算定ができない場合には、「報酬等のうち額が確定していないもの」として「その具体的な算定方法」について株主総会の決議を得る必要があるものと考える。また、ストック・オプションは、「金銭でないもの」であるため、「その具体的な内容」につき株主総会の決議を得ることになる。

(4) ストック・オプションの会計処理

ⅰ　ストック・オプション等に関する会計基準等

　新株予約権制度の導入によりストック・オプションの活発な利用に備え、企業会計基準委員会は、ストック・オプション取引の会計処理及び開示を明らかにした企業会計基準第8号「ストック・オプション等に関する会計基準」を公表し、また、この会計基準の適用上の指針を示すことを目的とした企業会計基準適用指針第11号「ストック・オプション等に関する会計基準の適用指針」が公表されており、ストック・オプションの会計処理は、これらに従うことになる。

　「ストック・オプション等に関する会計基準」では、「権利確定日以前」と「権利確定日後」とに区分して、会計処理が示されている。まず、「権利確定日以前」の会計処理であるが、ストック・オプションを付与した従業員等から企業が取得するサービスをその取得に応じて費用計上し、

292　第12章　役員等へのインセンティブ報酬

これに対応する金額をストック・オプションの権利の行使又は失効が確定するまでの間、貸借対照表の純資産の部に新株予約権として計上することとしている（会計基準4）。この費用計上額は、ストック・オプションの公正な評価額のうち、対象勤務期間を基礎とする方法その他の合理的な方法に基づき当期に発生したと認められる額であり、ストック・オプションの公正な評価額は、公正な評価単価にストック・オプション数を乗じて算定することとしている（会計基準5）[68]。

　なお、未公開企業については、ストック・オプションの公正な評価単価に代え、ストック・オプションの単位当たりの本源的価値の見積りに基づいて会計処理を行うことができる（会計基準13）。この「単位当たりの本源的価値」は、算定時点においてストック・オプションが権利行使されると仮定した場合の単位当たりの価値であり、当該時点におけるストック・オプションの原資産である自社の株式の評価額と行使価格との差額をいう（会計基準13）。

　次に、「権利確定日後」の会計処理であるが、ストック・オプションが権利行使され、これに対して新株を発行した場合には、新株予約権として計上した額（会計基準4）のうち、その権利行使に対応する部分を払込資本に振り替える（会計基準8）。また、新株予約権の行使に伴い、企業が自己株式を処分した場合には、自己株式の取得原価と、新株予約権の帳簿価額及び権利行使に伴う払込金額の合計額との差額は、自己株式処分差額として会計処理を行う（平成17年12月改正の企業会計基準第1号「自己株式及び準備金の額の減少等に関する会計基準」第9項、第10項及び第11項）により会計処理を行う（会計基準8）。

　権利不行使による失効が生じた場合には、新株予約権として計上した額（会計基準4）のうち失効に対応する部分を利益として計上する（会計基準9）。

---

[68]　ストック・オプションの公正な評価額の具体的な算定方法には、ブラック・ショールズモデルや二項モデルがある。

ii　ストック・オプションに関する会計処理例

　ストック・オプション等に関する会計基準に従い、基本的な会計処理例を示すと、次のようになる。

X1年3月（付与・役務提供） 株式報酬費用　10,000　／　新株予約権　　10,000
X2年3月（役務提供） 株式報酬費用　10,000　／　新株予約権　　10,000
X3年3月（役務提供） 株式報酬費用　10,000　／　新株予約権　　10,000
X4年3月（権利行使） 　※権利行使を受けて新株発行 現　金　預　金　270,000　／　資　本　金　300,000 新　株　予　約　権　　30,000　／
X4年3月（権利行使） 　※権利行使を受けて自己株式を処分（自己株式の取得原価は、251,000） 現　金　預　金　270,000　／　自己株式　　　　　　251,000 新　株　予　約　権　　30,000　／　自己株式処分差益　　49,000
X5年3月（権利失効） 新　株　予　約　権　　30,000　／　新株予約権戻入益　　30,000

(5)　ストック・オプションの税務（取得者（個人）の課税関係）

i　課税時期

　ストック・オプションの発行法人の課税関係については、ストック・オプションを付与された役員等（個人の取得者）の課税関係と関連している。

　ストック・オプションを無償発行した場合を例にとると、ストック・オプションを付与された役員等は、その付与時に無償でコールオプションを取得しており、この経済的利益の取得について所得税の課税関係が生じるとするのが通常の考え方であろう。すなわち、ストック・オプションに係る所得税の課税関係は、その付与時にその経済的利益に課税することが原則と考えられる。

　しかし、ストック・オプションの多くは、その権利行使ができない期

294　第12章　役員等へのインセンティブ報酬

間や譲渡制限が課されており、その経済的利益の実現性を考慮すると、付与時に課税することは適当でない。このことを考慮して、ストック・オプションを取得した個人の課税関係については、権利付与時に課税しないこととするが、ストック・オプションを「税制非適格ストック・オプション」と「税制適格ストック・オプション」とに分け、前者では権利行使時と株式売却時に課税する、後者では株式売却時に課税するといったように、異なる措置となっている。

ii　税制非適格ストック・オプション

　まず、税制非適格ストック・オプションであるが、この課税関係に関しては、新株予約権の価額を規定する所得税法施行令第84条第2項2号が関係する。この規定では、発行法人から募集事項の決定（会社法238②）の決議に基づき発行された新株予約権（役務の提供その他の行為による対価の全部若しくは一部であることとされるもの）でその権利の譲渡についての制限その他特別の条件が付されているものを与えられた場合のその権利の価額（所法36①②）は、その権利の行使により取得した株式のその行使日の価額から「その新株予約権の行使に係る新株予約権の取得価額にその行使に際し払い込むべき額を加算した金額」を控除した金額によることとされている。また、発行法人から新株予約権を与えられた場合のその権利に係る所得の収入金額の収入すべき時期は、その権利の行使により取得した株式の取得についての申込みをした日によることとされている（所基通23〜35共 − 6の2）。

　これらのことから、税制非適格ストック・オプションについては、その権利付与時には課税されず、権利行使時に権利行使による経済的な利益に対して課税されることになる。権利付与時に経済的利益の付与がされているとの見方もできるが、譲渡制限条項や権利行使の条件が付されているようなストック・オプションに権利付与時に課税することは、権利の実現性といった点からみて適当ではないといった考え方に立ってい

る。なお、役員等が権利行使により取得した株式を売却する場合には、株式の売却時の価額から権利行使価額と権利行使時に課税済みの経済的利益を控除した金額が株式等に係る譲渡所得等の金額として課税されることになる。

なお、権利行使時の課税についての所得区分であるが、報酬等としてストック・オプションが付与されたものであることから、原則として給与所得となるが、例外的に給与所得以外の所得になることがある。付与されたストック・オプションにつき権利行使時に課税される場合の所得区分は、発行法人と当該権利を与えられた者との関係等に応じ次のようになっている（所基通23〜35共 − 6(1)）。

① 発行法人と権利を与えられた者との間の雇用契約又はこれに類する関係に基因して当該権利が与えられたと認められるときは、原則として、給与所得となる。ただし、退職後に当該権利の行使が行われた場合において、例えば、権利付与後短期間のうちに退職を予定している者に付与され、かつ、退職後長期間にわたって生じた株式の値上り益に相当するものが主として供与されているなど、主として職務の遂行に関連を有しない利益が供与されていると認められるときは、雑所得となる[69]。

（注）雇用契約又はこれに類する関係とは、例えば、措置法第29条の2第1項《特定の取締役等が受ける新株予約権等の行使による株式の取得に係る経済的利益の非課税等》に規定する「取締役等」の関係が該当する。

② 権利を与えられた者の営む業務に関連して当該権利が与えられたと認められるときは、その業務が事業的規模である場合には事業所得となり、そうでない場合には雑所得となる。

---

[69] 「退職した場合に限り権利行使を認めることとしているなど、退職に基因して権利行使が可能となっていると認められる場合には、給与の一種ではあるが、退職により一時に受けるもの（実現するもの）ということとなるため、これを退職所得として課税することになる。」として、権利行使期間を退職から10日間に限定した新株予約権の権利行使に係る所得を「退職所得」として取り扱うこととした事例がある（権利行使期間が退職から10日間に限定されている新株予約権の権利行使益に係る所得区分について（東京国税局 文書回答事例）

296　第12章　役員等へのインセンティブ報酬

③　①及び②以外のときには、原則として雑所得とする。

図表12-1　税制非適格ストック・オプション

価額

課税
（譲渡所得）

課税
（給与所得等）

権利行使価格

付与日　　　　　　　　　　権利行使日　　株式売却日

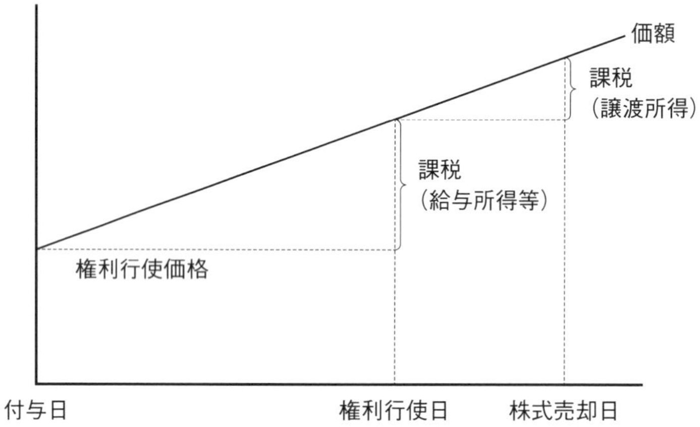

iii　税制適格ストック・オプション

　新株予約権の付与決議（会社法238②等）のあった株式会社等の取締役、執行役若しくは使用人である個人（取締役等）又はその取締役等の相続人（権利承継相続人）等 が、その付与決議に基づきその株式会社と取締役等との間に締結された契約により与えられた新株予約権で所定の要件を満たすもの（特定新株予約権等）をその契約に従って行使することにより特定新株予約権等に係る株式の取得をした場合には、その株式の取得に係る経済的利益については、所得税を課さないこととされている（措法29の2①）。この規定の適用を受けるストック・オプションが、税制適格ストック・オプションであり、ここでは、株式の取得に係る経済的利益については、所得税を課さないこととされているため、ストック・オプションの付与時にその経済的利益に課税しないほか、権利行使時に権利行使による経済的な利益に課税しないこととなる。これにより、課税が繰り延べられて、株式の譲渡時に、株式の売却時の価額から権利行使価額を控除した金額が株式等に係る譲渡所得等の金額として課税されることになる。

図表12-2　税制適格ストック・オプション

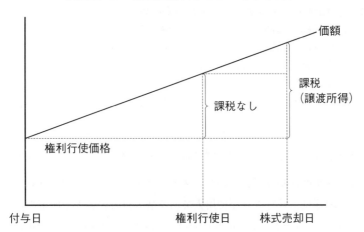

付与されたストック・オプションが、税制適格ストック・オプションとなるためには、次の要件を満たすことが必要である（措法29の2、措令19の3）。

【ストック・オプションの付与対象者に係る要件】
付与対象者は、発行会社・その子会社の取締役・執行役・使用人・権利承継相続人・特定従事者であること（措法29の2①） ※子会社とは、発行会社が発行済株式総数の50％超の株式数を直接又は間接に保有している関係にある法人をいう（措令19の3②）。 ※権利承継相続人とは、取締役・執行役・使用人（取締役等）が新株予約権を行使できる期間内に死亡した場合において、その新株予約権に係る付与決議に基づき新株予約権を行使できることとなる取締役等の相続人をいう（措令19の3⑤）。 ※特定従事者とは、社外高度人材であること等の要件を満たす者である（措法29の2①）。
付与決議日において大口株主及びその大口株主の特別関係者でないこと（措令29の2①） ※大口株主とは、上場会社・店頭売買登録銘柄として登録されている会社においては発行済株式総数の10分の1超を有する者、それ以外の未公開会社については発行済株式総数の3分の1超を有する者をいう（措令19の3③）。 ※大口株主の特別関係者とは、以下の者をいう（措令19の3④）。

298　第12章　役員等へのインセンティブ報酬

　（ａ）大口株主に該当する者の親族
　（ｂ）大口株主に該当する者とまだ婚姻の届出をしていないが事実上婚姻
　　　関係と同様の事情がある者及びその者の直系血族
　（ｃ）大口株主に該当する者の直系血族とまだ婚姻の届出をしていないが
　　　事実上婚姻関係と同様の事情にある者
　（ｄ）（ａ）～（ｃ）に掲げる者以外の者で、大口株主に該当する者から受け
　　　る金銭その他の財産によって生計を維持しているもの及びその者の直系
　　　血族
　（ｅ）（ａ）～（ｄ）に掲げる者以外の者で、大口株主に該当する者の直系血
　　　族から受ける金銭その他の財産によって生計を維持しているもの

（注）令和元年度税制改正において、ストック・オプションの付与対象者の範
　　　囲に、取締役、執行役及び使用人である個人以外の個人で所定の要件を満
　　　たす者（特定従事者）が追加されている（措法29の2①）。この改正は、特定
　　　従事者が中小企業の事業活動の継続に資するための中小企業等経営強化法
　　　等の一部を改正する法律（令和元年法律第21号）の施行日（令和元年7月16日）
　　　以後に行われる付与決議に基づき締結される契約により与えられる特定新
　　　株予約権に係る株式について適用される（改正法附則33）。

【ストック・オプションの内容に係る要件】
新株予約権は、金銭の払込（金銭以外の資産の給付を含む。）をさせないで発行されたもの等であること（措令19の3①）
新株予約の権利行使は、付与決議の日後2年を経過した日から当該付与決議の日後10年を経過する日までの間に行わなければならないこと（措法29の2①一）
新株予約権の行使に係る権利行使価額の年間合計額が、1,200万円を超えないこと（措法29の2①二）
新株予約権の1株当たりの権利行使価額は、付与契約締結時における株式時価以上であること（措法29の2①三）
新株予約権については、譲渡をしてはならないこととされていること（措法29の2①四）
新株予約権の行使に係る株式の交付（新株の発行又は株式の移転若しくは譲渡を含む。）が当該交付のために付与決議がされた会社法第238条第1項に定める事項に反しないで行われるものであること（措法29の2①五）

発行会社と金融商品取引業者等（証券会社など）との間であらかじめ、振替口座簿への記載・記録、保管の委託又は管理等信託に関する契約が締結され、新株予約権の権利行使により取得した株式が、当該契約に従い、振替口座への記載・記録又は保管の委託若しくは管理等信託がなされること（措法29の2①六）

契約により新株予約権を与えられた者は、その契約を締結した日から新株予約権の行使日までの間において国外転出する場合には、国外転出する時までにその締結をした株式会社にその旨の通知をしなければならないこと（措法29の2①七）

認定社外高度人材活用新事業分野開拓計画につきその新株予約権の行使日以前に認定の取消しがあった場合には、その締結をした株式会社は、速やかに、その者にその旨の通知をしなければならないこと（措法29の2①八）

【ストック・オプションの手続要件】

権利者が、新株予約権を権利行使する際の要件（措法29の2②・③）
・権利者が、新株予約権の付与決議の日において発行会社の大口株主及び大口株主の特別関係者に該当しないことを誓約した書面の株式会社への提出と保存
・新株予約権の行使日の属する年における当該権利者の他の新株予約権の権利行使の有無（他の権利行使があった場合には、当該行使に係る権利行使価額及びその行使年月日）を記載した書面の株式会社への提出と保存
（注）取締役等に対して付与されたものでない場合には、次の要件も必要
　・認定社外高度人材活用新事業分野開拓計画の実施時期の開始等の日からその行使日まで引き続き居住者であったことを誓約する書面の株式会社への提出と保存
　・株式会社が、認定社外高度人材活用新事業分野開拓計画につき認定の取消しがなかったことの確認と権利者から提出を受けた書面へのその確認をした事実の記載

発行会社は、新株予約権等の付与に関する法定調書を、その付与をした日の属する年の翌年1月31日までに、税務署長に提出していること（措法29の2⑥）

振替口座簿への記載・記録、保管の委託又は管理等信託を引き受けている金融商品取引業者等（証券会社など）は、取得株式等の受入れ又は交付その他の異動状況に関する法定調書を、毎年1月31日までに、税務署長に提出していること（措法29の2⑦）

（6）ストック・オプションの税務（発行法人の課税関係）

ⅰ　譲渡制限付新株予約権等

　法人が個人から役務の提供を受ける場合に、その役務の提供に係る費用の額につき特定新株予約権が交付されたときは、個人において役務の提供につき給与所得その他の所定の所得の金額に係る収入金額とすべき金額又は総収入金額に算入すべき金額を生ずべき事由（給与等課税事由）が生じた日において役務の提供を受けたものとして、この法律の規定を適用することとされている（法法54の2①）。この詳細については後述するが、この措置の適用対象となるものが特定新株予約権であり、これは、権利の譲渡についての制限その他特別の条件（所令84②）が付されているもの（譲渡制限付新株予約権）であって次の要件を満たすものである（法令111の3①）。

---

　①　譲渡制限付新株予約権と引換えにする払込みに代えてその役務の提供の対価としてその個人に生ずる債権をもつて相殺されること。

　②　①のもののほか、その譲渡制限付新株予約権が実質的にその役務の提供の対価と認められるものであること。

　また、合併、分割、株式交換又は株式移転（合併等）に際して、その合併等に係る被合併法人、分割法人、株式交換完全子法人又は株式移転完全子法人の特定新株予約権を有する者に対し合併法人、分割承継法人、株式交換完全親法人又は株式移転完全親法人の譲渡制限付新株予約権が交付されることがある。この交付される譲渡制限付新株予約権を承継新株予約権といい、この承継新株予約権も法人税法第54条の2の措置の適用対象となる（法法54の2①）。

ⅱ　税制非適格ストック・オプション

　ストック・オプションの発行法人においては、会計上、ストック・オ

プションを付与した従業員等から企業が取得するサービスは、その取得に応じて株式報酬費用として費用処理されている（前述(4)）。このため、ストック・オプションの発行法人の課税関係については、この費用処理された株式報酬費用の損金算入の可否と損金算入時期といったことが問題になる。

　法人税法では、個人において役務の提供につき所得税法その他所得税に関する法令の規定によりその個人の給与所得その他の政令で定める所得の金額に係る収入金額とすべき金額又は総収入金額に算入すべき金額を生ずべき事由（給与等課税事由）が生じた日にその役務の提供を受けたものとして、法人税法の規定を適用することとされており（法法54の2①）、株式報酬費用はこの日に損金算入されることになる。また、個人において役務の提供につき給与等課税事由が生じないときは、役務の提供を受ける内国法人の役務の提供を受けたことによる費用の額又は役務の全部若しくは一部の提供を受けられなかったことによる損失の額は、内国法人の各事業年度の所得の金額の計算上、損金の額に算入しないこととなっている（法法54の2②）。

　ストック・オプションを付与された役員等の課税関係は、その付与されたストック・オプションが税制非適格ストック・オプションであるか、税制適格ストック・オプションであるかによって異なっており（前述(5)）、ストック・オプションの発行法人側の課税関係も、これらを区分して論ずることなる。

　まず、税制非適格ストック・オプションの発行法人の課税関係であるが、税制非適格ストック・オプションを付与された役員等については、権利付与時には課税せず、権利行使時に権利行使による経済的な利益に対して課税することになっており、給与等課税事由は権利行使時に生じることになることから、権利行使時までにストック・オプションの発行法人で費用処理された株式報酬費用は損金算入されず、権利行使時で損金算入されることになる。ただし、損金算入されるためには、株式報酬

費用が、事前確定届出給与又は業績連動給与の損金算入要件に該当するものであることを要する。

また、特定新株予約権（承継新株予約権を含む。）が消滅をしたときは、給与等課税事由が生じない限り、ストック・オプションに係る費用は損金不算入となるため、その消滅による利益の額は、これらの新株予約権を発行した法人の各事業年度の所得の金額の計算上、益金の額に算入しないこととなる（法法54の2③）。

（税制非適格ストック・オプションの基本的な税務調整例）

X1年3月（付与・役務提供）
　前 払 費 用　30,000　／　新 株 引 受 権　30,000
　新 株 予 約 権　10,000　／　株 式 報 酬 費 用　10,000
【申告調整】
　新株予約権30,000（別表5当期減）、前払費用30,000（別表5当期増）、株式報酬費用否認10,000（別表4加算・留保）、新株予約権10,000（別表5当期増）

X2年3月（役務提供）
　新 株 予 約 権　10,000　／　株 式 報 酬 費 用　10,000
【申告調整】
　株式報酬費用否認10,000（別表4加算・留保）、新株予約権10,000（別表5当期増）

X3年3月（役務提供）
　新 株 予 約 権　10,000　／　株 式 報 酬 費 用　10,000
【申告調整】
　株式報酬費用否認10,000（別表4加算・留保）、新株予約権10,000（別表5当期増）

X4年3月（権利行使）
　※権利行使を受けて新株発行
　株 式 報 酬 費 用　30,000　／　前 払 費 用　30,000
【申告調整】
　株式報酬費用認容30,000（別表4減算・留保）、前払費用30,000（別表5当期減）
　（注）株式報酬費用は、業績連動給与等の損金算入要件に該当するものとする。

> X5年3月（権利失効）
> ※権利行使期間の満了により新株予約権が失効
> 新株予約権消滅益　30,000／　前　払　費　用　30,000
> 【申告調整】
> 新株予約権消滅益益金不算入30,000（別表4減算・留保）、前払費用30,000
> （別表5当期減）

　なお、法人が新株予約権を発行する場合に、その新株予約権と引換えに払い込まれる金銭の額（金銭の払込みに代えて給付される金銭以外の資産の価額及び相殺される債権の額を含む。）が、その新株予約権のその発行の時の価額に満たないとき（その新株予約権を無償で発行したときを含む。）は、その満たない部分の金額（その新株予約権を無償で発行した場合には、その発行の時の価額）に相当する金額は、その法人の各事業年度の所得の金額の計算上、損金の額に算入しない（法法54の2⑤）。また、これとは逆に、新株予約権と引換えに払い込まれる金銭の額が、その新株予約権のその発行の時の価額を超えるときは、その超える部分の金額に相当する金額は、その法人の各事業年度の所得の金額の計算上、益金の額に算入しない（法法54の2⑤）。

iii　税制適格ストック・オプション

　次に、税制適格ストック・オプションの発行法人の課税関係であるが、法人税法では、所得税で給与等課税事由が生じた日にその役務の提供を受けたものとして、法人税法の規定を適用することとされているが（法法54の2①）、税制適格ストック・オプションを付与された役員等については、その株式の取得に係る経済的利益につき所得税は課されないこととなっているため（措法29の2①）、権利行使時にも給与所得等として課税されず、給与等課税事由が生じない。このため、発行法人では、株式報酬費用を損金算入することできない（法法54の2②）。

304　第12章　役員等へのインセンティブ報酬

（税制適格ストック・オプションの基本的な税務調整例）

X1年3月（付与・役務提供）
　前　払　費　用　30,000　／　新　株　引　受　権　30,000
　新　株　予　約　権　10,000　／　株　式　報　酬　費　用　10,000
【申告調整】
　新株予約権30,000（別表5当期減）、前払費用30,000（別表5当期増）、株式報酬費用否認10,000（別表4加算・留保）、新株引受権10,000（別表5当期増）

X2年3月（役務提供）
　新　株　予　約　権　10,000　／　株　式　報　酬　費　用　10,000
【申告調整】
　株式報酬費用否認10,000（別表4加算・留保）、新株引受権10,000（別表5当期増）

X3年3月（役務提供）
　新　株　予　約　権　10,000　／　株　式　報　酬　費　用　10,000
【申告調整】
　株式報酬費用否認10,000（別表4加算・留保）、新株引受権10,000（別表5当期増）

X4年3月（権利行使）
　※権利行使を受けて新株発行
　株式報酬費用　30,000　／　前　払　費　用　30,000
　その他流出　30,000　／　株式報酬費用　30,000
【申告調整】
　株式報酬費用認容30,000（別表4減算・留保）、前払費用30,000（別表5当期減）、株式報酬費用否認30,000（別表4加算・流出）

X5年3月（権利失効）
　※権利行使期間の満了により新株予約権が失効
　新株予約権消滅益　30,000　／　前　払　費　用　30,000
【申告調整】
　新株予約権消滅益益金不算入30,000（別表4減算・留保）、前払費用30,000（別表5当期減）

③ リストリクテッド・ストック

(1) リストリクテッド・ストックの意義

　リストリクテッド・ストック（Restricted Stock）は、人材の維持・確保等のために、役員等に対して一定期間の譲渡制限が付された株式等を報酬等として付与するものである。この譲渡制限期間中に所定の勤務条件を満たさないことになる場合には、その交付した法人により株式を無償取得（没収）されることになるが、これらを満たして役員等が株式を保有継続すれば、株価向上によるインセンティブを維持することができる。

　平成28年度税制改正では、このリストリクテッド・ストック（譲渡制限付株式）に関して、譲渡制限付株式のうち所定のもの（特定譲渡制限付株式）につき、その株式の交付を受ける個人の所得税での課税関係の整備と株式の交付を行う法人での法人税の役務提供に係る費用の額の損金算入につき整備が図られた。また、平成29年度税制改正では、役務を受ける法人と発行法人との間の関係が見直され、個人から役務の提供を受ける法人以外の法人が発行した特定譲渡制限付株式が交付される場合に、その役務の提供を受ける法人とその発行した法人との間に特定の関係がないときでも、この制度の対象となる特定譲渡制限付株式となっている（法法54①）。

(注)　役員に対して給与として特定譲渡制限付株式が交付された場合に損金の額に算入されるためには、譲渡制限が解除されるまでの間役務の提供を受ける法人との間に支配関係が継続することが見込まれる必要がある。

　以下、権利付与時に特定譲渡制限付株式を交付する事前交付型リストリクテッド・ストックについて述べる。

(注)　事前交付型リストリクテッド・ストックと同様の効果を得るものとして、役務提供期間経過後に株式を交付する株式報酬制度である事後交付型リストリクテッド・ストック（リストリクテッド・ストック・ユニット）がある。

(2) 会社法上の手続き

　会社法では、会社は、発行する株式の引受者の募集をしようとする場合に、その募集株式について、その払込金額又はその算定方法を定めなければならないとされており（会社法199①二）、金銭の払込みを要しないことを認める新株予約権のような規定（会社法238①二）がない。このため、会社は、無償での株式発行ができないと解される。また、会社は、発行する株式の引受者の募集をしようとする場合に、金銭以外の財産を出資の目的とするときは、その募集株式について、金銭以外の財産を出資の目的とする旨とともに、その財産の内容及び価額を定めなければならないとされている（会社法199①三）、このため、株式発行に際して、労務出資は認められないと解される。以上から、現行の会社法上、役員等に報酬として株式自体を直接交付することができないのではないかといった問題がある。

　この問題から、役員等に報酬として株式を交付する仕組みであるリストリクテッド・ストックについては、①役員等に金銭報酬債権を付与し、②役員等にこの金銭報酬債権の現物出資を求め、役員等に譲渡制限付株式を交付するといった手続きにより、その導入が図られている。自社の株式を取締役に対して交付するリストリクテッド・ストックについては、会社法による所定の手続きを考慮すると、後記図表12-4のような手続きとなる。

(3) 会計処理

　役務の提供を受ける法人が特定譲渡制限付株式を交付する場合のその法人の会計処理は、図表12-3のように考えられている。

　特定譲渡制限付株式の交付時の処理は、法人が役員等に報酬債権を付与し、その役員等からその報酬債権の現物出資を受けたという手続きを踏まえたものである。また、役員等の役務提供時の処理は、特定譲渡制

限付株式の交付後に役員等が提供する役務として当期に発生した費用を認識するものであり、この当期に発生したと認められる費用は、「対象勤務期間（譲渡制限期間）を基礎とする方法等の合理的な方法」により算定することが求められる。

---

① 特定譲渡制限付株式の交付時

　　法人が役員等に特定譲渡制限付株式を交付した場合には、付与した報酬債権相当額を前払費用等として資産計上し、現物出資された報酬債権の額を資本金等（資本金、資本準備金）として計上する。

② 役員等の役務提供時

　　現物出資等をされた報酬債権相当額のうちその役員等が提供する役務として当期に発生したと認められる額を費用計上（前払費用等を取崩）する。

③ 特定譲渡制限付株式の無償取得時

　　譲渡制限解除の条件を満たすことができず、法人が役員等から株式を無償取得する場合には、付与した報酬債権相当額のうち役員等から役務提供を受けられなかった部分に相当する前払費用等を取り崩し、同額を損失処理する。

図表12-3　会計処理例

●譲渡制限解除の条件を満たし、3年後に譲渡制限が解除された場合

事　由	会計処理			
	借　方		貸　方	
特定譲渡制限付株式の交付	前払費用	12,000	資本金等	12,000
役員等の役務提供	役員報酬	4,000	前払費用	4,000
役員等の役務提供	役員報酬	4,000	前払費用	4,000
役員等の役務提供	役員報酬	4,000	前払費用	4,000

308 第12章 役員等へのインセンティブ報酬

●譲渡制限解除の条件を満たせず、1年後に無償取得(1年分は譲渡制限解除)した場合

事　由	会計処理			
	借　方		貸　方	
特定譲渡制限付株式の交付	前払費用	12,000	資本金等	12,000
役員等の役務提供	役員報酬	4,000	前払費用	4,000
特定譲渡制限付株式の無償取得	雑損失	8,000	前払費用	8,000

参考：「攻めの経営」を促す役員報酬～企業の持続的成長のためのインセンティブプラン導入の手引～69頁（2019年5月時点版）（経済産業省産業組織課）、平成28年度税制改正の解説（財務省）

(4) 特定譲渡制限付株式

ⅰ　意義

　所得税及び法人税では、譲渡制限付株式（リストリクテッド・ストック）のうち所定のもの（特定譲渡制限付株式及び承継譲渡制限付株式）に関して課税関係を明確にしている（下記(5)及び(6)）。

　このうち、特定譲渡制限付株式は、譲渡制限付株式あってその役務の提供の対価として個人に生ずる債権の給付と引換えにその個人に交付されるものその他その個人に給付されることに伴ってその債権が消滅する場合の譲渡制限付株式をいうこととされている。この譲渡制限付株式は、譲渡についての制限その他の条件が付されている株式（出資を含む。）であるが、具体的には、次の要件を満たすものである（法法54①、法令111の2①）。

① 譲渡（担保権の設定その他の処分を含む。）についての制限がされており、かつ、その譲渡についての制限に係る期間（譲渡制限期間）が設けられていること
② 法人が無償で取得することとなる事由（無償取得事由）が定められていること

上記①の譲渡制限期間については、通常、その譲渡制限期間の末日は確定した日付である場合が多いが、取締役等の退任日など客観的な事由に基づき定まる日をその末日とするものを法令の定める譲渡制限期間とした事例がある[70]。

上記②の無償取得事由は、役員等が「譲渡制限期間内の所定の期間勤務を継続しないこと」「勤務実績が良好でないこと」といった役員等の『勤務の状況に基づく事由』又は「法人の業績があらかじめ定めた基準に達しないこと」といった『法人の業績等の指標の状況に基づく事由』に限られる（法令111の2①各号）。

役員等に交付される株式が特定譲渡制限付株式となるためには、これらの要件を満たしたものであるうえで、さらに、その株式が役務の提供の対価として個人に生ずる債権の給付と引換えにその個人に交付されるものその他その個人に給付されることに伴ってその債権が消滅することが求められる（法法54①）。このことは、所得税での特定譲渡制限付株式に関する規定においても同様である（所令84①）。

次に、承継譲渡制限付株式が制度の対象となる株式となっているが、これは、合併又は分割型分割に際しその被合併法人又は分割法人の特定譲渡制限付株式を有する者に対し、合併法人又は分割承継法人の譲渡制限付株式等が交付された場合の対応である（法法54①）。この承継譲渡制限付株式は、具体的に次のようなものである（法令111の2②）。

> ①　合併により被合併法人の特定譲渡制限付株式を有する者に対し交付されるその合併法人の譲渡制限付株式又はその合併直前にその合併法人と合併法人以外の法人との間にその法人による完全支配関係がある場合のその法人の譲渡制限付株式

70　「法人税法施行令第111条の2第1項第1号は、「当該譲渡についての制限に係る期間」と規定されており、譲渡制限期間の末日は必ずしも確定した日付である必要」はない（大阪国税局　文書回答事例「譲渡制限期間の満了日を「退任日」とする場合の特定譲渡制限付株式の該当性及び税務上の取扱いについて」）。

310　第12章　役員等へのインセンティブ報酬

> ②　分割型分割により分割法人の特定譲渡制限付株式を有する者に対し交付されるその分割承継法人の譲渡制限付株式又はその分割型分割の直前にその分割承継法人と分割承継法人以外の法人との間にその法人による完全支配関係がある場合のその法人の譲渡制限付株式

　なお、個人から役務の提供を受ける法人以外の法人が発行した株式が交付される場合、この制度の対象となる特定譲渡制限付株式となる（法法54①）。ただし、損金算入要件として、交付される株式が、市場価格のある株式又は市場価格のある株式と交換される株式でその内国法人又は関係法人が発行したもの（適格株式）であることが求められ（法法34①二ロ）、この関係法人は、その給与に係る株主総会等の決議をする日において、その日から特定譲渡制限付株式に係る譲渡についての制限が解除される日までの間、その内国法人とその内国法人以外の法人との間にその法人による支配関係が継続することが見込まれている場合のその法人とされている（法法34⑦、法令71の2）。

(5)　所得税の課税関係

　株式の交付を受ける個人については、特定譲渡制限付株式又は承継譲渡制限付株式（特定譲渡制限付株式等）の交付に係る経済的利益に係る課税につき、その課税時期、課税すべき価額及び所得区分が問題になる。

　まず、特定譲渡制限付株式等の交付に係る経済的利益についての課税時期についてであるが、特定譲渡制限付株式等が、その譲渡制限期間中の処分が制限されており、また、無償取得される可能性があるといったことを踏まえ、特定譲渡制限付株式等の譲渡制限の解除日に所得税を課税することとされている（所令84①、所基通23～35共－5の3）。すなわち、特定譲渡制限付株式等の交付に先だつ報酬債権の付与時（特定譲渡制限付株式等の交付日）には、課税関係を生じない。

　これを受けて、個人が法人に対して役務の提供をした場合にその役務の提供の対価として所定の要件を満たす、特定譲渡制限付株式等に係る

収入金額（所法36②）の価額は、特定譲渡制限付株式等の譲渡についての制限が解除された日における価額とすることとされている（所令84①柱書）。すなわち、特定譲渡制限付株式に係る所得税法上の収入金額とすべき金額又は総収入金額に算入すべき金額は、その経済的利益の帰属が確定する特定譲渡制限付株式等の譲渡制限の解除日の価額となる。

この特定譲渡制限付株式等の譲渡制限が解除された日における価額は、具体的には、特定譲渡制限付株式等の区分に応じて次のようになる（所基通23〜35共－5の4）。

区　分	譲渡制限解除日の価額
①　特定譲渡制限付株式等が金融商品取引所に上場されている場合	特定譲渡制限付株式等につき金融商品取引法第130条《総取引高、価格等の通知等》の規定により公表された最終の価格 （注）1　同日に最終の価格がない場合には、同日前の同日に最も近い日における最終の価格 　　　2　2以上の金融商品取引所に同一の区分に属する最終の価格がある場合には、その価格が最も高い金融商品取引所の価格
②　承継譲渡制限付株式に係る旧株が金融商品取引所に上場されている場合	旧株の最終の価格を基準として承継譲渡制限付株式につき合理的に計算した価額
③　①の特定譲渡制限付株式等及び②の旧株が金融商品取引所に上場されていない場合において、当該特定譲渡制限付株式等又は当該旧株につき気配相場の価格があるとき	①又は②の最終の価格を気配相場の価格と読み替えて①又は②により求めた価額
④ 上記①〜③以外の場合	イ　売買実例のあるもの	最近において売買の行われたもののうち適正と認められる価額
	ロ　公開途上にある特定譲渡制限付株式等で、当該特定譲渡制限付株式等の上場又は登録に際して特定譲渡制限付株式等の公募又は売出し（公募等）が行われるもの（イに該当するもの以外のもの）	金融商品取引所又は日本証券業協会の内規によって行われるブックビルディング方式又は競争入札方式のいずれかの方式により決定される公募等の価格等を参酌して通常取引されると認められる価額

ハ　売買実例のないもので交付法人と事業の種類、規模、収益の状況等が類似する他の法人の株式の価額があるもの	類似法人の株式の価額に比準して推定した価額
上記イからハ以外のもの	譲渡制限が解除された日又は同日に最も近い日におけるその特定譲渡制限付株式等の交付法人の1株又は1口当たりの純資産価額等を参酌して通常取引されると認められる価額

　最期に、特定譲渡制限付株式等の譲渡制限が解除された場合の所得に係る所得区分についてであるが、特定譲渡制限付株式等の交付法人とその交付された者との関係等に応じて、次のようになる（所基通23〜35共－5の2）。

交付法人と交付された者との関係等	所得区分
①　特定譲渡制限付株式等が、交付法人との間の雇用契約又はこれに類する関係に基因して交付されたと認められる場合	給与所得 ただし、特定譲渡制限付株式等の譲渡制限が、当該特定譲渡制限付株式等を交付された者の退職に基因して解除されたと認められるときは、退職所得
②　特定譲渡制限付株式等が、個人の営む業務に関連して交付されたと認められる場合	事業所得又は雑所得
③　上記以外の場合	原則として雑所得

　なお、特定譲渡制限付株式等を交付した法人が特定譲渡制限付株式等を無償で取得（没収）することとなった場合には、課税されない（所基通23〜35共－5の3）。

(6) 法人税の課税関係

i　損金算入時期

　法人税においては、株式の交付を行う法人の損金算入時期が問題とな

るが、これについては、所得税法等の規定により給与等課税額が生ずることが確定した日に法人がその役員等から役務提供を受けたものとして、その役務提供に係る費用の額をその法人の同日の属する事業年度の損金の額に算入することとしている（法法54①）。この「給与等課税額」とは、「給与所得その他の政令で定める所得の金額に係る収入金額とすべき金額又は総収入金額に算入すべき金額」であるが、具体的には、給与所得、事業所得、退職所得又は雑所得に係る収入金額とすべき金額又は総収入金額に算入すべき金額である（法法54①、法令111の2③）。非居住者に対して交付されている特定譲渡制限付株式等については、その非居住者が居住者であるとしたときにおける給与所得、事業所得、退職所得又は雑所得に係る収入金額とすべき金額又は総収入金額に算入すべき金額が生ずることが確定した日に役務の提供を受けたものとすることとされている（法令111の2③）。

　なお、給与等課税額が生ずることが確定した日を基準とすることから、譲渡制限が解除されていなくても、無償取得（没収）される可能性がなくなった場合には、その可能性がなくなった日に役務の提供を受けたものとすることになる。

ii　損金算入額

　法人税においては、所得税法等の規定により給与等課税額が生ずることが確定した日に法人がその役員等から役務提供を受けたものとして、その役務提供に係る費用の額をその法人の同日の属する事業年度の損金の額に算入することとしている（法法54①）。この役務の提供に係る費用の額は、その特定譲渡制限付株式の交付につき給付され、又は消滅した債権の額に相当する金額（確定数給与に係る役務の提供に係る費用の額については、その交付決議時価額）である（法法54①、法令111の2④）[71]。

　この点で、譲渡制限の解除日の特定譲渡制限付株式等の価額を収入金額とすべき金額又は総収入金額に算入すべき金額とする所得税法での整

314   第12章　役員等へのインセンティブ報酬

理（上記(5)）と異なっている。所得税では、個人について発生した経済的な利益につき課税を行うといった考え方によっているが、法人税では、下記ivで述べる考え方に従って付与された報酬債権の額を費用の額とすることにしている。

iii　給与等課税額が生じないとき

　法人が役員等から株式を無償取得することとなる等、役員等からの役務の提供につき給与等課税額が生じない場合には、役務の提供を受けたことによる費用の額又は役務の全部又は一部の提供を受けられなかったことによる損失の額は、法人の各事業年度の所得の金額の計算上、損金の額に算入されず（法令54②）、後記図表12-5の例のように、会計処理で生じる損失につき申告調整を要する。

（譲渡制限付株式を対価とする費用の帰属事業年度の特例）
第54条
　2　前項に規定する場合において、同項の<u>個人において同項の役務の提供につき給与等課税額が生じないときは、当該役務の提供を受ける内国法人の当該役務の提供を受けたことによる費用の額又は当該役務の全部若しくは一部の提供を受けられなかつたことによる損失の額は、当該内国法人の各事業年度の所得の金額の計算上、損金の額に算入しない。</u>

---

iv　事前確定届出給与

　法人税法では、損金算入できる役員報酬を定期同額給与、事前確定届出給与、及び業績連動給与等に限定している（法法34①）。このことから、役員に支給する譲渡制限付株式等の交付に係る経済的利益の位置づけを整理する必要があるが、これに関しては、事前の定めにより役員給与の

71　確定数給与とは、法人の役員の職務につき、所定の時期に、確定した数の株式等を交付する旨の定めに基づいて支給する給与で、定期同額給与、業績連動給与及び第69条第3項各号に掲げる給与を除いたものをいう（法令71の3①）。

支給時期、支給額に対する恣意性が排除されている譲渡制限付株式等については、損金算入を認める措置を設けている。

　すなわち、役員の職務につき所定の時期に、確定した額の金銭債権に係る特定譲渡制限付株式等を交付する旨の定めに基づいて支給する給与で、定期同額給与及び業績連動給与のいずれにも該当しないもの（株式若しくは特定譲渡制限付株式に係る承継譲渡制限付株式による給与を含む。）は、事前確定届出給与となることとされている（法法34①二）。ただし、特定譲渡制限付株式は「株式を交付」するものであり、その交付する株式は、市場価格のある株式又は市場価格のある株式と交換される株式で、法人又は関係法人が発行したもの（適格株式）に限られる（法法34①二ロ）。

　なお、事前確定届出給与については、納税地の所轄税務署長にその定めの内容に関する届出をすることが求められているが、株式による給与で将来の役務の提供に係る所定のもの（下記のもの）は、届出を求める範囲から除かれている（法法34①二イ、法令69③）。特定譲渡制限付株式が届出を要しないこととなるためには、この交付手続きに係る要件を満たすことが必要であり、これを考慮した特定譲渡制限付株式の交付手続きは、図表12- 4 のようになる。

　役員の職務につき株主総会、社員総会その他これらに準ずるもの（株主総会等）の決議（当該職務の執行の開始の日から1月を経過する日までにされるものに限る。）により、役員の職務につき所定の時期に、確定した額の金銭債権に係る特定譲渡制限付株式等を交付する旨の定め（当該決議の日から1月を経過する日までに、当該職務につき当該役員に生ずる債権の額に相当する特定譲渡制限付株式を交付する旨の定めに限る。）をした場合における当該定めに基づいて交付される特定譲渡制限付株式による給与

図表12-4　特定譲渡制限付株式の交付手続き

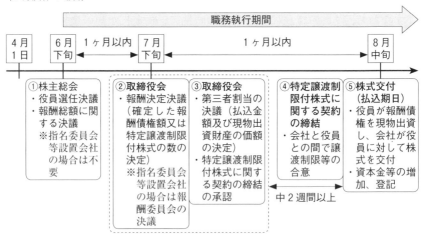

参考：「攻めの経営」を促す役員報酬～企業の持続的成長のためのインセンティブプラン導入の手引～60頁（2019年5月時点版）（経済産業省産業組織課）

　なお、特定譲渡制限付株式等についての税制上の措置は、平成28年度税制改正で、事前交付型のリストリクテッド・ストックを対象として設けられたものであるが、平成29年度税制改正では、事前確定届出給与の範囲に、所定の時期に確定した数の株式又は新株予約権を交付する旨の定めに基づいて支給する給与が追加された（法法34①二）[72]。

　これにより、対象期間経過後に確定数の株式を交付する事後交付型のリストリクテッド・ストック・ユニット（RSU）が損金算入できることになったが、これを事前確定届出給与として損金算入するためには、納税地の所轄税務署長にその定めの内容に関する届出をすることが必要である（法法34①二イ）。

---

[72] 事前に株式を交付する特定譲渡制限付株式による給与についても、確定した額の金銭債権をあらかじめ定めるもののほか、確定した株式の数をあらかじめ定めるものが損金算入の対象となる。

v 税務処理

特定譲渡制限付株式を交付した法人の税務処理は、次のようになる。

まず、法人が役員等に特定譲渡制限付株式を交付した場合には、会計上、費用は計上されておらず、また、税務上、特定譲渡制限付株式の交付につき給付され又は消滅した債権の額を給与等課税額が生ずることが確定した日の役務の提供に係る費用の額（法令111の2④）とするため、申告調整は不要である。役員等の役務提供時には、会計上、現物出資等をされた報酬債権相当額のうちその役員等が提供する役務として当期に発生したと認められる額が費用計上されるが、給与等課税額が生ずることが確定していないときには損金算入できないため、これを申告加算する。譲渡制限が解除された場合には、給与等課税額が生ずることが確定し、過年度で申告加算された金額を申告減算する。特定譲渡制限付株式を給与等課税事由が生じておらず無償取得した場合には、報酬債権相当額のうち役員等から役務提供を受けられなかった部分は給与等課税事由が生じておらず損金算入できないため、会計上損失処理された金額を申告加算する。

前述(3)の会計処理の例の場合の税務処理は、図表12-5のようになる。

図表12-5　税務処理例

●譲渡制限解除の条件を満たし、3年後に譲渡制限が解除された場合

事　由	税務処理				申告調整	
					別表4	別表5⑴
特定譲渡制限付株式の交付時	前払費用	12,000	資本金等の額	12,000	－	－
役員等の役務提供時	－		－		役員給与等の損金不算入 4,000（加算・留保）	前払費用 4,000（増）
役員等の役務提供時	－		－		役員給与等の損金不算入 4,000（加算・留保）	前払費用 4,000（増）
役員等の役務提供時・譲渡制限解除時	役員報酬	12,000	前払費用	12,000	役員給与等認容 8,000（減算・留保）	前払費用 8,000（減）

318 第12章 役員等へのインセンティブ報酬

●譲渡制限解除の条件を満たせず、１年後に無償取得（１年分は譲渡制限解除）した場合

事由	税務処理				申告調整	
					別表４	別表５(1)
特定譲渡制限付株式の交付時	前払費用	12,000	資本金等の額	12,000	－	－
役員等の役務提供時	－		－		役員給与等の損金不算入 4,000（加算・留保）	前払費用 4,000（増）
特定譲渡制限付株式の無償取得時	役員報酬	4,000	前払費用	12,000	役員給与等認容 4,000（減算・留保）	前払費用 4,000（減）
	その他流出	8,000			雑損失否認 8,000（加算・流出）	－

参考：「攻めの経営」を促す役員報酬～企業の持続的成長のためのインセンティブプラン導入の手引～64頁（2019年５月時点版）（経済産業省産業組織課）、平成28年度税制改正の解説（財務省）

④ パフォーマンス・シェア

(1) 意義

　パフォーマンス・シェア（Performance Share）は、中長期の業績目標の達成度合いに応じ、その中期経営計画終了時等に、株式を交付するものである。職務執行期間が終了した後に、主要な目標の達成水準と株価の基準を確認して株式が交付されることになる。

（注）株式の交付方法には、交付に際して金銭債権の現物出資を行う方法や株式交付信託を通じて行う方法がある。

　パフォーマンス・シェアの導入手続きであるが、そのパフォーマンス・シェアに関する株主総会等の決議（会社法361①）が必要となり、各取締役に付与する株式数の具体的な算定方法の決定を取締役会決議により行う場合には、この決議も必要となる。また、その導入時において、役員報酬規程を制定又は整備したうえで、会社と取締役との間での契約を締

結することになる[73]。

(2) 税務上の取扱い

パフォーマンス・シェアにより交付される株式数は、その導入時の株主総会等の決議時には確定していないことから、事前確定届出給与に該当しない。しかし、パフォーマンス・シェアによる給与が業績連動給与の要件[74]を満たす場合には、その適正額の損金算入が認められる。このため、株式の支給対象者は業務執行役員であることを要し、交付する株式は適格株式であることを要する。パフォーマンス・シェアで用いることができる算定指標については金銭を交付する場合と同様である。業績連動給与の算定指標である、①利益の状況を示す指標、②株式の市場価格の状況を示す指標及び③売上高の状況を示す指標を用いて役員の業績を評価し（法法34①三）、確定した数を限度として支給することになる（法法34①三イ(1)）。

このほか客観的なものであって開示等の所定の要件を満たすことが求められる（法法34①三イ・ロ）。パフォーマンス・シェアは株式を交付するものであるため、株式の数の算定の基礎とした業績連動指標の数値が確定した日の翌日から2月を経過する日までに支給されること又はその見込みがあることが必要である（法令69⑲一イ(2)）。なお、交付する資産の一部を金銭とする仕組みのパフォーマンス・シェアについては、その給与に係る職務を執行する期間が同一であるものに関して2以上のものを合わせて支給することになることから、それぞれの給与について定める日のうち最も遅い日までに交付され、又は交付される見込みであることが必要である（法令69⑲一イ）。

---

[73] 中長期の業績目標の達成度合いに応じ、その中期経営計画終了時等に、株式ではなく、金銭を交付するといった仕組み（パフォーマンス・キャッシュ）がある。これは、損金算入要件を満たせば、業績（利益）連動給与として損金算入が認められる。

[74] 業績連動給与の要件の詳細については、第6章を参照。

320　第12章　役員等へのインセンティブ報酬

⑤ ファントム・ストック

(1) 意義

　ファントム・ストック（Phantom Stock）は、株式を仮想的に付与したものとして、その配当、売却益相当額等の現金の交付を受ける権利である。主に株価に連動して金銭を支給する業績連動給与である。

(2) 税務上の取扱い

　ファントム・ストックは、業績連動給与の要件[75]を満たす場合には、その損金算入が認められる。ファントム・ストックは、株価に連動して業績を評価するため、株式の市場価格の状況を示す指標が業績連動給与の算定指標となる（法法34①三）。ファントム・ストックでは、職務執行期間開始日の属する事業年度開始の日以後の所定の期間若しくは職務執行期間開始日以後の所定の日における株式の市場価格又はその平均値（法法34①三イ・法令69⑪一）が算定指標となるが、具体的には、職務執行期間開始日以後の所定の日（例えば、決算日）の株価、職務執行期間開始日の属する事業年度開始の日以後の所定の期間の平均株価（例えば、3か月平均株価）が用いられている。

　このほか、客観的なものであって開示等の所定の要件を満たすことが求められる（法法34①三イ・ロ）。金銭を交付するファントム・ストックは、金銭の額の算定の基礎とした株式の市場価格の状況を示す指標の数値が確定した日の翌日から1月を経過する日までにまでに交付され、又は交付される見込みであることが必要となると考える（法法34条①三ロ、法令69⑲一イ(1)）。

---

[75]　業績連動給与の要件の詳細については、第6章を参照。

⑥ ストック・アプリシエーション・ライト

(1) 意義

ストック・アプリシエーション・ライト（Stock Appreciation Rights（SAR））は、株式の市場価格が予め定められた価格を上回っている場合等に、その上回っている金額相当額の交付を受ける権利である。主に株価に連動して金銭を支給する業績連動給与である。

(2) 税務上の取扱い

ストック・アプリシエーション・ライトは、業績連動給与の要件[76]を満たす場合には、その損金算入が認められる。ストック・アプリシエーション・ライトは、株価に連動して業績を評価するため、株式の市場価格の状況を示す指標が業績連動給与の算定指標となる（法法34①三）。市場価格又はその平均値（法令69⑪一）の数値が株価等の確定値を上回る数値又はこの指標の数値の確定値に対する比率は、その一つであるが（法令69⑪二）、ストック・アプリシエーション・ライトでは、これが指標となる。この株価等の確定値は、所定の期間以前の期間又は所定の日以前の日における次に掲げる指標の数値その他の目標とする指標の数値であって既に確定しているものであるが、具体的には、株価増減額や騰落率、株価インデックス（TOPIX、日経平均株価、JPX日経インデックス400等）比が、この指標となる。

---

① 市場価格又はその平均値（法令69⑪一）の指標に相当する指標の数値
② 金融商品取引所に上場されている株式について多数の銘柄の価格の水準を総合的に表した指標の数値

---

76 業績連動給与の要件の詳細については、第6章を参照。

322　第12章　役員等へのインセンティブ報酬

　このほか客観的なものであって開示等の所定の要件を満たすことが求められる（法法34①三イ・ロ）。ストック・アプリシエーション・ライトは、金銭を交付するものであるため、金銭の額の算定の基礎とした株式の市場価格の状況を示す指標の数値が確定した日の翌日から1月を経過する日までにまでに交付され、又は交付される見込みであることが必要となると考える（法法34①三ロ、法令69⑲一イ(1)）。

⑦　株式交付信託

(1)　意義

　株式交付信託は、法人（委託者）から信託された金銭を信託銀行（受託者）がこれを原資に市場から株式を取得して、役員等に株式を付与するものである。福利厚生目的で信託を通じて従業員に株式を付与するものは、「日本版ESOP」と称される。

　株式交付信託の運用手続きは、次のようなものである。

> ①　株式報酬の決議
> 　　会社は、株主総会等で役員に交付する株式報酬の総額等を決議する。
> 　　(注) 会社は、取締役会等での役員報酬規程等の制定又は整備が必要。
> ②　金銭の信託
> 　　会社（委託者）と信託銀行（受託者）との間で、受益者要件を満たす役員を受益者とする信託契約を締結し、これに従って、会社は信託銀行に金銭を拠出する。
> ③　株式の取得
> 　　信託銀行は、拠出された金銭を原資として株式を取得する。
> ④　ポイントの付与
> 　　会社は、信託期間中、役員報酬規程等に基づいて業績達成度等に応じたポイントを役員に付与する。

⑤ 株式の交付

　受益者要件を満たす役員は、所定の日（受益権確定日）に、ポイントの累積数に応じて株式の交付を受ける権利（受益権）を取得し、株式の交付を受ける。
　（注）信託内株式の議決権については、信託管理人が不行使の指図を行っている。

図表12-6　株式交付信託

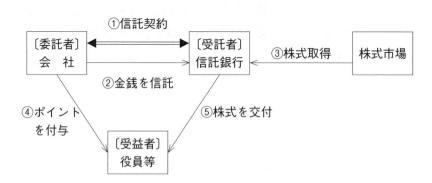

(2) 税務上の取扱い

　受益者要件を満たす役員は、受益権確定日に、ポイントの累積数に応じて受株式の交付を受ける権利（受益権）を取得ることになるが、この財産上の利益は、役員の職務執行の対価である。このため、役員においては、在職時給付型の場合には給与所得（所法28）となり、退任時給付型の場合には、退職を起因として一時に支払われる報酬であるため退職所得（所法30）となる。

　この給与所得又は退職所得の収入とすべき日は、信託財産である株式が役員に帰属することになる受益権確定日であり、これらの収入金額は受益権確定日における株式の時価となる。

　一方、在職時給付型の株式交付信託に係る委託者である会社においては、所定の時期に確定した数の株式を交付する旨の定めに基づいて株式

を支給する場合には、事前確定届出給与となりうる。これが、事前確定届出給与となるためには、交付する株式が適格株式であること、事前の届出が必要であること等の他の要件を具備していることが求められる。また、交付する株式数を業績連動給与の算定指標に基づいて決定する場合には、業績連動給与となりうる。これが、業績連動給与となるためには、支給対象者が業務執行役員であること、交付する株式が適格株式であること等、他の業績連動給与の損金算入要件を満たす必要がある[77]。また、退任時給付型により給付される株式が業績に連動した指標を基礎として支給されるものである場合には、損金算入要件を満たすことが必要となる（法法34①）。

---

[77] 役員向け株式交付信託の税務上の取扱いについては、信託協会から「役員向け株式交付信託に関する税務上の取扱い（平成31年2月）」が公表されている。

関係法令

1．法人税法

（定義）

第2条 この法律において、次の各号に掲げる用語の意義は、当該各号に定めるところによる。

十五 役員 法人の取締役、執行役、会計参与、監査役、理事、監事及び清算人並びにこれら以外の者で法人の経営に従事している者のうち政令で定めるものをいう。

（役員給与の損金不算入）

第34条 内国法人がその役員に対して支給する給与（退職給与で業績連動給与に該当しないもの、使用人としての職務を有する役員に対して支給する当該職務に対するもの及び第3項の規定の適用があるものを除く。以下この項において同じ。）のうち次に掲げる給与のいずれにも該当しないものの額は、その内国法人の各事業年度の所得の金額の計算上、損金の額に算入しない。

一 その支給時期が1月以下の一定の期間ごとである給与（次号イにおいて「定期給与」という。）で当該事業年度の各支給時期における支給額が同額であるものその他これに準ずるものとして政令で定める給与（同号において「定期同額給与」という。）

二 その役員の職務につき所定の時期に、確定した額の金銭又は確定した数の株式（出資を含む。以下この項及び第5項において同じ。）若しくは新株予約権若しくは確定した額の金銭債権に係る第54条第1項（譲渡制限付株式を対価とする費用の帰属事業年度の特例）に規定する特定譲渡制限付株式若しくは第54条の2第1項（新株予約権を対価とする費用の帰属事業年度の特例等）に規定する特定新株予約権を交付する旨の定めに基づいて支給する給与で、定期同額給与及び業績連動給与のいずれにも該当しないもの（当該株式若しくは当該特定譲渡制限付株式に係る第54条第1項に規定する承継譲渡制限付株式又は当該新株予約権若しくは当該特定新株予約権に係る第54条の2第1項に規定する承継新株予約権による給与を含むものとし、次に掲げる場合に該当する場合にはそれぞれ次に定める要件を満たすものに限る。）

イ その給与が定期給与を支給しない役員に対して支給する給与（同族会社に該当しない内国法人が支給する給与で金銭によるものに限る。）以外の給与（株式又は新株予約権による給与で、将来の役務の提供に係るものとして政令で定めるものを除く。）である場合 政令で定めるところにより納税地の所轄税務署長にその定めの内容に関する届出をしていること。

ロ 株式を交付する場合 当該株式が市場価格のある株式又は市場価格のある株式と交換される株式（当該内国法人又は関係法人が発行したものに限る。次号において「適格株式」という。）であること。

ハ 新株予約権を交付する場合 当該新株予約権がその行使により市場価格のある株式が交付される新株予約権（当該内国法人又は関係法人が発行したものに限る。次号において「適格新株予約権」という。）であること。

三 内国法人（同族会社にあっては、同族会社以外の法人との間に当該法人による完全支配関係があるものに限る。）がその業務執行役員（業務を執行する役員として政令で定めるものをいう。以下この号において同じ。）に対して支給する業績連動給与

328　関係法令

（金銭以外の資産が交付されるものにあっては、適格株式又は適格新株予約権が交付されるものに限る。）で、次に掲げる要件を満たすもの（他の業務執行役員の全てに対して次に掲げる要件を満たす業績連動給与を支給する場合に限る。）

イ　交付される金銭の額若しくは株式若しくは新株予約権の数又は交付される新株予約権の数のうち無償で取得され、若しくは消滅する数の算定方法が、その給与に係る職務を執行する期間の開始の日（イにおいて「職務執行期間開始日」という。）以後に終了する事業年度の利益の状況を示す指標（利益の額、利益の額に有価証券報告書（金融商品取引法第24条第1項（有価証券報告書の提出）に規定する有価証券報告書をいう。イにおいて同じ。）に記載されるべき事項による調整を加えた指標その他の利益に関する指標として政令で定めるもので、有価証券報告書に記載されるものに限る。イにおいて同じ。）、職務執行期間開始日の属する事業年度開始の日以後の所定の期間若しくは職務執行期間開始日以後の所定の日における株式の市場価格の状況を示す指標（当該内国法人又は当該内国法人との間に完全支配関係がある法人の株式の市場価格又はその平均値その他の株式の市場価格に関する指標として政令で定めるものに限る。イにおいて同じ。）又は職務執行期間開始日以後に終了する事業年度の売上高の状況を示す指標（売上高、売上高に有価証券報告書に記載されるべき事項による調整を加えた指標その他の売上高に関する指標として政令で定めるもののうち、利益の状況を示す指標又は株式の市場価格の状況を示す指標と同時に用いられるもので、有価証券報告書に記載されるものに限る。）を基礎とした客観的なもの（次に掲げる要件を満たすものに限る。）であること。

(1) 金銭による給与にあっては確定した額を、株式又は新株予約権による給与にあっては確定した数を、それぞれ限度としているものであり、かつ、他の業務執行役員に対して支給する業績連動給与に係る算定方法と同様のものであること。

(2) 政令で定める日までに、会社法第404条第3項（指名委員会等の権限等）の報酬委員会（その委員の過半数が当該内国法人の同法第2条第15号（定義）に規定する社外取締役のうち職務の独立性が確保された者として政令で定める者（(2)において「独立社外取締役」という。）であるものに限るものとし、当該内国法人の業務執行役員と政令で定める特殊の関係のある者がその委員であるものを除く。）が決定（当該報酬委員会の委員である独立社外取締役の全員が当該決定に係る当該報酬委員会の決議に賛成している場合における当該決定に限る。）をしていることその他の政令で定める適正な手続を経ていること。

(3) その内容が、(2)の政令で定める適正な手続の終了の日以後遅滞なく、有価証券報告書に記載されていることその他財務省令で定める方法により開示されていること。

ロ　その他政令で定める要件

2　内国法人がその役員に対して支給する給与（前項又は次項の規定の適用があるものを除く。）の額のうち不相当に高額な部分の金額として政令で定める金額は、その内国法人の各事業年度の所得の金額の計算上、損金の額に算入しない。

1.　法人税法　　*329*

3　内国法人が、事実を隠蔽し、又は仮装して経理をすることによりその役員に対して
　支給する給与の額は、その内国法人の各事業年度の所得の金額の計算上、損金の額に
　算入しない。
4　前3項に規定する給与には、債務の免除による利益その他の経済的な利益を含むも
　のとする。
5　第1項に規定する業績連動給与とは、利益の状況を示す指標、株式の市場価格の状
　況を示す指標その他の同項の内国法人又は当該内国法人との間に支配関係がある法人
　の業績を示す指標を基礎として算定される額又は数の金銭又は株式若しくは新株予約
　権による給与及び第54条第1項に規定する特定譲渡制限付株式若しくは承継譲渡制限
　付株式又は第54条の2第1項に規定する特定新株予約権若しくは承継新株予約権によ
　る給与で無償で取得され、又は消滅する株式又は新株予約権の数が役務の提供期間以
　外の事由により変動するものをいう。
6　第1項に規定する使用人としての職務を有する役員とは、役員（社長、理事長その
　他政令で定めるものを除く。）のうち、部長、課長その他法人の使用人としての職制上
　の地位を有し、かつ、常時使用人としての職務に従事するものをいう。
7　第1項第2号ロ及びハに規定する関係法人とは、同項の内国法人との間に支配関係
　がある法人として政令で定める法人をいう。
8　第4項から前項までに定めるもののほか、第1項から第3項までの規定の適用に関
　し必要な事項は、政令で定める。

（過大な使用人給与の損金不算入）
第36条　内国法人がその役員と政令で定める特殊の関係のある使用人に対して支給する
　給与（債務の免除による利益その他の経済的な利益を含む。）の額のうち不相当に高額
　な部分の金額として政令で定める金額は、その内国法人の各事業年度の所得の金額の
　計算上、損金の額に算入しない。

（譲渡制限付株式を対価とする費用の帰属事業年度の特例）
第54条　内国法人が個人から役務の提供を受ける場合において、当該役務の提供に係る
　費用の額につき譲渡制限付株式（譲渡についての制限その他の条件が付されている株
　式（出資を含む。）として政令で定めるものをいう。以下この項において同じ。）であっ
　て当該役務の提供の対価として当該個人に生ずる債権の給付と引換えに当該個人に交
　付されるものその他当該個人に給付されることに伴って当該債権が消滅する場合の当
　該譲渡制限付株式（以下この項及び第3項において「特定譲渡制限付株式」という。）
　が交付されたとき（合併又は分割型分割に際し当該合併又は分割型分割に係る被合併
　法人又は分割法人の当該特定譲渡制限付株式を有する者に対し交付される当該合併又
　は分割型分割に係る合併法人又は分割承継法人の譲渡制限付株式その他の政令で定め
　る譲渡制限付株式（第3項において「承継譲渡制限付株式」という。）が交付されたと
　きを含む。）は、当該個人において当該役務の提供につき所得税法その他所得税に関す
　る法令の規定により当該個人の同法に規定する給与所得その他の政令で定める所得の
　金額に係る収入金額とすべき金額又は総収入金額に算入すべき金額（次項及び第3項
　において「給与等課税額」という。）が生ずることが確定した日において当該役務の提
　供を受けたものとして、この法律の規定を適用する。

2　前項に規定する場合において、同項の個人において同項の役務の提供につき給与等
　課税額が生じないときは、当該役務の提供を受ける内国法人の当該役務の提供を受け
　たことによる費用の額又は当該役務の全部若しくは一部の提供を受けられなかったこ
　とによる損失の額は、当該内国法人の各事業年度の所得の金額の計算上、損金の額に
　算入しない。
3　第1項の個人から役務の提供を受ける内国法人は、特定譲渡制限付株式の1株当た
　りの交付の時の価額、交付数、その事業年度において給与等課税額が生ずること又は
　生じないことが確定した数その他当該特定譲渡制限付株式又は承継譲渡制限付株式の
　状況に関する明細書を当該事業年度の確定申告書に添付しなければならない。
4　前項に定めるもののほか、第1項又は第2項の規定の適用に関し必要な事項は、政
　令で定める。
（新株予約権を対価とする費用の帰属事業年度の特例等）
第54条の2　内国法人が個人から役務の提供を受ける場合において、当該役務の提供に
　係る費用の額につき譲渡制限付新株予約権（譲渡についての制限その他の条件が付さ
　れている新株予約権として政令で定めるものをいう。以下この項において同じ。）で
　あって次に掲げる要件に該当するもの（以下この条において「特定新株予約権」とい
　う。）が交付されたとき（合併、分割、株式交換又は株式移転（以下この項において
　「合併等」という。）に際し当該合併等に係る被合併法人、分割法人、株式交換完全子
　法人又は株式移転完全子法人の当該特定新株予約権を有する者に対し交付される当該
　合併等に係る合併法人、分割承継法人、株式交換完全親法人又は株式移転完全親法人
　の譲渡制限付新株予約権（第3項及び第4項において「承継新株予約権」という。）が
　交付されたときを含む。）は、当該個人において当該役務の提供につき所得税法その他
　所得税に関する法令の規定により当該個人の同法に規定する給与所得その他の政令で
　定める所得の金額に係る収入金額とすべき金額又は総収入金額に算入すべき金額を生
　ずべき事由（次項において「給与等課税事由」という。）が生じた日において当該役務
　の提供を受けたものとして、この法律の規定を適用する。
　一　当該譲渡制限付新株予約権と引換えにする払込みに代えて当該役務の提供の対価
　　として当該個人に生ずる債権をもって相殺されること。
　二　前号に掲げるもののほか、当該譲渡制限付新株予約権が実質的に当該役務の提供
　　の対価と認められるものであること。
2　前項に規定する場合において、同項の個人において同項の役務の提供につき給与等
　課税事由が生じないときは、当該役務の提供を受ける内国法人の当該役務の提供を受
　けたことによる費用の額又は当該役務の全部若しくは一部の提供を受けられなかった
　ことによる損失の額は、当該内国法人の各事業年度の所得の金額の計算上、損金の額
　に算入しない。
3　前項に規定する場合において、特定新株予約権（承継新株予約権を含む。）が消滅を
　したときは、当該消滅による利益の額は、これらの新株予約権を発行した法人の各事
　業年度の所得の金額の計算上、益金の額に算入しない。
4　第1項の個人から役務の提供を受ける内国法人は、特定新株予約権の1個当たりの
　交付の時の価額、交付数、その事業年度において行使された数その他当該特定新株予

約権又は承継新株予約権の状況に関する明細書を当該事業年度の確定申告書に添付しなければならない。

5　内国法人が新株予約権（投資信託及び投資法人に関する法律第2条第17項（定義）に規定する新投資口予約権を含む。以下この項において同じ。）を発行する場合において、その新株予約権と引換えに払い込まれる金銭の額（金銭の払込みに代えて給付される金銭以外の資産の価額及び相殺される債権の額を含む。以下この項において同じ。）がその新株予約権のその発行の時の価額に満たないとき（その新株予約権を無償で発行したときを含む。）、又はその新株予約権と引換えに払い込まれる金銭の額がその新株予約権のその発行の時の価額を超えるときは、その満たない部分の金額（その新株予約権を無償で発行した場合には、その発行の時の価額）又はその超える部分の金額に相当する金額は、その内国法人の各事業年度の所得の金額の計算上、損金の額又は益金の額に算入しない。

6　第4項に定めるもののほか、第1項から第3項まで又は前項の規定の適用に関し必要な事項は、政令で定める。

2．法人税法施行令

（役員の範囲）

第7条　法第2条第15号（役員の意義）に規定する政令で定める者は、次に掲げる者とする。

　一　法人の使用人（職制上使用人としての地位のみを有する者に限る。次号において同じ。）以外の者でその法人の経営に従事しているもの

　二　同族会社の使用人のうち、第71条第1項第5号イからハまで（使用人兼務役員とされない役員）の規定中「役員」とあるのを「使用人」と読み替えた場合に同号イからハまでに掲げる要件のすべてを満たしている者で、その会社の経営に従事しているもの

（定期同額給与の範囲等）

第69条　法第34条第1項第1号（役員給与の損金不算入）に規定する政令で定める給与は、次に掲げる給与とする。

　一　法第34条第1項第1号に規定する定期給与（以下第6項までにおいて「定期給与」という。）で、次に掲げる改定（以下この号において「給与改定」という。）がされた場合における当該事業年度開始の日又は給与改定前の最後の支給時期の翌日から給与改定後の最初の支給時期の前日又は当該事業年度終了の日までの間の各支給時期における支給額が同額であるもの

　　イ　当該事業年度開始の日の属する会計期間（法第13条第1項（事業年度の意義）に規定する会計期間をいう。以下この条において同じ。）開始の日から3月（法第75条の2第1項各号（確定申告書の提出期限の延長の特例）の指定を受けている内国法人にあっては、その指定に係る月数に2を加えた月数）を経過する日（イ

において「３月経過日等」という。）まで（定期給与の額の改定（継続して毎年所定の時期にされるものに限る。）が３月経過日等後にされることについて特別の事情があると認められる場合にあっては、当該改定の時期）にされた定期給与の額の改定

ロ　当該事業年度において当該内国法人の役員の職制上の地位の変更、その役員の職務の内容の重大な変更その他これらに類するやむを得ない事情（第４項第２号及び第５項第１号において「臨時改定事由」という。）によりされたこれらの役員に係る定期給与の額の改定（イに掲げる改定を除く。）

ハ　当該事業年度において当該内国法人の経営の状況が著しく悪化したことその他これに類する理由（第５項第２号において「業績悪化改定事由」という。）によりされた定期給与の額の改定（その定期給与の額を減額した改定に限り、イ及びロに掲げる改定を除く。）

二　継続的に供与される経済的な利益のうち、その供与される利益の額が毎月おおむね一定であるもの

2　法第34条第１項第１号及び前項第１号の規定の適用については、定期給与の各支給時期における支給額から源泉税等の額（当該定期給与について所得税法第２条第１項第45号（定義）に規定する源泉徴収をされる所得税の額、当該定期給与について地方税法第１条第１項第９号（用語）に規定する特別徴収をされる同項第４号に規定する地方税の額、健康保険法第167条第１項（保険料の源泉控除）その他の法令の規定により当該定期給与の額から控除される社会保険料（所得税法第74条第２項（社会保険料控除）に規定する社会保険料をいう。）の額その他これらに類するものの額の合計額をいう。）を控除した金額が同額である場合には、当該定期給与の当該各支給時期における支給額は、同額であるものとみなす。

3　法第34条第１項第２号イに規定する政令で定めるものは、次に掲げるものとする。

一　法第34条第１項第２号の役員の職務につき株主総会、社員総会その他これらに準ずるもの（次項第１号及び第５項第２号において「株主総会等」という。）の決議（当該職務の執行の開始の日から１月を経過する日までにされるものに限る。）により同条第１項第２号の定め（当該決議の日から１月を経過する日までに、特定譲渡制限付株式（法第54条第１項（譲渡制限付株式を対価とする費用の帰属事業年度の特例）に規定する特定譲渡制限付株式をいう。以下この項及び第８項において同じ。）又は特定新株予約権（法第54条の２第１項（新株予約権を対価とする費用の帰属事業年度の特例等）に規定する特定新株予約権をいう。以下この条において同じ。）を交付する旨の定めに限る。）をした場合における当該定めに基づいて交付される特定譲渡制限付株式又は特定新株予約権による給与

二　特定譲渡制限付株式による給与が前号に掲げる給与又は法第34条第１項第２号イに定める要件を満たす給与に該当する場合における当該特定譲渡制限付株式に係る承継譲渡制限付株式（法第54条第１項に規定する承継譲渡制限付株式をいう。）による給与

三　特定新株予約権による給与が第１号に掲げる給与又は法第34条第１項第２号イに定める要件を満たす給与に該当する場合における当該特定新株予約権に係る承継新

2. 法人税法施行令　　*333*

株予約権（法第54条の２第１項に規定する承継新株予約権をいう。第19項第１号ロ
及び第21項において同じ。）による給与
4　法第34条第１項第２号イに規定する届出は、第１号に掲げる日（第２号に規定する
臨時改定事由が生じた場合における同号の役員の職務についてした同号の定めの内容
に関する届出については、次に掲げる日のうちいずれか遅い日。第七項において「届
出期限」という。）までに、財務省令で定める事項を記載した書類をもってしなければ
ならない。
　一　株主総会等の決議により法第34条第１項第２号の役員の職務につき同号の定めを
　　した場合における当該決議をした日（同日がその職務の執行の開始の日後である場
　　合にあっては、当該開始の日）から１月を経過する日（同日が当該開始の日の属す
　　る会計期間開始の日から４月（法第75条の２第１項各号の指定を受けている内国法
　　人にあっては、その指定に係る月数に３を加えた月数）を経過する日（以下この号
　　において「４月経過日等」という。）後である場合には当該４月経過日等とし、新た
　　に設立した内国法人がその役員のその設立の時に開始する職務につき法第34条第１
　　項第２号の定めをした場合にはその設立の日以後２月を経過する日とする。）
　二　臨時改定事由（当該臨時改定事由により当該臨時改定事由に係る役員の職務につ
　　き法第34条第１項第２号の定めをした場合（当該役員の当該臨時改定事由が生ずる
　　直前の職務につき同号の定めがあった場合を除く。）における当該臨時改定事由に限
　　る。）が生じた日から１月を経過する日
5　法第34条第１項第２号に規定する定めに基づいて支給する給与につき既に前項又は
この項の規定による届出（以下この項において「直前届出」という。）をしている内国
法人が当該直前届出に係る定めの内容を変更する場合において、その変更が次の各号
に掲げる事由に基因するものであるとき（第２号に掲げる事由に基因する変更にあっ
ては、当該定めに基づく給与の支給額を減額し、又は交付する株式（出資を含む。以
下この条において同じ。）若しくは新株予約権の数を減少させるものであるときに限
る。）は、当該変更後の法第34条第１項第２号イに規定する定めの内容に関する届出
は、前項の規定にかかわらず、当該各号に掲げる事由の区分に応じ当該各号に定める
日（第７項において「変更届出期限」という。）までに、財務省令で定める事項を記載
した書類をもってしなければならない。
　一　臨時改定事由　当該臨時改定事由が生じた日から１月を経過する日
　二　業績悪化改定事由　当該業績悪化改定事由によりその定めの内容の変更に関する
　　株主総会等の決議をした日から１月を経過する日（当該変更前の当該直前届出に係
　　る定めに基づく給与の支給の日（当該決議をした日後最初に到来するものに限る。）
　　が当該１月を経過する日前にある場合には、当該支給の日の前日）
6　法第34条第１項第２号イの場合において、内国法人が同族会社に該当するかどうか
の判定は、当該内国法人が定期給与を支給しない役員の職務につき同号の定めをした
日（第４項第１号の新たに設立した内国法人が同号に規定する設立の時に開始する職
務についてした同号の定めにあっては、同号の設立の日）の現況による。
7　税務署長は、届出期限又は変更届出期限までに法第34条第１項第２号イの届出がな
かった場合においても、その届出がなかったことについてやむを得ない事情があると

334　関係法令

認めるときは、当該届出期限又は変更届出期限までにその届出があったものとして同項の規定を適用することができる。

8　内国法人の役員の職務につき、確定した額に相当する法第34条第1項第2号ロに規定する適格株式又は同号ハに規定する適格新株予約権を交付する旨の定めに基づいて支給する給与（確定した額の金銭債権に係る特定譲渡制限付株式又は特定新株予約権を交付する旨の定めに基づいて支給する給与を除く。）は、確定した額の金銭を交付する旨の定めに基づいて支給する給与に該当するものとして、同号の規定を適用する。

9　法第34条第1項第3号に規定する政令で定める役員は、同号イの算定方法についての第16項各号又は第17項各号に掲げる手続の終了の日において次に掲げる役員に該当する者とする。

一　会社法第363条第1項各号（取締役会設置会社の取締役の権限）に掲げる取締役
二　会社法第418条（執行役の権限）の執行役
三　前2号に掲げる役員に準ずる役員

10　法第34条第1項第3号イに規定する利益に関する指標として政令で定めるものは、次に掲げる指標（第2号から第5号までに掲げる指標にあっては、利益に関するものに限る。）とする。

一　法第34条第1項第3号イに規定する職務執行期間開始日以後に終了する事業年度（以下この項及び第12項において「対象事業年度」という。）における有価証券報告書（同号イに規定する有価証券報告書をいう。以下第12項までにおいて同じ。）に記載されるべき利益の額
二　前号に掲げる指標の数値に対象事業年度における減価償却費の額、支払利息の額その他の有価証券報告書に記載されるべき費用の額を加算し、又は当該指標の数値から対象事業年度における受取利息の額その他の有価証券報告書に記載されるべき収益の額を減算して得た額
三　前2号に掲げる指標の数値の次に掲げる金額のうちに占める割合又は当該指標の数値を対象事業年度における有価証券報告書に記載されるべき発行済株式（自己が有する自己の株式を除く。次項第3号及び第4号において同じ。）の総数で除して得た額
　　イ　対象事業年度における売上高の額その他の有価証券報告書に記載されるべき収益の額又は対象事業年度における支払利息の額その他の有価証券報告書に記載されるべき費用の額
　　ロ　貸借対照表に計上されている総資産の帳簿価額
　　ハ　ロに掲げる金額から貸借対照表に計上されている総負債（新株予約権に係る義務を含む。）の帳簿価額を控除した金額
四　前3号に掲げる指標の数値が対象事業年度前の事業年度の当該指標に相当する指標の数値その他の対象事業年度において目標とする指標の数値であって既に確定しているもの（以下この号において「確定値」という。）を上回る数値又は前3号に掲げる指標の数値の確定値に対する比率
五　前各号に掲げる指標に準ずる指標

11　法第34条第1項第3号イに規定する株式の市場価格に関する指標として政令で定め

るものは、次に掲げる指標とする。

一　法第34条第１項第３号イに規定する所定の期間又は所定の日における株式（同号に規定する内国法人又は当該内国法人との間に完全支配関係がある法人の株式に限る。第４号において同じ。）の市場価格又はその平均値

二　前号に掲げる指標の数値が確定値（同号に規定する所定の期間以前の期間又は同号に規定する所定の日以前の日における次に掲げる指標の数値その他の目標とする指標の数値であって既に確定しているものをいう。以下この号において同じ。）を上回る数値又は前号に掲げる指標の数値の確定値に対する比率

イ　前号に掲げる指標に相当する指標の数値

ロ　金融商品取引法第２条第16項（定義）に規定する金融商品取引所に上場されている株式について多数の銘柄の価格の水準を総合的に表した指標の数値

三　第１号に掲げる指標の数値に同号に規定する所定の期間又は所定の日の属する事業年度における有価証券報告書に記載されるべき発行済株式の総数を乗じて得た額

四　法第34条第１項第３号イに規定する所定の期間又は所定の日における株式の市場価格又はその平均値が確定値（当該所定の期間以前の期間又は当該所定の日以前の日における当該株式の市場価格の数値で既に確定しているものをいう。以下この号において同じ。）を上回る数値と当該所定の期間開始の日又は当該所定の日以後に終了する事業年度の有価証券報告書に記載されるべき支払配当の額を発行済株式の総数で除して得た数値とを合計した数値の当該確定値に対する比率

五　前各号に掲げる指標に準ずる指標

12　法第34条第１項第３号イに規定する売上高に関する指標として政令で定めるものは、次に掲げる指標とする。

一　対象事業年度における有価証券報告書に記載されるべき売上高の額

二　前号に掲げる指標の数値から対象事業年度における有価証券報告書に記載されるべき費用の額を減算して得た額

三　前２号に掲げる指標の数値が対象事業年度前の事業年度の当該指標に相当する指標の数値その他の対象事業年度において目標とする指標の数値であって既に確定しているもの（以下この号において「確定値」という。）を上回る数値又は前２号に掲げる指標の数値の確定値に対する比率

四　前３号に掲げる指標に準ずる指標

13　法第34条第１項第３号イ（２）に規定する政令で定める日は、同号イに規定する職務執行期間開始日の属する会計期間開始の日から３月（法第75条の２第１項各号の指定を受けている内国法人にあっては、その指定に係る月数に２を加えた月数）を経過する日とする。

14　法第34条第１項第３号イ（２）に規定する政令で定める者は、会社法第２条第15号（定義）に規定する社外取締役である独立職務執行者とする。

15　法第34条第１項第３号イ（２）に規定する政令で定める特殊の関係のある者は、次に掲げる者とする。

一　法第34条第１項第３号に規定する業務執行役員（以下第17項までにおいて「業務執行役員」という。）の親族

336　　関係法令

二　業務執行役員と婚姻の届出をしていないが事実上婚姻関係と同様の事情にある者
三　業務執行役員（個人である業務執行役員に限る。次号において同じ。）の使用人
四　前3号に掲げる者以外の者で業務執行役員から受ける金銭その他の資産によって生計を維持しているもの
五　前3号に掲げる者と生計を一にするこれらの者の親族

16　法第34条第1項第3号に規定する内国法人が同族会社でない場合における同号イ(2)に規定する政令で定める適正な手続は、次に掲げるものとする。
一　当該内国法人の会社法第404条第3項（指名委員会等の権限等）の報酬委員会（以下第18項までにおいて「報酬委員会」という。）の決定であって次に掲げる要件の全てを満たすもの
　　イ　当該報酬委員会の委員の過半数が当該内国法人の独立社外取締役（法第34条第1項第3号イ(2)に規定する独立社外取締役をいう。以下この項及び次項において同じ。）であること。
　　ロ　当該内国法人の業務執行役員に係る法第34条第1項第3号イ(2)に規定する特殊の関係のある者（第3号ロ及び次項において「特殊関係者」という。）が当該報酬委員会の委員でないこと。
　　ハ　当該報酬委員会の委員である独立社外取締役の全員が当該決定に係る当該報酬委員会の決議に賛成していること。
二　当該内国法人（指名委員会等設置会社を除く。）の株主総会の決議による決定
三　当該内国法人（指名委員会等設置会社を除く。）の報酬諮問委員会（取締役会の諮問に応じ、当該内国法人の業務執行役員の個人別の給与の内容を調査審議し、及びこれに関し必要と認める意見を取締役会に述べることができる3以上の委員から構成される合議体をいう。以下この号において同じ。）に対する諮問その他の手続を経た取締役会の決議による決定であって次に掲げる要件の全てを満たすもの
　　イ　当該報酬諮問委員会の委員の過半数が当該内国法人の独立社外取締役（当該内国法人の会社法第2条第16号に規定する社外監査役（次項第2号イにおいて「社外監査役」という。）である独立職務執行者を含む。ハにおいて「独立社外取締役等」という。）であること。
　　ロ　当該内国法人の業務執行役員に係る特殊関係者が当該報酬諮問委員会の委員でないこと。
　　ハ　当該報酬諮問委員会の委員である独立社外取締役等の全員が当該諮問に対する当該報酬諮問委員会の意見に係る決議に賛成していること。
　　ニ　当該決定に係る給与の支給を受ける業務執行役員がハの決議に参加していないこと。
四　前2号に掲げる手続に準ずる手続

17　法第34条第1項第3号に規定する内国法人が同族会社である場合における同号イ(2)に規定する政令で定める適正な手続は、次に掲げるものとする。
一　当該内国法人との間に完全支配関係がある法人（同族会社を除く。以下この号及び次号において「完全支配関係法人」という。）の報酬委員会の決定（次に掲げる要件の全てを満たす場合における当該決定に限る。）に従ってする当該内国法人の株主

総会又は取締役会の決議による決定

　イ　当該報酬委員会の委員の過半数が当該完全支配関係法人の独立社外取締役であること。

　ロ　次に掲げる者（当該完全支配関係法人の業務執行役員を除く。）が当該報酬委員会の委員でないこと。

　　(1)　当該内国法人の業務執行役員

　　(2)　当該内国法人又は当該完全支配関係法人の業務執行役員に係る特殊関係者

　ハ　当該報酬委員会の委員である当該完全支配関係法人の独立社外取締役の全員が当該報酬委員会の決定に係る決議に賛成していること。

二　完全支配関係法人（指名委員会等設置会社を除く。）の報酬諮問委員会（取締役会の諮問に応じ、当該完全支配関係法人及び当該内国法人の業務執行役員の個人別の給与の内容を調査審議し、並びにこれに関し必要と認める意見を取締役会に述べることができる3以上の外部の委員から構成される合議体に対する諮問その他の手続を経た当該完全支配関係法人の取締役会の決議による決定に従ってする当該内国法人の株主総会又は取締役会の決議による決定

　イ　当該報酬諮問委員会の委員の過半数が当該完全支配関係法人の独立社外取締役（当該完全支配関係法人の社外監査役である独立職務執行者を含む。ハにおいて「独立社外取締役等」という。）であること。

　ロ　次に掲げる者（当該完全支配関係法人の業務執行役員を除く。）が当該報酬諮問委員会の委員でないこと。

　　(1)　当該内国法人の業務執行役員

　　(2)　当該内国法人又は当該完全支配関係法人の業務執行役員に係る特殊関係者

　ハ　当該報酬諮問委員会の委員である当該完全支配関係法人の独立社外取締役等の全員が当該諮問に対する当該報酬諮問委員会の意見に係る決議に賛成していること。

　ニ　当該完全支配関係法人の取締役会の決議による決定に係る給与の支給を受ける業務執行役員がハの決議に参加していないこと。

三　前2号に掲げる手続に準ずる手続

18　第14項、第16項第3号イ及び前項第2号イに規定する独立職務執行者とは、報酬委員会又は第16項第3号若しくは前項第2号に規定する報酬諮問委員会を置く法人（以下この項において「設置法人」という。）の取締役又は監査役のうち、次に掲げる者のいずれにも該当しないものをいう。

一　法第34条第1項第3号イの算定方法についての第16項各号又は前項各号に掲げる手続の終了の日の属する同条第1項第3号に規定する内国法人の会計期間開始の日の1年前の日から当該手続の終了の日までの期間内のいずれかの時において次に掲げる者に該当する者（ニに掲げる者に該当する者にあっては、同日において当該設置法人の監査役であるものに限る。）

　イ　当該設置法人の主要な取引先である者又はその者の業務執行者（業務を執行する者として財務省令で定めるものをいう。以下この項において同じ。）

　ロ　当該設置法人を主要な取引先とする者又はその者の業務執行者

338　関係法令

　　　ハ　当該設置法人と当該設置法人以外の法人との間に当該法人による支配関係があ
　　　　る場合の当該法人（以下この号において「親法人」という。）の業務執行者又は業
　　　　務執行者以外の取締役
　　　ニ　親法人の監査役
　　　ホ　当該設置法人との間に支配関係がある法人（親法人及び当該設置法人による支
　　　　配関係がある法人を除く。）の業務執行者
　　二　前号に規定する期間内のいずれかの時において次に掲げる者に該当する者の配偶
　　　者又は二親等以内の親族（ロ、ニ又はへに掲げる者に該当する者の配偶者又は二親
　　　等以内の親族にあっては、同号に規定する終了の日において当該設置法人の監査役
　　　であるものに限る。）
　　　イ　前号イからハまで又はホに掲げる者（業務執行者にあっては、財務省令で定め
　　　　るものを除く。）
　　　ロ　前号ニに掲げる者
　　　ハ　当該設置法人の業務執行者（イに規定する財務省令で定めるものを除く。ホに
　　　　おいて同じ。）
　　　ニ　当該設置法人の業務執行者以外の取締役又は会計参与（会計参与が法人である
　　　　場合には、その職務を行うべき社員。へにおいて同じ。）
　　　ホ　当該設置法人による支配関係がある法人の業務執行者
　　　へ　当該設置法人による支配関係がある法人の業務執行者以外の取締役又は会計参
　　　　与
19　法第34条第1項第3号ロに規定する政令で定める要件は、次に掲げる要件とする。
　　一　次に掲げる給与の区分に応じそれぞれ次に定める要件
　　　イ　ロに掲げる給与以外の給与　次に掲げる給与の区分に応じそれぞれ次に定める
　　　　日（次に掲げる給与で2以上のもの（その給与に係る職務を執行する期間が同一
　　　　であるものに限る。）が合わせて支給される場合には、それぞれの給与に係る次に
　　　　定める日のうち最も遅い日）までに交付され、又は交付される見込みであること。
　　　　(1)　金銭による給与　当該金銭の額の算定の基礎とした法第34条第1項第3号イ
　　　　　に規定する利益の状況を示す指標、株式の市場価格の状況を示す指標又は売上
　　　　　高の状況を示す指標（(2)において「業績連動指標」という。）の数値が確定し
　　　　　た日の翌日から1月を経過する日
　　　　(2)　株式又は新株予約権による給与　当該株式又は新株予約権の数の算定の基礎
　　　　　とした業績連動指標の数値が確定した日の翌日から2月を経過する日
　　　ロ　特定新株予約権又は承継新株予約権による給与で、無償で取得され、又は消滅
　　　　する新株予約権の数が役務の提供期間以外の事由により変動するもの　当該特定
　　　　新株予約権又は当該承継新株予約権に係る特定新株予約権が第16項各号又は第17
　　　　項各号に掲げる手続の終了の日の翌日から1月を経過する日までに交付されるこ
　　　　と。
　　二　損金経理をしていること（法第34条第1項第3号の給与の見込額として損金経理
　　　により引当金勘定に繰り入れた金額を取り崩す方法により経理していることを含
　　　む。）。

20 法第34条第1項第3号の場合において、内国法人が同号の同族会社以外の法人との間に当該法人による完全支配関係があるものに該当するかどうかの判定は及び同号イ(2)に規定する独立社外取締役、第16項第3号イに規定する独立社外取締役等又は第17項第2号イに規定する独立社外取締役等に該当するかどうかの判定は、第16項各号又は第17項各号に掲げる手続の終了の日の現況による。

21 法第34条第1項第3号の給与（特定新株予約権によるものに限る。）に係る算定方法が同号イ(2)及び(3)に掲げる要件を満たす場合には、当該特定新株予約権に係る承継新株予約権による給与に係る算定方法は、当該要件を満たすものとする。

（過大な役員給与の額）

第70条 法第34条第2項（役員給与の損金不算入）に規定する政令で定める金額は、次に掲げる金額の合計額とする。

一 次に掲げる金額のうちいずれか多い金額

イ 内国法人が各事業年度においてその役員に対して支給した給与（法第34条第2項に規定する給与のうち、退職給与以外のものをいう。以下この号において同じ。）の額（第3号に掲げる金額に相当する金額を除く。）が、当該役員の職務の内容、その内国法人の収益及びその使用人に対する給与の支給の状況、その内国法人と同種の事業を営む法人でその事業規模が類似するものの役員に対する給与の支給の状況等に照らし、当該役員の職務に対する対価として相当であると認められる金額を超える場合におけるその超える部分の金額（その役員の数が2以上である場合には、これらの役員に係る当該超える部分の金額の合計額）

ロ 定款の規定又は株主総会、社員総会若しくはこれらに準ずるものの決議により役員に対する給与として支給することができる金銭の額の限度額若しくは算定方法又は金銭以外の資産（ロにおいて「支給対象資産」という。）の内容（ロにおいて「限度額等」という。）を定めている内国法人が、各事業年度においてその役員（当該限度額等が定められた給与の支給の対象となるものに限る。ロにおいて同じ。）に対して支給した給与の額（法第34条第6項に規定する使用人としての職務を有する役員（第3号において「使用人兼務役員」という。）に対して支給する給与のうちその使用人としての職務に対するものを含めないで当該限度額等を定めている内国法人については、当該事業年度において当該職務に対する給与として支給した金額（同号に掲げる金額に相当する金額を除く。）のうち、その内国法人の他の使用人に対する給与の支給の状況等に照らし、当該職務に対する給与として相当であると認められる金額を除く。）の合計額が当該事業年度に係る当該限度額及び当該算定方法により算定された金額並びに当該支給対象資産（当該事業年度に支給されたものに限る。）の支給の時における価額（第71条の3第1項（確定した数の株式を交付する旨の定めに基づいて支給する給与に係る費用の額等）に規定する確定数給与にあっては、同項に規定する交付決議時価額）に相当する金額の合計額を超える場合におけるその超える部分の金額（同号に掲げる金額がある場合には、当該超える部分の金額から同号に掲げる金額に相当する金額を控除した金額）

二 内国法人が各事業年度においてその退職した役員に対して支給した退職給与（法

340 関係法令

第34条第1項又は第3項の規定の適用があるものを除く。以下この号において同じ。）の額が、当該役員のその内国法人の業務に従事した期間、その退職の事情、その内国法人と同種の事業を営む法人でその事業規模が類似するものの役員に対する退職給与の支給の状況等に照らし、その退職した役員に対する退職給与として相当であると認められる金額を超える場合におけるその超える部分の金額

三　使用人兼務役員の使用人としての職務に対する賞与で、他の使用人に対する賞与の支給時期と異なる時期に支給したものの額

（使用人兼務役員とされない役員）

第71条　法第34条第6項（役員給与の損金不算入）に規定する政令で定める役員は、次に掲げる役員とする。

一　代表取締役、代表執行役、代表理事及び清算人

二　副社長、専務、常務その他これらに準ずる職制上の地位を有する役員

三　合名会社、合資会社及び合同会社の業務を執行する社員

四　取締役（指名委員会等設置会社の取締役及び監査等委員である取締役に限る。）、会計参与及び監査役並びに監事

五　前各号に掲げるもののほか、同族会社の役員のうち次に掲げる要件の全てを満たしている者

　イ　当該会社の株主グループにつきその所有割合が最も大きいものから順次その順位を付し、その第1順位の株主グループ（同順位の株主グループが2以上ある場合には、その全ての株主グループ。イにおいて同じ。）の所有割合を算定し、又はこれに順次第2順位及び第3順位の株主グループの所有割合を加算した場合において、当該役員が次に掲げる株主グループのいずれかに属していること。

　　(1)　第1順位の株主グループの所有割合が100分の50を超える場合における当該株主グループ

　　(2)　第1順位及び第2順位の株主グループの所有割合を合計した場合にその所有割合がはじめて100分の50を超えるときにおけるこれらの株主グループ

　　(3)　第1順位から第3順位までの株主グループの所有割合を合計した場合にその所有割合がはじめて100分の50を超えるときにおけるこれらの株主グループ

　ロ　当該役員の属する株主グループの当該会社に係る所有割合が100分の10を超えていること。

　ハ　当該役員（その配偶者及びこれらの者の所有割合が100分の50を超える場合における他の会社を含む。）の当該会社に係る所有割合が100分の5を超えていること。

2　前項第5号に規定する株主グループとは、その会社の一の株主等（その会社が自己の株式又は出資を有する場合のその会社を除く。）並びに当該株主等と法第2条第10号（定義）に規定する特殊の関係のある個人及び法人をいう。

3　第1項第5号に規定する所有割合とは、その会社がその株主等の有する株式又は出資の数又は金額による判定により同族会社に該当する場合にはその株主グループ（前項に規定する株主グループをいう。以下この項において同じ。）の有する株式の数又は出資の金額の合計額がその会社の発行済株式又は出資（その会社が有する自己の株式又は出資を除く。）の総数又は総額のうちに占める割合をいい、その会社が第4条第3

項第2号イからニまで（同族関係者の範囲）に掲げる議決権による判定により同族会社に該当することとなる場合にはその株主グループの有する当該議決権の数がその会社の当該議決権の総数（当該議決権を行使することができない株主等が有する当該議決権の数を除く。）のうちに占める割合をいい、その会社が社員又は業務を執行する社員の数による判定により同族会社に該当する場合にはその株主グループに属する社員又は業務を執行する社員の数がその会社の社員又は業務を執行する社員の総数のうちに占める割合をいう。

4　第4条第6項の規定は、前項の規定を適用する場合について準用する。

（関係法人の範囲）

第71条の2　法第34条第7項（役員給与の損金不算入）に規定する政令で定める法人は、同条第1項の内国法人の役員の職務につき支給する給与（株式（出資を含む。以下この条において同じ。）又は新株予約権によるものに限る。）に係る第69条第3項第1号（定期同額給与の範囲等）に規定する株主総会等の決議をする日（同条第16項各号又は第17項各号に掲げる手続が行われる場合には、当該手続の終了の日。以下この条において「決議日」という。）において、当該決議日から当該株式又は新株予約権を交付する日（法第54条第1項（譲渡制限付株式を対価とする費用の帰属事業年度の特例）に規定する特定譲渡制限付株式にあっては当該特定譲渡制限付株式に係る譲渡についての制限が解除される日とし、法第54条の2第1項（新株予約権を対価とする費用の帰属事業年度の特例等）に規定する特定新株予約権にあっては当該特定新株予約権の行使が可能となる日とする。）までの間、当該内国法人と当該内国法人以外の法人との間に当該法人による支配関係が継続することが見込まれている場合の当該法人とする。

（確定した数の株式を交付する旨の定めに基づいて支給する給与に係る費用の額等）

第71条の3　内国法人の役員の職務につき、所定の時期に、確定した数の株式（出資を含む。以下この条において同じ。）又は新株予約権を交付する旨の定めに基づいて支給する給与（法第34条第1項第1号（役員給与の損金不算入）に規定する定期同額給与、同条第5項に規定する業績連動給与及び第69条第3項各号（定期同額給与の範囲等）に掲げる給与を除く。次項において「確定数給与」という。）に係る費用の額は、法第54条第1項（譲渡制限付株式を対価とする費用の帰属事業年度の特例）に規定する特定譲渡制限付株式若しくは承継譲渡制限付株式又は法第54条の2第1項（新株予約権を対価とする費用の帰属事業年度の特例等）に規定する特定新株予約権若しくは承継新株予約権による給与を除き、その交付した株式又は新株予約権と銘柄を同じくする株式又は新株予約権の当該定めをした日における1単位当たりの価額にその交付した数を乗じて計算した金額（その交付に際してその役員から払い込まれる金銭の額及び給付を受ける金銭以外の資産（その職務につきその役員に生ずる債権を除く。）の価額を除く。次項において「交付決議時価額」という。）に相当する金額とする。

2　確定数給与の支給として行う株式又は新株予約権の交付に係る法第61条の2第1項（有価証券の譲渡益又は譲渡損の益金又は損金算入）の規定又は第8条第1項（資本金等の額）の規定の適用については、法第61条の2第1項第1号に掲げる金額又は第8条第1項第1号に規定する対価の額は、交付決議時価額に相当する金額とする。

（特殊関係使用人の範囲）

342 関係法令

第72条 法第36条（過大な使用人給与の損金不算入）に規定する政令で定める特殊の関係のある使用人は、次に掲げる者とする。
　一　役員の親族
　二　役員と事実上婚姻関係と同様の関係にある者
　三　前2号に掲げる者以外の者で役員から生計の支援を受けているもの
　四　前2号に掲げる者と生計を一にするこれらの者の親族

（過大な使用人給与の額）

第72条の2 法第36条（過大な使用人給与の損金不算入）に規定する政令で定める金額は、内国法人が各事業年度においてその使用人に対して支給した給与の額が、当該使用人の職務の内容、その内国法人の収益及び他の使用人に対する給与の支給の状況、その内国法人と同種の事業を営む法人でその事業規模が類似するものの使用人に対する給与の支給の状況等に照らし、当該使用人の職務に対する対価として相当であると認められる金額（退職給与にあっては、当該使用人のその内国法人の業務に従事した期間、その退職の事情、その内国法人と同種の事業を営む法人でその事業規模が類似するものの使用人に対する退職給与の支給の状況等に照らし、その退職した使用人に対する退職給与として相当であると認められる金額）を超える場合におけるその超える部分の金額とする。

（使用人賞与の損金算入時期）

第72条の3 内国法人がその使用人に対して賞与（給与（債務の免除による利益その他の経済的な利益を含む。）のうち臨時的なもの（退職給与、他に定期の給与を受けていない者に対し継続して毎年所定の時期に定額を支給する旨の定めに基づいて支給されるもの、法第54条第1項（譲渡制限付株式を対価とする費用の帰属事業年度の特例）に規定する特定譲渡制限付株式又は承継譲渡制限付株式によるもの及び法第54条の2第1項（新株予約権を対価とする費用の帰属事業年度の特例等）に規定する特定新株予約権又は承継新株予約権によるものを除く。）をいう。以下この条において同じ。）を支給する場合（法第34条第6項（役員給与の損金不算入）に規定する使用人としての職務を有する役員に対して当該職務に対する賞与を支給する場合を含む。）には、これらの賞与の額について、次の各号に掲げる賞与の区分に応じ当該各号に定める事業年度において支給されたものとして、その内国法人の各事業年度の所得の金額を計算する。
　一　労働協約又は就業規則により定められる支給予定日が到来している賞与（使用人にその支給額の通知がされているもので、かつ、当該支給予定日又は当該通知をした日の属する事業年度においてその支給額につき損金経理をしているものに限る。）当該支給予定日又は当該通知をした日のいずれか遅い日の属する事業年度
　二　次に掲げる要件の全てを満たす賞与　使用人にその支給額の通知をした日の属する事業年度
　　イ　その支給額を、各人別に、かつ、同時期に支給を受ける全ての使用人に対して通知をしていること。
　　ロ　イの通知をした金額を当該通知をした全ての使用人に対し当該通知をした日の属する事業年度終了の日の翌日から1月以内に支払っていること。

2. 法人税法施行令　　*343*

　　ハ　その支給額につきイの通知をした日の属する事業年度において損金経理をして
　　　いること。
　三　前2号に掲げる賞与以外の賞与　当該賞与が支払われた日の属する事業年度
（譲渡制限付株式の範囲等）
第111条の2　法第54条第1項（譲渡制限付株式を対価とする費用の帰属事業年度の特
　例）に規定する政令で定める株式は、次に掲げる要件に該当する株式（出資を含む。
　第2号において同じ。）とする。
　一　譲渡（担保権の設定その他の処分を含む。）についての制限がされており、かつ、
　　当該譲渡についての制限に係る期間（次号において「譲渡制限期間」という。）が設
　　けられていること。
　二　法第54条第1項の個人から役務の提供を受ける内国法人又はその株式を発行し、
　　若しくは同項の個人に交付した法人がその株式を無償で取得することとなる事由（そ
　　の株式の交付を受けた同項の個人が譲渡制限期間内の所定の期間勤務を継続しない
　　こと若しくは当該個人の勤務実績が良好でないことその他の当該個人の勤務の状況
　　に基づく事由又はこれらの法人の業績があらかじめ定めた基準に達しないことその
　　他のこれらの法人の業績その他の指標の状況に基づく事由に限る。）が定められてい
　　ること。
2　法第54条第1項に規定する政令で定める譲渡制限付株式は、次に掲げるものとする。
　一　合併により当該合併に係る被合併法人の特定譲渡制限付株式（法第54条第1項に
　　規定する特定譲渡制限付株式をいう。次号及び第4項において同じ。）を有する者に
　　対し交付される当該合併に係る合併法人の同条第1項に規定する譲渡制限付株式（以
　　下この項及び第4項において「譲渡制限付株式」という。）又は当該合併の直前に当
　　該合併に係る合併法人と当該合併法人以外の法人との間に当該法人による完全支配
　　関係がある場合における当該法人の譲渡制限付株式
　二　分割型分割により当該分割型分割に係る分割法人の特定譲渡制限付株式を有する
　　者に対し交付される当該分割型分割に係る分割承継法人の譲渡制限付株式又は当該
　　分割型分割の直前に当該分割型分割に係る分割承継法人と当該分割承継法人以外の
　　法人との間に当該法人による完全支配関係がある場合における当該法人の譲渡制限
　　付株式
3　法第54条第1項に規定する政令で定める所得は、所得税法に規定する給与所得、事
　業所得、退職所得及び雑所得（同項の個人が同法第2条第1項第5号（定義）に規定
　する非居住者である場合には、当該個人が同項第3号に規定する居住者であるとした
　ときにおけるこれらの所得）とする。
4　特定譲渡制限付株式の交付が正常な取引条件で行われた場合には、法第54条第1項
　の役務の提供に係る費用の額は、当該特定譲渡制限付株式の交付につき給付され、又
　は消滅した債権（当該役務の提供の対価として同項の個人に生ずる債権に限る。以下
　この項において同じ。）の額（第71条の3第1項（確定した数の株式を交付する旨の定
　めに基づいて支給する給与に係る費用の額等）に規定する確定数給与にあっては、同
　項に規定する交付決議時価額。以下この項において同じ。）に相当する金額（当該特定
　譲渡制限付株式につき第2項各号に掲げる譲渡制限付株式が交付された場合には、当

344 関係法令

該各号の特定譲渡制限付株式の交付につき給付され、又は消滅した債権の額に相当する金額）とする。

5 第2項第2号の分割型分割に伴い法第54条第1項に規定する給与等課税額が生ずる場合の前項の費用の額の計算その他前各項の規定の適用に関し必要な事項は、財務省令で定める。

（譲渡制限付新株予約権の範囲等）

第111条の3 法第54条の2第1項（新株予約権を対価とする費用の帰属事業年度の特例等）に規定する政令で定める新株予約権は、所得税法施行令第84条第2項（譲渡制限付株式の価額等）に規定する権利の譲渡についての制限その他特別の条件が付されているものとする。

2 法第54条の2第1項に規定する政令で定める所得は、所得税法に規定する給与所得、事業所得、退職所得及び雑所得（同項の個人が同法第2条第1項第5号（定義）に規定する非居住者である場合には、当該個人が同項第3号に規定する居住者であるとしたときにおけるこれらの所得）とする。

3 特定新株予約権（法第54条の2第1項に規定する特定新株予約権をいう。以下この項において同じ。）の交付が正常な取引条件で行われた場合には、同条第1項の役務の提供に係る費用の額は、当該特定新株予約権の交付された時の価額（第71条の3第1項（確定した数の株式を交付する旨の定めに基づいて支給する給与に係る費用の額等）に規定する確定数給与にあっては、同項に規定する交付決議時価額。以下この項及び第5項において同じ。）に相当する金額（当該特定新株予約権につき承継新株予約権（法第54条の2第1項に規定する承継新株予約権をいう。以下この項において同じ。）が交付された場合には、次の各号に掲げる新株予約権の区分に応じ当該各号に定める金額）とする。

一 合併又は分割に係る承継新株予約権 当該承継新株予約権に係る特定新株予約権の法第54条の2第1項の個人に交付された時の価額に相当する金額

二 株式交換又は株式移転に係る承継新株予約権 当該承継新株予約権に係る特定新株予約権の法第54条の2第1項の個人に交付された時の価額に相当する金額に、その交付の日から当該承継新株予約権の行使が可能となる日までの期間の月数のうちに当該株式交換又は株式移転の日から当該行使が可能となる日までの期間の月数の占める割合を乗じて計算した金額

三 株式交換又は株式移転により消滅した特定新株予約権（その行使が可能となる日前に消滅したものに限る。） 当該特定新株予約権の法第54条の2第1項の個人に交付された時の価額に相当する金額に、その交付の日から当該特定新株予約権の行使が可能となる日までの期間の月数のうちに当該交付の日から当該株式交換又は株式移転の日の前日までの期間の月数の占める割合を乗じて計算した金額

4 前項の月数は、暦に従って計算し、1月に満たない端数を生じたときは、これを1月とする。

5 第3項の特定新株予約権の交付された時の価額には、法第54条の2第1項の個人から払い込まれた金銭の額及び給付を受けた金銭以外の資産（同項第1号の債権を除く。）の価額を含まないものとする。

3. 法人税法施行規則　　*345*

3．法人税法施行規則

第22条の3　令第69条第４項（定期同額給与の範囲等）に規定する財務省令で定める事
項は、次に掲げる事項とする。
　一　届出をする内国法人の名称、納税地及び法人番号並びに代表者の氏名
　二　法第34条第１項第２号（役員給与の損金不算入）に規定する定めに基づいて支給
　　する給与で同項第１号に規定する定期同額給与及び同条第５項に規定する業績連動
　　給与のいずれにも該当しないもの（同条第１項第２号イに規定する定期給与を支給
　　しない役員に対して支給する給与及び令第69条第３項各号に掲げる給与を除く。以
　　下この項において「事前確定届出給与」という。）の支給の対象となる者（第７号に
　　おいて「事前確定届出給与対象者」という。）の氏名及び役職名
　三　事前確定届出給与の支給時期並びに各支給時期における支給額又は交付する株式
　　若しくは新株予約権の銘柄、次に掲げる場合の区分に応じそれぞれ次に定める事項
　　及び条件その他の内容
　　　イ　令第71条の３第１項（確定した数の株式を交付する旨の定めに基づいて支給す
　　　　る給与に係る費用の額等）に規定する確定数給与に該当する場合　その交付する
　　　　数及び同項に規定する交付決議時価額
　　　ロ　内国法人の役員の職務につき、所定の時期に、確定した額の金銭債権に係る法
　　　　第54条第１項（譲渡制限付株式を対価とする費用の帰属事業年度の特例）に規定
　　　　する特定譲渡制限付株式又は法第54条の２第１項（新株予約権を対価とする費用
　　　　の帰属事業年度の特例等）に規定する特定新株予約権を交付する旨の定めに基づ
　　　　いて支給する給与に該当する場合　当該金銭債権の額
　四　令第69条第４項第１号の決議をした日及び当該決議をした機関等
　五　事前確定届出給与に係る職務の執行の開始の日（令第69条第４項第２号に規定す
　　る臨時改定事由が生じた場合における同号の役員の職務についてした同号の定めの
　　内容に関する届出で同項第１号に掲げる日の翌日から同項第２号に掲げる日までの
　　間にするものについては、当該臨時改定事由の概要及び当該臨時改定事由が生じた
　　日）
　六　事前確定届出給与につき法第34条第１項第１号に規定する定期同額給与による支
　　給としない理由及び当該事前確定届出給与の支給時期を第３号の支給時期とした理
　　由
　七　事前確定届出給与に係る職務を執行する期間内の日の属する法第13条第１項（事
　　業年度の意義）に規定する会計期間において事前確定届出給与対象者に対して事前
　　確定届出給与と事前確定届出給与以外の給与（法第34条第１項に規定する役員に対
　　して支給する給与をいい、令第69条第３項各号に掲げる給与を除く。以下この号及
　　び次項において同じ。）とを支給する場合における当該事前確定届出給与以外の給与
　　の支給時期及び各支給時期における支給額（法第34条第５項に規定する業績連動給
　　与又は金銭以外の資産による給与にあっては、その概要）
　八　その他参考となるべき事項
２　令第69条第５項に規定する財務省令で定める事項は、第１号に掲げる事項及び同項

各号に掲げる事由に基因してその内容の変更がされた法第34条第1項第2号の定めに基づく給与（同項第1号に規定する定期同額給与を除く。）の支給の対象となる者（直前届出（令第69条第5項に規定する直前届出をいう。第7号において同じ。）に係る者に限る。）ごとの第2号から第8号までに掲げる事項とする。

一　届出をする内国法人の名称、納税地及び法人番号並びに代表者の氏名
二　その氏名及び役職名（当該事由に基因してその役職が変更された場合には、当該変更後の役職名）
三　当該変更後の当該給与の支給時期並びに各支給時期における支給額又は交付する株式若しくは新株予約権の銘柄、前項第3号イ若しくはロに掲げる場合の区分に応じそれぞれ同号イ若しくはロに定める事項及び条件その他の内容
四　次に掲げる場合の区分に応じそれぞれ次に定める事項
　イ　当該変更が令第69条第5項第1号に掲げる臨時改定事由に基因するものである場合　当該臨時改定事由の概要及び当該臨時改定事由が生じた日
　ロ　当該変更が令第69条第5項第2号に掲げる業績悪化改定事由に基因するものである場合　同号の決議をした日及び同号に規定する支給の日
五　当該変更を行った機関等
六　当該変更前の当該給与の支給時期が当該変更後の当該給与の支給時期と異なる場合には、当該変更後の当該給与の支給時期を第3号の支給時期とした理由
七　当該直前届出に係る届出書の提出をした日
八　その他参考となるべき事項
3　令第69条第18項第1号イに規定する財務省令で定めるものは、会社法施行規則（平成18年法務省令第12号）第2条第3項第6号（定義）に規定する業務執行者とする。
4　令第69条第18項第2号イに規定する財務省令で定めるものは、会社法施行規則第2条第3項第6号ハに掲げる者のうち重要な使用人でないものとする。
5　法第34条第1項第3号イ(3)に規定する財務省令で定める方法は、次に掲げる方法とする。
一　金融商品取引法第24条の4の7第1項（四半期報告書の提出）に規定する四半期報告書に記載する方法
二　金融商品取引法第24条の5第1項（半期報告書及び臨時報告書の提出）に規定する半期報告書に記載する方法
三　金融商品取引法第24条の5第4項に規定する臨時報告書に記載する方法
四　金融商品取引所等に関する内閣府令（平成19年内閣府令第54号）第63条第2項第3号（認可を要する業務規程に係る事項）に掲げる事項を定めた金融商品取引法第2条第16項（定義）に規定する金融商品取引所の業務規程又はその細則を委ねた規則に規定する方法に基づいて行う当該事項に係る開示による方法
6　法第34条第1項第3号に規定する内国法人が同族会社である場合における同号イ(3)の規定の適用については、同号イに規定する有価証券報告書又は前項第1号から第3号までに規定する報告書は当該内国法人との間に完全支配関係がある法人（同族会社を除く。以下この項において「完全支配関係法人」という。）が提出するこれらの報告書とし、前項第4号に規定する開示は完全支配関係法人が行う開示とする。

4．所得税法

（給与所得）

第28条 給与所得とは、俸給、給料、賃金、歳費及び賞与並びにこれらの性質を有する給与（以下この条において「給与等」という。）に係る所得をいう。

2　給与所得の金額は、その年中の給与等の収入金額から給与所得控除額を控除した残額とする。

3　前項に規定する給与所得控除額は、次の各号に掲げる場合の区分に応じ当該各号に定める金額とする。

　　一　前項に規定する収入金額が180万円以下である場合　当該収入金額の100分の40に相当する金額（当該金額が65万円に満たない場合には、65万円）

　　二　前項に規定する収入金額が180万円を超え360万円以下である場合　72万円と当該収入金額から180万円を控除した金額の100分の30に相当する金額との合計額

　　三　前項に規定する収入金額が360万円を超え660万円以下である場合　126万円と当該収入金額から360万円を控除した金額の100分の20に相当する金額との合計額

　　四　前項に規定する収入金額が660万円を超え1,000万円以下である場合　186万円と当該収入金額から660万円を控除した金額の100分の10に相当する金額との合計額

　　五　前項に規定する収入金額が1,000万円を超える場合　220万円

4　その年中の給与等の収入金額が660万円未満である場合には、当該給与等に係る給与所得の金額は、前2項の規定にかかわらず、当該収入金額を別表第五の給与等の金額として、同表により当該金額に応じて求めた同表の給与所得控除後の給与等の金額に相当する金額とする。

（退職所得）

第30条 退職所得とは、退職手当、一時恩給その他の退職により一時に受ける給与及びこれらの性質を有する給与（以下この条において「退職手当等」という。）に係る所得をいう。

2　退職所得の金額は、その年中の退職手当等の収入金額から退職所得控除額を控除した残額の2分の1に相当する金額（当該退職手当等が特定役員退職手当等である場合には、退職手当等の収入金額から退職所得控除額を控除した残額に相当する金額）とする。

3　前項に規定する退職所得控除額は、次の各号に掲げる場合の区分に応じ当該各号に定める金額とする。

　　一　政令で定める勤続年数（以下この項及び第6項において「勤続年数」という。）が20年以下である場合　40万円に当該勤続年数を乗じて計算した金額

　　二　勤続年数が20年を超える場合　800万円と70万円に当該勤続年数から20年を控除した年数を乗じて計算した金額との合計額

4　第2項に規定する特定役員退職手当等とは、退職手当等のうち、役員等（次に掲げる者をいう。）としての政令で定める勤続年数（以下この項及び第6項において「役員等勤続年数」という。）が5年以下である者が、退職手当等の支払をする者から当該役員等勤続年数に対応する退職手当等として支払を受けるものをいう。

348　関係法令

　　一　法人税法第２条第15号（定義）に規定する役員
　　二　国会議員及び地方公共団体の議会の議員
　　三　国家公務員及び地方公務員
５　次の各号に掲げる場合に該当するときは、第２項に規定する退職所得控除額は、第３項の規定にかかわらず、当該各号に定める金額とする。
　　一　その年の前年以前に他の退職手当等の支払を受けている場合で政令で定める場合　第３項の規定により計算した金額から、当該他の退職手当等につき政令で定めるところにより同項の規定に準じて計算した金額を控除した金額
　　二　第３項及び前号の規定により計算した金額が80万円に満たない場合（次号に該当する場合を除く。）80万円
　　三　障害者になったことに直接基因して退職したと認められる場合で政令で定める場合　第３項及び第１号の規定により計算した金額（当該金額が80万円に満たない場合には、80万円）に100万円を加算した金額
６　その年中に第４項に規定する特定役員退職手当等と特定役員退職手当等以外の退職手当等があり、当該特定役員退職手当等に係る役員等勤続年数と特定役員退職手当等以外の退職手当等に係る勤続年数の重複している期間がある場合の退職所得の金額の計算については、政令で定める。

（退職手当等とみなす一時金）
第31条　次に掲げる一時金は、この法律の規定の適用については、前条第１項に規定する退職手当等とみなす。
　　一　国民年金法、厚生年金保険法（昭和29年法律第115号）、国家公務員共済組合法（昭和33年法律第128号）、地方公務員等共済組合法（昭和37年法律第152号）、私立学校教職員共済法（昭和28年法律第245号）及び独立行政法人農業者年金基金法（平成14年法律第127号）の規定に基づく一時金その他これらの法律の規定による社会保険又は共済に関する制度に類する制度に基づく一時金（これに類する給付を含む。以下この条において同じ。）で政令で定めるもの
　　二　石炭鉱業年金基金法（昭和42年法律第135号）の規定に基づく一時金で同法第16条第１項（坑内員に関する給付）又は第18条第１項（坑外員に関する給付）に規定する坑内員又は坑外員の退職に基因して支払われるものその他同法の規定による社会保険に関する制度に類する制度に基づく一時金で政令で定めるもの
　　三　確定給付企業年金法（平成13年法律第50号）の規定に基づいて支給を受ける一時金で同法第25条第１項（加入者）に規定する加入者の退職により支払われるもの（同法第３条第１項（確定給付企業年金の実施）に規定する確定給付企業年金に係る規約に基づいて拠出された掛金のうちに当該加入者の負担した金額がある場合には、その一時金の額からその負担した金額を控除した金額に相当する部分に限る。）その他これに類する一時金として政令で定めるもの

（収入金額）
第36条　その年分の各種所得の金額の計算上収入金額とすべき金額又は総収入金額に算入すべき金額は、別段の定めがあるものを除き、その年において収入すべき金額（金銭以外の物又は権利その他経済的な利益をもって収入する場合には、その金銭以外の

物又は権利その他経済的な利益の価額）とする。

2　前項の金銭以外の物又は権利その他経済的な利益の価額は、当該物若しくは権利を取得し、又は当該利益を享受する時における価額とする。

3　無記名の公社債の利子、無記名の株式（無記名の公募公社債等運用投資信託以外の公社債等運用投資信託の受益証券及び無記名の社債的受益権に係る受益証券を含む。第169条第2号（分離課税に係る所得税の課税標準）、第224条第1項及び第2項（利子、配当等の受領者の告知）並びに第225条第1項及び第2項（支払調書及び支払通知書）において「無記名株式等」という。）の剰余金の配当（第24条第1項（配当所得）に規定する剰余金の配当をいう。）又は無記名の貸付信託、投資信託若しくは特定受益証券発行信託の受益証券に係る収益の分配については、その年分の利子所得の金額又は配当所得の金額の計算上収入金額とすべき金額は、第1項の規定にかかわらず、その年において支払を受けた金額とする。

（発行法人から与えられた株式を取得する権利の譲渡による収入金額）

第41条の2　居住者が株式を無償又は有利な価額により取得することができる権利として政令で定める権利を発行法人から与えられた場合において、当該居住者又は当該居住者の相続人その他の政令で定める者が当該権利をその発行法人に譲渡したときは、当該譲渡の対価の額から当該権利の取得価額を控除した金額を、その発行法人が支払をする事業所得に係る収入金額、第28条第1項（給与所得）に規定する給与等の収入金額、第30条第1項（退職所得）に規定する退職手当等の収入金額、一時所得に係る収入金額又は雑所得（第35条第3項（雑所得）に規定する公的年金等に係るものを除く。）に係る収入金額とみなして、この法律（第224条の3（株式等の譲渡の対価の受領者等の告知）、第225条（支払調書及び支払通知書）及び第228条（名義人受領の株式等の譲渡の対価の調書）並びにこれらの規定に係る罰則を除く。）の規定を適用する。

5．所得税法施行令

（譲渡制限付株式の価額等）

第84条　個人が法人に対して役務の提供をした場合において、当該役務の提供の対価として譲渡制限付株式（次に掲げる要件に該当する株式（出資、投資信託及び投資法人に関する法律第2条第14項（定義）に規定する投資口その他これらに準ずるものを含む。以下この条において同じ。）をいう。以下この項において同じ。）であって当該役務の提供の対価として当該個人に生ずる債権の給付と引換えに当該個人に交付されるものその他当該個人に給付されることに伴って当該債権が消滅する場合の当該譲渡制限付株式（以下この項において「特定譲渡制限付株式」という。）が当該個人に交付されたとき（合併又は前条第5項第3号に規定する分割型分割に際し当該合併又は分割型分割に係る同項第2号に規定する被合併法人又は同項第4号に規定する分割法人の当該特定譲渡制限付株式を有する者に対し交付される当該合併又は分割型分割に係る同項第1号に規定する合併法人又は同項第5号に規定する分割承継法人の譲渡制限付

株式その他の財務省令で定める譲渡制限付株式（以下この項において「承継譲渡制限付株式」という。）が当該個人に交付されたときを含む。）における当該特定譲渡制限付株式又は承継譲渡制限付株式に係る法第36条第２項（収入金額）の価額は、当該特定譲渡制限付株式又は承継譲渡制限付株式の譲渡（担保権の設定その他の処分を含む。第１号において同じ。）についての制限が解除された日における価額とする。

一　譲渡についての制限がされており、かつ、当該譲渡についての制限に係る期間（次号において「譲渡制限期間」という。）が設けられていること。

二　当該個人から役務の提供を受ける法人又はその株式を発行し、若しくは当該個人に交付した法人がその株式を無償で取得することとなる事由（その株式の交付を受けた当該個人が譲渡制限期間内の所定の期間勤務を継続しないこと若しくは当該個人の勤務実績が良好でないことその他の当該個人の勤務の状況に基づく事由又はこれらの法人の業績があらかじめ定めた基準に達しないことその他のこれらの法人の業績その他の指標の状況に基づく事由に限る。）が定められていること。

2　発行法人から次の各号に掲げる権利で当該権利の譲渡についての制限その他特別の条件が付されているものを与えられた場合（株主等として与えられた場合（当該発行法人の他の株主等に損害を及ぼすおそれがないと認められる場合に限る。）を除く。）における当該権利に係る法第36条第２項の価額は、当該権利の行使により取得した株式のその行使の日（第３号に掲げる権利にあっては、当該権利に基づく払込み又は給付の期日（払込み又は給付の期間の定めがある場合には、当該払込み又は給付をした日））における価額から次の各号に掲げる権利の区分に応じ当該各号に定める金額を控除した金額による。

一　会社法の施行に伴う関係法律の整備等に関する法律第64条（商法の一部改正）の規定による改正前の商法（明治32年法律第48号）第280条ノ21第１項（新株予約権の有利発行の決議）の決議に基づき発行された同項に規定する新株予約権　当該新株予約権の行使に係る新株の発行価額（当該新株予約権の行使により当該発行法人の有する自己の株式の移転を受けた場合には、当該株式の譲渡価額）

二　会社法第238条第２項（募集事項の決定）の決議（同法第239条第１項（募集事項の決定の委任）の決議による委任に基づく同項に規定する募集事項の決定及び同法第240条第１項（公開会社における募集事項の決定の特則）の規定による取締役会の決議を含む。）に基づき発行された新株予約権（当該新株予約権を引き受ける者に特に有利な条件若しくは金額であることとされるもの又は役務の提供その他の行為による対価の全部若しくは一部であることとされるものに限る。）　当該新株予約権の行使に係る当該新株予約権の取得価額にその行使に際し払い込むべき額を加算した金額

三　株式と引換えに払い込むべき額が有利な金額である場合における当該株式を取得する権利（前２号に掲げるものを除く。）　当該権利の行使に係る当該権利の取得価額にその行使に際し払い込むべき額を加算した金額

6．所得税法施行規則

第19条の4 令第84条第1項（譲渡制限付株式の価額等）に規定する財務省令で定める譲渡制限付株式は、次に掲げるものとする。
　一　合併により当該合併に係る被合併法人の特定譲渡制限付株式（令第84条第1項に規定する特定譲渡制限付株式をいう。次号において同じ。）を有する者に対し交付される当該合併に係る合併法人の同条第1項に規定する譲渡制限付株式（以下この項において「譲渡制限付株式」という。）又は当該合併の直前に当該合併に係る合併法人と当該合併法人以外の法人との間に当該法人による完全支配関係（法人税法第2条第12号の7の6（定義）に規定する完全支配関係をいう。次号において同じ。）がある場合における当該法人の譲渡制限付株式
　二　分割型分割により当該分割型分割に係る分割法人の特定譲渡制限付株式を有する者に対し交付される当該分割型分割に係る分割承継法人の譲渡制限付株式又は当該分割型分割の直前に当該分割型分割に係る分割承継法人と当該分割承継法人以外の法人との間に当該法人による完全支配関係がある場合における当該法人の譲渡制限付株式
2　この条において、合併法人、被合併法人、分割型分割、分割法人又は分割承継法人とは、それぞれ令第83条の2第5項第1号から第5号まで（合併等により交付する株式に一に満たない端数がある場合の所得計算）に規定する合併法人、被合併法人、分割型分割、分割法人又は分割承継法人をいう。

【著者紹介】

宝達 峰雄

　昭和59年中央大学法学部を卒業。大蔵省（現財務省）主税局、国税庁審理室、同法人税課に所属し、法人税法の改正、通達の発遣、審理等を行う。平成13年税理士、平成19年特定社会保険労務士、行政書士登録、宝達税理士事務所所長。

　著書に「新しい減価償却制度と耐用年数の適用ポイントＱ＆Ａ」(株)税務研究会、「法人税実務マスター講座減価償却」(株)ぎょうせいがある。

本書の内容に関するご質問は、ファクシミリ等、文書で編集部宛にお願い致します。(fax 03-6777-3483)
なお、個別のご相談は受け付けておりません。

本書刊行後に追加・修正事項がある場合は、随時、当社のホームページにてお知らせ致します。

実務解説　役員給与等の税務

令和元年 9 月30日　初版第 1 刷印刷　　　　　　　　　　（著者承認検印省略）
令和元年10月15日　初版第 1 刷発行

ⓒ　著　者　宝　達　峰　雄

発行所　税 務 研 究 会 出 版 局

週 刊「税務通信」「経営財務」発行所

代表者　山　根　　毅

郵便番号 100-0005
東京都千代田区丸の内 1-8-2 鉄鋼ビルディング
振替 00160-3-76223
電話〔書 籍 編 集〕03（6777）3463
　　　〔書 店 専 用〕03（6777）3466
　　　〔書 籍 注 文〕
　　　〈お客さまサービスセンター〉03（6777）3450

各事業所　電話番号一覧

北海道 011（221）8348	神奈川 045（263）2822	中　国 082（243）3720
東　北 022（222）3858	中　部 052（261）0381	九　州 092（721）0644
関　信 048（647）5544	関　西 06（6943）2251	

＜税研ホームページ＞　https://www.zeiken.co.jp

乱丁・落丁の場合は，お取替え致します。　　　印刷・製本　東日本印刷株式会社

ISBN 978-4-7931-2456-3